AUGUSTE BRACHET

GRAMMAIRE HISTORIQUE

DE LA

LANGUE FRANÇAISE

AVEC UNE PRÉFACE

PAR É. LITTRÉ

DE L'INSTITUT

TRENTE-SEPTIÈME ÉDITION

COURONNÉE PAR L'ACADÉMIE FRANÇAISE

BIBLIOTHÈQUE D'ÉDUCATION

J. HETZEL ET Cie, 18, RUE JACOB

PARIS

Droits de reproduction et de traduction réservés.

GRAMMAIRE
HISTORIQUE
DE LA
LANGUE FRANÇAISE

DU MÊME AUTEUR

Dictionnaire Étymologique de la Langue française avec une préface par E. Egger, membre de l'Institut, professeur à la Faculté des Lettres de Paris. — Paris, Hetzel. Un fort volume gr. in-18 de 700 pages à 2 colonnes, 8 fr.

Ouvrage couronné par l'Académie française en 1870.

A Historical Grammar of the French Tongue, by Aug. Brachet, translated by W. Kitchin, M. A. — Oxford, at the Clarendon Press. 1868. In-12. — 3 sh. 6 d.

Dictionnaire des Doublets ou Doubles Formes de la Langue française. Paris, *Franck*, 1868. In-8°. — 2 fr. 50.

Ouvrage auquel l'Académie des Inscriptions a décerné une mention honorable en 1869.

Du Rôle des Voyelles latines atones dans les Langues Romanes. Leipzig, *Brockhaus*. 1866. In-8°.

Étude sur Bruneau de Tours, trouvère du XIII° siècle. — Paris, *Franck*, 1865. In-8°.

Les Universités Allemandes et les Facultés françaises, études sur les réformes de l'Enseignement supérieur. (En préparation.)

Grammaire comparée des Langues Romanes, par Frédéric Diez, traduite par A. Brachet et G. Paris. L'ouvrage complet formera trois volumes in-8°, et paraîtra par demi-volumes dont le premier sera mis en vente au mois de novembre 1871.

Paris. — Imp. Gauthier-Villars et fils, 55, quai des Grands-Augustins.

A MONSIEUR

FRÉDÉRIC DIEZ

PROFESSEUR ORDINAIRE A L'UNIVERSITÉ DE BONN
MEMBRE CORRESPONDANT
DE L'ACADÉMIE DES INSCRIPTIONS

Tu duca, tu signore, e tu maestro.
DANTE. (Inferno, II, 140.)

PRÉFACE

DE LA DEUXIÈME ÉDITION

Il faut faire aux méthodes honneur de la marche ferme et l'on peut dire résolue que les recherches scientifiques ont prise dans tous les domaines du savoir; mais il faut aussi faire honneur à ceux qui se laissent diriger par elles. Les bons esprits sont les serviteurs nés des bonnes méthodes, et en obtiennent pour salaire les heureux fruits dont elles sont prodigues. Ce salaire n'a pas manqué à M. Brachet, et la *Grammaire historique* pousse en avant l'étude de notre langue, étude si négligée jusqu'à présent quant aux origines, à l'histoire, au développement.

Pour les langues, la méthode essentielle est dans la comparaison et la filiation. Tant que l'idée de procéder systématiquement par voie de comparaison et de filiation ne vint pas aux savants, leurs tentatives restèrent illusoires, et on ne sortit guère de la fiction que pour tomber dans l'arbitraire. A première vue, on n'aperçoit pas pourquoi la vraie méthode n'a pas été appliquée depuis longtemps. Quoi de plus simple et de plus sous la main que d'étudier la comparaison dans le grec et le latin, visiblement si voisins l'un de l'autre, ou d'étudier la filiation dans le passage du latin aux langues romanes? Si cela s'était fait, au lieu de conceptions vaines et subjectives, les anciens grammairiens nous auraient laissé, dans la linguistique, des commencements de doctrine de bon aloi, et la science daterait d'eux, non des modernes. Mais cela ne se fit pas; c'est qu'une raison profonde interdisait provisoirement en cette branche du savoir l'accès de la vraie méthode. En vertu d'une solidarité qui domine tout le développement social, il fallut que les sciences qui, grâce à leur moindre complication, précèdent l'histoire et la linguistique, eussent, par d'éclatants succès, établi la puissance des méthodes positives. Les succès une fois conquis, la puissance une fois manifestée par ses œuvres, il fut facile à l'esprit d'investigation de chasser de l'étude des langues l'esprit de fiction; et l'intelligence, désormais outillée comme il fallait pour attaquer ce nouveau filon, mit au jour des trésors.

Peut-être on me dira que dans cet intervalle s'était produit le grand incident du sanscrit. Certes il est impossible de nier que la singulière trouvaille de ce frère lointain du grec et du latin n'ait projeté un flot de lumière sur l'étude comparative des langues. Mais, même sans lui, les érudits n'auraient pas tardé à saisir le lien qui unit les langues aryennes, et, avec plus de peine et moins de perfection, ils ne s'en seraient pas moins mis en possession de notions décisives dans la grammaire, dans l'étymologie, dans la formation graduelle des idiomes et dans la filiation des peuples.

M. Brachet explique nettement ce qu'il a voulu faire : « Le sujet de ce livre n'est pas la grammaire du vieux « français. L'ancien français ne figure ici qu'à propos « de la langue moderne. L'usage présent dépend de « l'usage ancien, et ne s'explique que par lui. Le fran-« çais moderne, sans la langue ancienne, est un arbre « sans racines; le vieux français, sans la langue mo-« derne, est un arbre sans ses branches et sans ses « feuilles; les séparer peut se faire et s'est fait à tort « jusqu'à présent; les avoir réunis est l'originalité de « cette grammaire. De là le titre de *Grammaire histo-*« *rique* (*Préface*, page 8). » Je cite et j'approuve. Moi-même j'ai combattu pour cette doctrine. Les jeunes gens qui nous remplacent n'en ont pas d'autres; ce qui était débattu est cause gagnée, et le savoir avance entre leurs mains comme il avança entre les nôtres

« L'on n'arrive, dit M. Brachet, à expliquer les mots « ou les faits grammaticaux que par leur histoire. » Une petite trouvaille me permet d'en fournir une vérification qui n'est pas dénuée d'intérêt, ne serait-ce que parce qu'elle me procure l'occasion de vérifier une erreur de mon *Dictionnaire*. Au mot *cercueil*, j'ai adopté l'opinion de ce maître renommé dans l'étude des langues romanes, M. Diez, qui le dérive du germanique *sarc*, cercueil, rejetant *sarcophagus*, qui avait le sens de cercueil dans le latin du moyen âge. Sa raison est que, dans *cercueil*, la finale *cuil* indique un diminutif, et que *sarcophagulus* donnerait non *cercueil* ou *sarcueil,* mais *sarfail.* Pour écarter l'objection d'un si habile étymologiste, il fallait un fait positif que je n'avais pas, quand M. Focet de Bernay rencontra dans une pouillé du quatorzième siècle, *ecclesia de sarcophagis,* localité dite aujourd'hui *Cerqueux,* arrondissement de Lisieux (Calvados), et m'en fit part. Cela établit que *sarcophagus* non seulement peut donner, mais en fait a donné *cerqueux.* Maintenant, comme *cerqueux* représente *sarcophagis,* dépouillez-le de son *s* ou *x,* et vous retombez sur *cerqueu,* identique aux anciennes formes *sarcou, sarcu, sarqueu.* Sarcophagus, avec l'accent sur *co,* perd, suivant la règle, les deux syllabes finales et atones, et devient *sarcou* ou *sarcu,* ou *sarqueu,* suivant la vocalisation. De sorte qu'il faut expliquer non pas *sarqueu* par *cercueil,* comme fait M. Diez, mais *cercueil* par *sarqueu;* la finale *euil* est une finale diminutive postérieure.

Les noms de lieux rendent d'incontestables services à l'étymologie, montrant sur place les changements que subissent les mots. C'est ainsi qu'ils ont mis en pleine sécurité l'étymologiste tirant *basoche* de *basilica.* Tous les lieux dits en latin *basilica* se nomment en français *basoche.* Cela reconnu, on démontre bien vite que la dérivation est parfaitemement régulière : dans *basilica,* l'accent tonique étant sur *si,* c'est cette syllabe qui est conservée; l'*i* atone tombe et l'on a *basilca,* où, suivant la phonologie française, l'*l* disparaît, donnant lieu par sa chute à un renforcement de la voyelle; comparez *alter,* autre, *filtrum,* feutre, *filicaria,* fougère.

Le procédé d'après lequel le français s'est formé du latin est très simple et très régulier; M. Brachet le résume ainsi : La syllabe accentuée du mot latin est gardée; la syllabe ou les syllabes qui la suivent, et qui sont atones, sont sacrifiées; dans les syllabes qui la précèdent, la consonne médiane est annulée, et le mot français apparaît. Voyez *ligare*, lier; *domina*, dame; *porticus*, porche; *sollicitare*, soucier, et ainsi à l'infini. Ce procédé est si uniformément observé qu'on l'appellerait un système s'il n'était pas une opération spontanée et inconsciente.

Il n'est, du reste, dit M. Brachet, que la généralisation de ce qui, au temps même de la latinité, se passait dans le parler populaire. Ce parler disait *caldus*, au lieu de *calidus; frigdus*, au lieu de *frigidus; moblis*, au lieu de *mobilis; postus*, au lieu de *positus; stablum*, au lieu de *stabulum; anglus*, au lieu de *angulus*. A ces transformations, le français ajouta, comme il vient d'être dit, la suppression de la consonne médiane; cela, qui lui est propre, sépare son procédé du procédé italien qui la garde généralement, comme il garde les syllabes atones, faisant *fiebole* de *flebilis*, dont le français fit *floibe*, aujourd'hui *faible*. De là vient que l'italien représente si fidèlement le type de provenance; plus près du soleil latin, il en reflète bien mieux les rayons que la Gaule, qui ne les recevait qu'affaiblis et modifiés à travers son ciel lointain.

Le procédé formatif du français, une fois déterminé, fournit le moyen de reconnaître au premier coup d'œil les mots faits par les lettrés et par les savants à une époque où, le latin étant devenu une langue morte, on en ignorait l'accentuation. Ces mots-là portent pour marque d'avoir l'accent tonique placé à la française, non à la latine, et de conserver la consonne médiane. Ainsi, de *delicatus*, *délié* est ancien, et *délicat* est nouveau ; de *sollicitare*, *soucier* est ancien, et *solliciter* est nouveau, et ainsi de suite. Mais ce genre de néologisme n'est pas particulier aux époques relativement récentes ; il s'est pratiqué dès les temps anciens de la langue ; et, au douzième siècle, par exemple, on rencontre *cogitation*, de *cogitationem*, tandis qu'à l'origine, *cogitare* avait donné *cuider*, et que la forme française de *cogitationem* aurait été *cuidaison*. Cela fut inévitable à cause de la pénurie de la langue, qui, étant d'origine populaire et rustique, se trouva dénuée d'expressions latines inutiles aux besoins courants de la vie. Ne voit-on pas, au douzième siècle, le traducteur du livre des *Psaumes* embarrassé pour rendre *innocentem*, mettre souvent *non-nuisant*, et d'autres fois hasarder le néologisme *innocent*?

A l'époque où le procédé qui fit la langue française s'exerça, les mots gaulois avaient pris la forme latine, et furent traités comme mots latins. Il faut expliquer ce que j'entends ici par mots gaulois. Le gaulois est certainement une langue celtique ; mais dans quel rapport dialectique est-il avec les langues néo-celtiques, c'est-à-dire quelle forme aurait-il prise s'il avait survécu à la conquête romaine? c'est ce que nous ne savons pas ; car le bas-breton est trop douteusement gaulois, est trop mélangé de gallois, pour qu'il puisse nous servir de type. En fait, nous ne possédons de mots gaulois sous leur forme vraie et authentique que le très petit nombre de ceux qui nous sont fournis par les inscriptions et par les médailles; mais les noms de lieux sont restés gaulois en beaucoup de points, et, devenus latins, ils sont traités comme latins par la transformation : *Ligeris*, la Loire, *Sequana*, la Seine, *Pictavi*, le Poitou. Si nous ignorions que, dans *Matrona*, *tro* est bref, et que, dans *Turones*, *ro* l'est également, le français nous l'apprendrait, car il dit *Marne* et *Tours*. *Rotomagum*, avec l'accent sur *to*, donne *Rouen*, absolument comme tout à l'heure *sarcophagis* a donné *Cerqueux*. Evidemment, la latinité avait pénétré jusqu'au fond de l'oreille de nos ancêtres.

La phonologie ou phonétique, nouveau mot pour un nouveau point de vue dans l'étude des langues, examine les sons, leurs modifications et leurs transformations. La phonologie française est l'objet du premier livre de la *Grammaire* de M. Brachet. Il y a été très minutieux, et, en disant cela, je fais le véritable éloge de son travail. La phonologie est essentiellement minutieuse; mais, poussée à son terme, elle récompense le labeur, donnant les règles sûres pour la formation des mots. J'ai lu avec beaucoup de soin ces pages pleines de tant de détails; j'y ai toujours trouvé ce que j'y cherchais, et souvent plus que je n'y cherchais, je veux dire des ensembles qui, résultant du groupement, font voir beaucoup en un coup d'œil. C'est ainsi que je me suis aperçu (très-petite chose) que, dans l'origine des deux *ss* françaises, M. Brachet a omis un cas : il dit qu'elles proviennent soit d'un *x* latin, essai, *exagium*, essaim, *examen*, soit de deux ss latines, fosse, *fossa*, casser, *quassare*; il faut ajouter qu'elles proviennent aussi de *ds*, assez, qui représente *ad-satis*, assurer, qui représente *ad-securare*.

Délié, issu, comme *délicat*, de *delicatus*, est l'objet d'une singularité : la forme ancienne n'est point *délié*, elle est *delgé, deugié, dougié*, tous mots de deux syllabes, formés très régulièrement, l'*i* bref de *delicatus* disparaissant, et *delcatus* donnant *deljé*, en provençal *delguat*, en espagnol *delgado*. Mais comment *délié*, de trois syllabes, qui n'apparaît dans les textes que vers le quinzième siècle, s'est-il formé ? à ce moment, *delicatus* n'aurait fourni que *délicat*. Pour lever la difficulté, je suis porté à penser que *délié* est contemporain de *deljé* ou *deugié*, que celui-ci a eu la prépondérance aux douzième et treizième siècles, et que, dans la période suivante, *délié*, qui était seulement éclipsé, a reparu et a complètement banni son rival.

Il est bien vrai que *f* initiale peut provenir d'un *v* latin, et *fois* est un exemple, puisqu'il vient de *vice*, dit M. Brachet, je dirais plutôt de *vicibus*, pour expliquer l's finale. Je sais que cette lettre est, dans plusieurs adverbes, considérée comme purement paragogique par M. Diez et par M. Brachet. Pourtant j'avoue que ce caractère paragogique, évident en plusieurs cas, ne l'est pas dans tous; et je prends cette occasion d'en dire quelques mots.

Diez, qui, sur ce fait de grammaire romane, comme sur tant d'autres, a le premier appelé l'attention, cite *oncque-s, avecque-s, ore-s, guère-s, volontier-s*, etc.; le provençal et l'espagnol offrent le même phénomène pour plusieurs mots; et il en conclut que, dans le domaine roman, il y eut tendance à ajouter aux adverbes et aux particules une *s* pour les distinguer des autres mots. C'est là le fait, il est incontestable, et on doit savoir gré à Diez de l'avoir signalé. Mais est-il impossible de découvrir pourquoi l's a été employée à pareil usage, c'est-à-dire quel est le sens originel de ce suffixe? Malgré le péril attaché souvent aux explications, je vais soumettre aux gens compétents ma conjecture sur ce point. Diez, continuant, observe que cette *s* est remplacée en italien par *i, guari, lungi, tardi, volontieri*, et il ajoute que l'*i* en italien et l's dans les autres langues romanes sont marques du pluriel, mais que cette concordance peut être une simple coïncidence. Une coïncidence qui porterait sur les quatre langues romanes me paraît difficilement admissible. Quand il dit que l's est la marque du pluriel, il ne dit pas assez, ou du moins il n'a pas distingué, ne croyant pas en avoir besoin. Mais moi j'en ai besoin, et je rappelle que, en vieux français, l's ne marque le pluriel qu'au cas régime, et ne le marque pas au nominatif. C'est donc un cas régime pluriel que figure cette *s*; et *volontiers, certes, envis*, que nous disons à *l'envi*, représentent *voluntariis, certis, invitis* Former des adverbes avec un cas des adjectifs n'est pas rare; les adverbes en *o* du latin ne sont pas autre chose. L'ablatif pluriel prenait facilement un sens adverbial; et, dans la phrase, cette *s* empêchait de le confondre avec un adjectif. Mais, en italien, la marque du pluriel est *i*, sans distinction du régime et du nominatif, puisque les deux cas qu'avait conservés le français n'y ont jamais existé. On voit donc qu'entre ces deux pluriels il n'y a pas coïncidence, mais vraie concordance, et que l's adverbiale a un sens grammatical. Les langues romanes ne poussèrent pas loin cette formation, qui se borna à un petit nombre de mots; et ce fut au suffixe *ment*, espagnol et italien *mente*, qu'il appartint de produire la plupart des adverbes.

Une fois introduite dans le mode adverbial parce qu'elle y avait un sens, l's, en vertu de la tendance des langues à s'imiter, se propagea à des adverbes et même à des prépositions où elle n'avait aucun droit de paraître, devenant de la sorte véritablement paragogique. Ainsi de *sine* le français fit *sens*, comme si le latin était *sines;* de *ante* il fit *ains*, comme si le latin était *antiis*. De son côté l'italien, obéissant à la même impulsion, ce qui montre bien qu'il n'y eut pas simple coïncidence, fit *anzi, tardi*, etc.; il eut l'*i* paragogique comme nous eûmes l's.

Chacune des langues romanes, par rapport au latin, a sa phonologie particulière. *Flamma* et *plangere* produisent en italien *fiamma* et *piangere*, ce qui est inconnu au français et à l'espagnol; *filius, formosus, ferrum,* produisent en espagnol *hijo, hermoso, hierro,* ce qui est inconnu au français et à l'italien; *saltus, calidus, salvus*, produisent en français *saut, chaud, sauf,* ce qui est inconnu à l'italien et à l'espagnol

Faites, ce qui a été fait, des tableaux exacts de ces modifications respectives, et vous aurez le système comparatif des langues romanes. Puis sortez des langues romanes si récentes, et faites un semblable travail pour le grec, le latin, le germanique, le celtique, le slave, le persan et le sanscrit, et vous aurez le système comparatif des langues aryennes. Par une semblable opération, on construira le groupe sémitique; et, procédant de proche en proche, on formera plusieurs systèmes distincts les uns des autres par les radicaux, par la phonologie, par la grammaire. Quand cela sera fait, on comparera et l'on généralisera. Dans le temps qui nous précède, on a écrit plus d'une grammaire générale; mais, comme la grammaire générale ne peut être qu'une induction fournie par les grammaires particulières des groupes de langues, on reconnaît tout de suite ce qui en ce genre est prématuré et ce qui est mûr, ce qui est métaphysique et ce qui est positif.

Ayant vu par l'exemple des langues romanes ce qu'est un système de langues, rentrons dans notre idiome, et disons, avec M. Brachet, que rien n'est explicable dans notre grammaire moderne si nous ne connaissons notre grammaire ancienne. Les flexions, c'est-à-dire les modifications qu'éprouvent un mot qui se décline et un verbe qui se conjugue; les flexions, dis-je, qui occupent le second livre de la *Grammaire historique*, en fournissent des exemples perpétuels.

Avant ce recours, qui a jamais pu expliquer pourquoi l's est employée dans nos noms à marquer le pluriel? La déclinaison latine, fournissant des pluriels avec s, mais aussi des pluriels sans s, ne donne point de solution. Pourtant c'est bien dans la déclinaison latine qu'en est la cause ; mais c'est dans cette déclinaison interprétée par l'ancienne déclinaison française. Dans nos noms, le nominatif pluriel était marqué par l'absence de l's sur le modèle de la deuxième déclinaison latine, *populi, domini* et le régime par l's sur le modèle de *populos, dominos*. Puis, comme la langue moderne perdit le nominatif et ne garda que le régime, l's se trouve la caractéristique du pluriel. En cela, rien d'arbitraire.

Inversement, au singulier, le nominatif avait l's, sur le modèle de *dominus*, et le régime ne l'avait pas, sur le modèle de *dominum*. Ici encore, comme au pluriel, nous avons conservé la forme du régime et rejeté celle du nominatif ; l'ancienne langue disait *li rois, le roi, li chevals,* ou *chevaus, le cheval ;* nous disons, nous, *le roi, le cheval.* A cette règle de l'ancienne langue, on rencontre une exception digne, comme toutes les exceptions, d'être considérée ; c'est *cors, tems, ues, lez,* qui ont une s même au régime, et qui représentent *corpus, tempus, opus, latus.* Or, ces noms neutres gardent, en effet, dans le latin l's à l'accusatif ; et le français reproduit cette particularité, effacée dans l'italien, *corpo, tempo, uopo, al-lato.*

Je viens de parler du mérite des exceptions ; en voici une que je recommande, bien que je l'introduise subrepticement, car c'est un fait de vieille langue, sans attache dans la nouvelle, et de ces faits, M. Brachet, il nous l'a dit, ne traite pas. Les noms latins féminins en *as, atis*, tels que *sanitas, bonitas*, etc., ont donné *santé, bonté*, etc., qui représentent les accusatifs *sanitatem, bonitanem*. Mais, en contradiction avec cette règle, on trouve dans de vieux textes, à côté de *cité*, le mot *cit : Et je fui amenée dans la cit de Paris*, dit Berthe aux grands pieds. C'est, autant que je sache, le seul exemple d'une pareille formation; mais il n'en faut pas moins tâcher de l'expliquer. *Cit* représente très régulièrement le nominatif *civitas*, accent sur *ci*, tandis que *cité* représente l'accusatif *civitatem*, accent sur *ta*. Avec cet exemple de *cit*, on ne peut guère douter qu'il n'y ait eu dans la langue une époque reculée où le nominatif français de ces noms en *as, atis*, existait; l'avoir eu est dans l'analogie, et un témoignage en reste dans *cit*. Ce nominatif disparut, et ce fut l'accusatif qui demeura seul en usage exactement comme il en advint plus tard pour les autres catégories de substantifs.

Tout à l'heure, je m'accusais presque pour ma digression sur *cit*; pourtant elle m'achemine à une exception de même nature qui, elle à son tour, entre en contact avec une anomalie assez singulière de la langue tant ancienne que moderne. Cette exception de même nature se présente dans *la caure*, qui signifie la chaleur, et qu'on trouve en des textes du douzième et du treizième siècle. *Caure* est fait par rapport à *calor*, comme *cit* l'est par rapport à *civitatem*; et *chaleur* est fait par rapport à *calorem*, comme *cité* l'est par rapport à *civitatem*. *Caure* est unique comme *cit*; et tous les autres substantifs provenant des mots latins en *or, oris*, sont formés de l'accusatif : *douleur*, de *dolorem*, *peur*, de *pavorem*, etc. Ici intervint l'anomalie dont je parle : comment ces substantifs, étant tous masculins en latin, sont-ils devenus tous féminins en français ? Et qu'on n'objecte pas *amour, honneur* et *labeur*, qui sont masculins. Ces trois substantifs ont été féminins comme les autres : *amour* est encore des deux genres ; *honneur* est féminin dans ce vers-ci : *Je n'aurai jà qui soutienne m'onur*, dit Charlemagne dans la Chanson de Roland (*m'onur* pour *ma onur*, mon honneur); et *labeur* dans celui-ci : *Jà n'iert perie ma labour* (mon labeur ne sera pas perdu), dit Chrétien de Troyes. Pour répondre à la question, j'ai fait une petite théorie (le mot n'est-il pas trop ambitieux pour des choses si ténues?) qui repose sur l'existence et la forme de *caure*. De cet échantillon, j'ai conclu que tous les noms de ce genre avaient un nominatif analogue à *caure*, terminé comme *caure*, par un e muet et féminin comme *caure*. C'est donc à l'e muet que j'attribue l'influence qui, contrairement à l'étymologie, transforma ces noms en noms féminins. A l'appui, on remarquera qu'ils sont tous masculins, comme ils doivent l'être, en italien et en espagnol; mais qu'ils sont féminins en provençal, qui, comme l'ancien français, posséda les deux cas. Avoir les deux cas et faire féminins les noms latins dont il s'agit, voilà, entre le vieux français et le provençal, une coïncidence qui deviendra une concordance si l'on admet mon explication.

Pour achever de remplir son cadre, il ne restait plus

à M. Brachet qu'à étudier la composition et la dérivation ; ce qui revient à passer en revue les parties ajoutées à une racine pour en modifier la signification, parties dites préfixes quand elles la précèdent, et suffixes quand elles la suivent. Ce sera l'objet du troisième et dernier livre de la *Grammaire historique.*

Les détails de cette étude sont très nombreux ; ils valent, par leur groupement, par leur exactitude, par leur précision. Ces qualités appartiennent à l'esprit et à la méthode de M. Brachet. Cela dit, j'y prendrai deux suffixes, *ai* du futur et *ais* du conditionnel, pour appeler l'attention des curieux sur cet échantillon du travail qui se passa lorsque les langues romanes se développèrent du latin.

Dans ce développement, avoir un futur n'était point sans quelque embarras. *Cantabo* aurait donné facilement *chanteve;* mais celui-ci se confondait avec l'imparfait *cantabam*, donnant aussi *chanteve* (d'où *chantoie*, aujourd'hui *chantais*). Même l'italien, bien que meilleur conservateur des finales, se tirait mal de ces similitudes. On a un exemple des confusions qui se préparaient en voyant dans l'ancien français j'*ere*, *eram*, et j'*ere*, *ero*, ce qui n'a pas peu contribué à établir le futur distinct *je serai*. Mais la difficulté devenait insurmontable pour les autres conjugaisons ; *legam* et *serviam*, en raison de l'accentuation et de la chute ou de l'assourdissement des syllabes atones, ne donnaient pas d'autre forme que celle que donnaient *lego* et *servio*. Dans cette situation, les langues romanes (je dis les langues romanes, car cela se passa à la fois en

Gaule, en Italie et en Espagne) prirent un parti hardi et construisirent de toutes pièces un futur avec l'infinitif du verbe et l'auxiliaire *avoir* : *je chanter-ai, je lir-ai je servir-ai*, c'est-à-dire, *j'ai à chanter, j'ai à lire, j'ai à servir*. Ce n'est pas tout : dans leur verve, elles produisirent un mode qui manquait à la latinité, le conditionnel, et le composèrent, sur le modèle du futur, avec l'infinitif et la finale de l'imparfait : *je chanter-ais, je lir-ais*, concevant, suivant le dire de M. Brachet, le conditionnel sous la forme d'un infinitif qui indique le futur, et d'une finale qui indique le passé.

En ces deux cas, on touche le génie inventif et l'instinct grammatical des populations romanes. J'ai raconté l'événement comme si tout cela s'était passé avec conseil et tâtonnement ; il y eut autre chose et mieux : il y eut inconscience et sûreté.

Tous ceux qui étudient les langues romanes voient, non sans surprise, que la langue d'oïl (et la langue d'oc ; mais je la laisse de côté, parce qu'elle a péri dans l'intervalle) a deux cas : un nominatif et un régime, tandis qu'à la même époque, l'italien et l'espagnol n'en ont point. Donc, à ce moment, avec sa déclinaison, toute diminutive qu'elle est, le français a une antériorité que j'appellerai grammaticale, pour exprimer une constitution plus voisine du latin et par conséquent plus synthétique. Les onzième, douzième et treizième siècles se passent dans cette condition ; une littérature très considérable et partout très goûtée se développe ; puis, au quatorzième siècle, la déclinaison, débris de la latinité, s'altère, tend à disparaître, et la langue tombe dans un état transitoire qui n'est ni le passé, ni l'avenir. A son tour, l'italien, qui était en pleine possession du système où il n'y a pas de cas, prend l'antériorité grammaticale sur le français, étant réglé et fixé alors que le français est en décomposition. Mais aux quinzième et seizième siècles, la décomposition est achevé; le français a revêtu le caractère purement analytique et moderne, et les deux langues se sont atteintes. Dans le vaste intervalle qui va du onzième siècle au seizième, il est bon d'avoir présentes à l'esprit ces évolutions grammaticales quand on veut se faire une idée des évolutions littéraires.

L'aperçu qui vient de passer sous les yeux du lecteur a eu deux choses en vue : intéresser à l'étude historique du français, et recommander la *Grammaire historique* de M. Brachet. Quand on est vieux et près de quitter la carrière, il y a satisfaction à se tourner vers ceux qui viennent, et à rendre bon témoignage à l'œuvre des jeunes gens.

E. LITTRÉ.

PRÉFACE

En présentant au public cette Grammaire historique où j'étudie les lois qui ont présidé à la formation de notre langue, je n'ai point voulu grossir le nombre des ouvrages purement grammaticaux destinés à faciliter la connaissance du français : mon but a été tout différent.

Le temps n'est plus où l'on considérait l'étude des langues comme bonne tout au plus à servir de préparation aux études littéraires. On a compris que la parole, étant une fonction de l'espèce humaine, devait, comme tous les autres phénomènes naturels, se développer non point au hasard, mais d'après des lois certaines, et suivre dans ses transformations des règles nécessaires. Dès lors, la linguistique pouvait se servir à elle-même de but, puisqu'au lieu d'être un objet de vaine curiosité, elle cherchait comment la loi du changement, qui régit tout dans la nature, s'était appliquée au langage.

On a dit depuis longtemps que les langues ne

naissent pas, mais qu'elles se transforment : la philologie cherche la loi de ces transformations; elle a pour instruments l'histoire et la comparaison. Je m'explique : dans les sciences d'observation, comme la chimie ou l'histoire naturelle, on ne peut rendre compte d'un fait qu'en sachant quel fait l'a précédé; pour expliquer de quelle manière s'est formé l'arbre, il faut remonter de l'arbre à l'arbuste, de l'arbuste au germe; il faut, en un mot, faire l'*histoire* de l'arbre à l'aide d'observations précises sur les différents états et les formes diverses qu'il a successivement traversés. On ne comprend bien ce qui est qu'à l'aide de ce qui a été, et l'on ne découvre les causes d'un phénomène qu'en embrassant d'un même coup d'œil les phénomènes antérieurs. Il en est de même pour la philologie, qui n'est, si j'ose ainsi parler, que la botanique du langage, et l'on n'arrive à expliquer les mots ou les faits grammaticaux que par leur histoire. Un exemple rendra ce principe plus sensible :

On sait que devant certains substantifs féminins (*messe, mère, soif, faim, peur*, etc...) l'adjectif *grand* reste au masculin, et qu'on écrit *grand'messe, grand' mère*, etc. — Pourquoi cette anomalie? Les grammairiens, que rien n'embarrasse, nous répondent aussitôt qu'ici *grand* est mis pour *grande*, et que l'apostrophe marque précisément cette suppression de l'*e*. Quel est l'écolier dont le bon sens n'a pas intérieurement protesté lorsqu'après avoir appris dans son rudiment que l'*e* muet s'élide devant une voyelle, et jamais devant une consonne, il voit élider *e* sans motif dans les expressions telles que *grand'route*, etc.? C'est qu'au fond l'explication véritable est ailleurs. A l'origine, la grammaire française n'est que la continuation et le prolongement de la grammaire latine; par suite les adjectifs de l'ancien français suivent en tous points les adjectifs latins, c'est-à-dire que les adjectifs qui avaient chez les Romains une terminaison pour le masculin et une pour le féminin (*bonus-bona*) avaient aussi deux terminaisons en français, et que ceux qui n'en avaient qu'une pour ces deux genres (*grandis, fortis*, etc.) n'en avaient non plus qu'une en français : on disait au treizième siècle *une grande femme* (*grandis*), *une âme moriel* (*mortalis*), *une coutume cruel* (*crudelis*) *une plaine vert* (*viridis*), etc. Le quatorzième siècle, ne comprenant plus le motif de cette distinction, crut y voir une irrégularité, assimila à tort la seconde classe d'adjectifs à la première, et, contrairement à l'étymologie, écrivit *grande, verte, forte*, comme il écrivait *bonne*, etc. Cependant une trace de la formation correcte est restée dans les expressions *grand'mère, grand'route, grand'faim, grand'garde*, etc., qui sont des débris du parler ancien. Au dix-septième siècle, Vaugelas et les grammairiens du temps, ignorant la raison historique de cet usage, décrétèrent gravement que la forme de ces mots résultait d'une expression *euphonique* de l'*e* muet, et qu'on devait marquer cette suppression par une apostrophe.

Voilà certes une explication naturelle fournie par l'histoire; et quand la grammaire historique n'aurait pour résultat que de rendre les grammaires ordinaires plus logiques et plus simples, il faudrait déjà la tenir en haute estime. — Au lieu d'employer cette méthode d'observation si lumineuse, si féconde en résultats, au lieu d'étudier le passé pour mieux comprendre le présent, tous nos grammairiens, depuis Vaugelas jusqu'à M. Girault-Duvivier, n'étudient la langue que dans son état actuel, et tentent d'expliquer *a priori* (par la raison pure et la logique absolue) des faits dont l'histoire de notre langue et l'étude de son état ancien peuvent seules rendre raison. C'est ainsi qu'ils entassent, depuis trois siècles, de doctes et puérils systèmes, au lieu de se borner à l'observation des faits; ils persistent à traiter la philologie comme Voltaire la géologie, lorsqu'il prétendait que les coquillages trouvés au sommet des montagnes provenaient des pèlerins de la première croisade. Aussi tout cela justifie le jugement sévère que portait récemment sur les grammairiens français un éminent professeur au Collège de France [1] : « La grammaire traditionnelle formule ses prescriptions comme les décrets d'une volonté aussi impénétrable que décousue; la philologie comparée fait glisser dans ces ténèbres un rayon de bon sens, et au lieu d'une docilité machinale elle demande à l'élève une obéissance raisonnable. »

J'ai montré par un exemple qu'il n'y a pas dans une langue un seul fait grammatical qu'on puisse

---

1. M. Bréal. *Discours d'ouverture du cours de grammaire comparée au collège de France*, 1864.

expliquer sans avoir recours à l'histoire, et que « l'état présent d'un idiome n'est que la conséquence de son état antérieur qui seul peut le faire comprendre. » Il en est de même pour les mots : étant donné le mot *âme*, nous voulons en chercher l'origine ; avant de rien affirmer, voyons si l'histoire du mot (c'est-à-dire l'étude des formes qu'il a successivement revêtues) ne pourrait pas jeter quelque lumière sur ce problème, et nous montrer la route à suivre. L'accent qui surmonte l'*a* indique la suppression d'une lettre : dans les textes du treizième siècle, notre mot n'est plus *âme* mais bien *anme*; au onzième siècle, il est devenu *aneme*, enfin au dixième siècle nous ne trouvons plus que la forme *anime*, qui nous conduit sans hésitations ni tâtonnements au latin *anima*. Aussi bien l'histoire est le fil conducteur de la philologie, et il n'y a pas un seul anneau brisé dans cette chaîne immense qui relie le français au latin.

Au premier abord, la distance paraît grande d'*âme* à *anima*, du français de Voltaire au latin des paysans romains ; et pourtant, pour faire celui-là avec celui-ci, il a suffi, on le voit, d'une série de changements infiniment petits continués pendant un temps infini. La nature, qui dispose du temps, économise l'effort ; et c'est ainsi qu'avec des modifications lentes et presque insensibles, elle arrive aux résultats les plus éloignés du point de départ [1].

A l'histoire, considérée comme instrument de la phi-

---

1. M. G. Paris.

lologie, vient s'ajouter un auxiliaire précieux, la *comparaison*. C'est par la comparaison que les théories se confirment, c'est par elle que les hypothèses se vérifient : et, dans l'exemple que nous venons de citer, la comparaison de l'italien et de l'espagnol *alma* au français *âme* apporte à l'hypothèse proposée d'invincibles éléments de certitude.

Armé de cette double méthode historique et comparative, un savant illustre de l'Allemagne, M. Frédéric Diez, écrivit de 1836 à 1842 la grammaire comparée des cinq langues filles du latin [1], et montra suivant quelles lois elles s'étaient formées de l'idiome romain. S'appuyant sur les principes philologiques posés par M. Diez, MM. Bartsch et Mätzner en Allemagne, en France, MM. Littré, Guessard, P. Meyer, G. Paris, ont repris son œuvre pour la langue française en particulier, et par de nombreux travaux de détail, ont éclairci le problème de nos origines [2].

---

1. Les Allemands ont rivé les cinq langues de la famille latine (italien, espagnol, français, portugais, valaque) par le nom générique de *Langues Romanes*, dénomination commode et claire, tout à fait entrée aujourd'hui dans le langage de la Science, et que nous emploierons durant tout le cours de ce livre.

2. Cependant les travaux des philologues français sont loin d'être tous également bons : sans parler ici de la compilation fort inégale de M. Ampère, ni du livre de M. Chevallet, œuvre estimable en son temps, mais dépassée aujourd'hui, on ne peut trop déplorer le succès qui accueillit, il y a vingt ans, le livre de M. Génin (*Variations de la langue française*), recueil de paradoxes et de tours de force, où l'auteur jongle avec les mots, au grand ébahissement du public ébloui. D'ailleurs homme d'esprit, Génin savait que les lecteurs français préféreront toujours une épigramme bien tournée à une sèche vérité, —

Malgré ces efforts incessants, les principes de la philologie française, à peine connus chez nous du public savant, sont encore ignorés de la grande majorité du public lettré. J'ai pensé qu'on pourrait répandre et vulgariser ces résultats en les débarrassant de l'échafaudage scientifique, et rendre ainsi accessibles au plus grand nombre des lecteurs, en les résumant sous un mince volume, les lois qui ont présidé à la formation de notre idiome national. — D'ailleurs une telle œuvre n'est point chose nouvelle, hors de France du moins. Chez nos voisins d'Allemagne et d'Angleterre, l'étude de la langue nationale a conquis son droit de cité dans les collèges et les gymnases, où elle règne sans conteste à côté du grec et du latin [1] : elle n'a pas encore pénétré chez nous, pas même dans l'enseignement supérieur.

M. Fortoul qui, à côté de beaucoup d'erreurs, a eu quelques créations heureuses, décréta en 1853 l'ensei-

---

et lui qui n'avait jamais lu (et pour cause) une ligne d'allemand, raillait agréablement « *les nébuleuses élucubrations des cerveaux germaniques* », plaisanterie un peu usée, mais toujours applaudie chez nous : Génin oubliait qu'un bon mot n'a jamais tenu lieu d'un argument, et qu'en matière scientifique, la question n'est pas d'avoir des idées allemandes ou des idées françaises, mais avant tout des idées justes.

1. Je ne citerai que deux livres tout à fait élémentaires et dont les nombreuses éditions attestent le succès : — en Angleterre, l'*Histoire de la langue anglaise*, de Gleig (*History of english language*, dans les *Gleig's School series*), — en Allemagne, la *Grammaire historique de l'allemand*, par Vilmar, à l'usage des classes supérieures des gymnases. (*Anfangsgründe der deutschen Grammatik, zunæchst für die obersten Klassen der Gymnasien*, v. Dr Vilmar, 6te Auflage, 1864.)

gnement de la grammaire comparée dans les classes supérieures des Lycées. C'était un acheminement vers l'étude de la langue française; cette œuvre fut détruite par son successeur; acte d'autant plus regrettable, que le ministère actuel, qui a cessé d'imposer l'étude du grec et du latin à des élèves qui n'en ont que faire, qui a créé enfin l'enseignement industriel à côté de l'enseignement classique, devrait fortifier d'autant celui-ci, en introduisant l'étude des trois langues classiques parallèlement à celle des trois littératures. — Un seul homme en France, l'honorable M. Monjean, directeur du collège Chaptal, a osé introduire un cours d'*Histoire de la langue française* dans la classe de rhétorique, et cet essai a réussi; puisse cet exemple enhardir l'Université, et la décider à répandre dans les classes supérieures de nos lycées les résultats incontestablement acquis à la science! Mon but serait pleinement atteint, si ce modeste manuel de philologie française pouvait, en quelque chose, hâter cette rénovation.

Ce n'est pas en deux cents pages qu'on peut avoir la prétention d'exposer complètement la Grammaire historique d'une langue, lorsque trois volumes y suffiraient à peine. Laissant dans l'ombre tous les points secondaires et les lois de détail, j'ai dû me borner à mettre en lumière les lois essentielles et les principes fondamentaux, pour ne point sortir du cadre que je m'étais tracé.

Le sujet de ce livre n'est donc point, je le répète, la

Grammaire du vieux français. L'ancien français ne figure ici qu'à propos de la langue moderne (pour appliquer à mon livre ce que M. Littré disait de son Dictionnaire historique — *si parva licet componere magnis*—). L'usage présent dépend de l'usage ancien et ne s'applique que par lui : le français moderne sans la langue ancienne est un arbre sans ses racines; le vieux français sans la langue moderne est un arbre sans ses branches et sans ses feuilles; les séparer peut se faire et s'est fait à tort jusqu'à présent; les avoir réunis est l'originalité de cette grammaire. De là son titre de *Grammaire historique*.

Ce livre comprend deux parties bien distinctes : l'Introduction, où j'ai esquissé l'histoire de notre langue, de sa formation et des éléments qui la composent; et la Grammaire historique, qui étudie successivement les *lettres* (LIVRE I), la *flexion* (LIVRE II) et la *formation* des mots (LIVRE III).

Je veux, en terminant, exprimer toute ma reconnaissance à MM. Egger, Littré et Ernest Renan, membres de l'Institut, qui ont bien voulu m'aider de leurs conseils et de leurs encouragements; à M. Émile Lemoine, ancien élève de l'École Polytechnique; enfin et surtout à MM. Paul Meyer et G. Paris, dont l'amitié m'a conseillé et soutenu dans cette tâche; si ce livre vaut quelque chose, c'est à eux que le public le devra.

A. B.

Golfe Juan, 6 mai 1867.

INTRODUCTION

HISTOIRE ET FORMATION DE LA LANGUE FRANÇAISE

INTRODUCTION

I

HISTOIRE DE LA LANGUE FRANÇAISE.

César rapporte qu'à son arrivée en Gaule il trouva trois peuples distincts de langue, de mœurs et de lois : les Belges au Nord, les Aquitains entre la Garonne et les Pyrénées, au centre les Gaulois proprement dits ou Celtes. De ces peuples, les Celtes et les Belges, comme nous l'apprennent d'autres sources, étaient de même race. Les Aquitains semblent avoir eu en partie une origine ibérique, c'est-à-dire qu'ils appartenaient à ces tribus appelées par les Romains *Ibères,* ou habitant les bords de l'Èbre, et dont la langue a peut-être persisté dans le basque ou *Euskara.*

Le territoire actuel de la France était donc presque entièrement occupé par ces peuplades que les Romains appelaient *Celtes* (du nom d'une de leurs plus importantes confédérations), et qui, dans leur propre langue, se nommaient *Gals* ou *Gaëls*. Les anciens nous les dépeignent comme de grands corps blancs et blonds, avides de bruit et de mouvement, dont l'unique souci est de bien combattre et de finement parler. « Les Gaulois, dit Caton l'ancien, se livrent avec passion à deux choses, aux armes et à la discussion. » Leur civilisation qui, sous le rapport de l'industrie et de l'agriculture, était assez avancée, et qui offrait une organisation politique originale et intéressante, aurait pris peut-être un développement important, si la conquête romaine lui en avait laissé le temps et le pouvoir [1]. Depuis combien de siècles habitaient-ils la Gaule, et quelle suite d'événements les avait amenés au bord de l'Océan? C'est ce que nous ne saurons jamais [2], puisque les Gaulois n'écrivaient point; leur histoire authentique commence du jour où la Gaule, abdiquant

---

1. Remarquons en passant que les monuments de pierre qu'on désigne en France par le nom de *celtiques* (dol-men, men-hir, etc...,) ne viennent sans doute point des Gaulois, et que ces prétendues pierres *druidiques* n'eurent jamais rien de commun avec les Druides. Un savant danois, M. Worsaae, et en France M. Prosper Mérimée, ont démontré récemment que ces monuments appartiennent à une humanité plus ancienne; jamais aucun peuple de la race indo-européenne n'a bâti de la sorte. On sait qu'ils se trouvent également dans tout le nord de l'Afrique, et dans l'extrême nord aussi bien que dans l'ouest de l'Europe.

2. En revanche, la philologie nous a appris d'une façon sûre d'où ils venaient et à quelle race ils appartenaient. En comparant entre eux le celtique, le grec, le latin, le slave, le gothique, le sanscrit, les savants ont reconnu que ces langues formaient six rameaux d'un même tronc et qu'elles viennent toutes de la langue *aryenne*, aujourd'hui disparue, parlée il y a six mille ans sur les bords de l'Oxus : comme la filiation

son indépendance, devient province romaine. C'est aux vainqueurs que nous devons de posséder quelques notions éparses sur la vie, l'état social, les mœurs et la religion des vaincus : et l'on peut dire que la Gaule indépendante naît à l'histoire du jour où elle a cessé d'exister.

Vers le sixième siècle avant J.-C. des Grecs chassés de Phocée débarquèrent à l'embouchure du Rhône, où ils fondèrent Massilie, qui fut plus tard Marseille. Par les relations qu'elle entretint avec Rome, cette colonie devait être un jour la source de tous les malheurs des Gaulois. Alliée de bonne heure aux Romains, c'est elle qui leur ouvrit le chemin des Gaules, en les appelant à son secours contre les Ligures (153). Les Romains commencèrent par s'emparer du bassin du Rhône : dès lors la voie était ouverte, et ils s'élancèrent avec César à la conquête de ce pays inconnu; les Gaulois résistèrent vaillamment, brûlant leurs villages, leurs récoltes, leurs provisions, changeant le pays en un désert pour affamer l'ennemi. César ne put les réduire que par la terreur : à Bourges, il massacra dix mille femmes et enfants; à Vannes, il fit égorger tous les chefs d'une tribu, et vendit la tribu entière à l'encan;

---

des langues prouve la filiation des peuples ; il est certain qu'entre le quarantième et le vingtième siècle avant notre ère, la famille des peuples connue sous le nom d'Aryens quitta la Bactriane et les plateaux de l'Asie centrale pour se diriger vers l'Europe, et par la séparation successive de ses principales tribus, forma les Celtes, les Germains, les Slaves, les Grecs et les Latins. C'est ainsi que l'origine des Gaulois nous a été révélée par le seul fait que leur langue entre dans le concert des langues *indo-européennes*

à Uxellodunum, il coupa les mains à tous les prisonniers. Après huit ans d'une guerre atroce et d'horribles massacres, la Gaule était aux pieds de César. Les Romains allaient *administrer* leur conquête.

Le grand secret de la politique romaine réside, comme chacun sait, dans la perfection de son mode de colonisation. Lorsqu'une province était conquise, on employait deux moyens pour la conserver : le moyen militaire consistait à entourer la portion conquise par des légions placées à la frontière; une fois le pays conquis isolé ainsi de toute influence extérieure, on instituait à l'intérieur une administration énergique qui broyait en peu de temps les résistances locales; on imposait aux vaincus la langue et la religion des vainqueurs, on exterminait à huis-clos et l'on *transportait* les récalcitrants [1], qu'on remplaçait par des colons et des affranchis venus de Rome.

Grâce à ce mode violent et habile, en quelques années la fusion des vaincus et des vainqueurs était accomplie, et moins d'un siècle après la conquête, on parlait latin dans toute la Gaule. Mais ce latin, qu'importaient en Gaule les colons et les soldats, ressemblait aussi peu à la langue de Virgile que le français enseigné par nos soldats aux Arabes d'Algérie ressemble à l'idiome de Bossuet ou à celui de Châteaubriand [2]; il se distinguait du latin classique ou *latin*

---

1. César se vantait d'avoir battu monnaie en vendant comme esclaves un million de Gaulois.

2. Il lui ressemblait moins encore, car les différences syntaxiques étaient plus considérables.

ecrit par un vocabulaire spécial et des formes particulières, dont l'originalité mérite que nous nous y arrêtions un instant.

C'est une loi de l'histoire que toute langue comme toute nation, une à l'origine, ne tarde point à se dédoubler en classe noble et classe populaire, et parallèlement en langue noble et langue populaire. C'est ainsi qu'au bout de peu de temps les diverses habitudes de chaque classe de la société finissent par briser l'unité de la langue, et l'approprient à toutes les nécessités différentes ; c'est ainsi que toute langue se scinde au moment où elle arrive à l'art et à la poésie, et cette période littéraire se marque par la séparation de la nation en deux corps : les lettrés et les illettrés, les *patriciens* et la *plèbe*.

La langue latine n'échappa point à cette nécessité, et c'est au temps de la deuxième guerre punique que remonte la scission de l'idiome latin en langue *vulgaire* et en langue *littéraire* ou langue écrite : sorties l'une et l'autre d'une souche commune, elles allèrent toujours en divergeant davantage. Au deuxième siècle, l'introduction de l'art grec à Rome par les Scipions, la conquête de la Grèce et sa réduction en province romaine, mirent la langue grecque à la mode dans l'aristocratie romaine, et, suivant l'expression d'Horace, « *la Grèce conquit à son tour son brutal vainqueur.* » L'écart qui séparait le latin populaire du latin classique s'accrut alors brusquement, car l'importation des mœurs grecques dans les hautes classes de la société romaine eut pour conséquence l'introduction dans la langue littéraire d'une foule de mots purement grecs qui ne pénétrèrent point dans l'idiome populaire. C'est ainsi que les patriciens romains empruntèrent aux Grecs plusieurs centaines de mots, tels que : φιλοσοφία, γεωγραφία, ἀμφιθέατρον, ἱππόδρομος, ἑξάμετρος, ἐφίππιον, etc..., qu'ils transportèrent en latin, presque sans changement (*philosophia, geographia, amphitheatrum, hippodramus, hexameter, ephippium,* etc...)

Ces mots de bon ton, calques serviles des mots grecs, restèrent aussi étrangers à la langue du peuple que les emprunts aristocratiques faits aujourd'hui à la langue anglaise (*turf, sport, criket, steeple-chase*), ou aux langues savantes (*diluvium, stratification, ornithologie*) le sont aux paysans de nos campagnes. Cette importation de mots savants, cet emprunt artificiel à un idiome étranger, en transformant la langue littéraire latine, accrut les différences qui la séparaient du langage populaire; et comme les deux côtés d'un angle divergent d'autant plus qu'ils s'éloignent du sommet, ainsi la langue littéraire, la langue classique, le *sermo nobilis* enfin, s'éloigna de plus en plus et était devenue, au temps de César, tout à fait différente du latin vulgaire, de cet humble idiome que les écrivains latins appellent avec dédain « la langue de la populace, des paysans et des soldats » (*sermo plebeius, rusticus,* — *castrense verbum*).

Chacun d'eux avait des formes grammaticales et un vocabulaire distincts. Ainsi l'idiome littéraire exprimait l'idée de frapper par *verberare*, l'idiome populaire par *batuere*; *cheval, semaine, aider, doubler, bataille*, etc..., étaient respectivement dans la langue patricienne, *equus, hebdomas, juvare, duplicare, pugna*; dans la langue du peuple, *caballus, septimana, adjutare, duplare, batualia*.

Cette langue latine populaire ne s'écrivait point, et nous aurions toujours ignoré son existence si les grammairiens romains n'avaient pris soin de nous la révéler, en citant plusieurs expressions usitées dans le peuple qu'ils recommandent d'éviter comme basses ou triviales. Ainsi Cassiodore nous apprend qu'on appelait vulgairement *batalia* les combats simulés des gladiateurs et les exercices des soldats « quæ VULGO *batalia* dicuntur exercitationes gladiatorum vel militum significant. » *Pugna* était le mot littéraire; *batalia* le mot populaire; c'est *pugna* qui a disparu, et *batalia* nous est resté sous la forme de *bataille*. Ces Vaugelas de leur temps ne pouvaient guère prévoir que cet idiome littéraire, si admiré par eux, disparaîtrait un jour et qu'à sa place régnerait le latin populaire, donnant naissance à l'italien, au français, à l'espagnol, assez fort enfin pour porter la littérature de trois grands peuples.

Importé en Gaule par les soldats et les colons, le latin vulgaire s'y acclimata rapidement, et dès le premier siècle de notre ère il avait supplanté le celtique par toute la Gaule, à l'exception de l'Armorique et de quelques points isolés. Cent ans après la conquête, les femmes et les enfants chantaient des chansons latines, et l usage du latin devint assez exclusif pour qu'au temps de Strabon on ne regardât déjà plus les Gaulois comme des barbares. D'ailleurs, le séjour prolongé des légions romaines, l'arrivée incessante de nouveaux colons, la nécessité pour les gens du peuple de plaider aux tribunaux romains, plus tard la conversion des Gaulois au christianisme, enfin la mobilité d'esprit naturelle aux Celtes et leur amour du changements[1], tout contribuait à faire adopter au peuple gaulois la langue des vainqueurs.

En même temps que, forcé par la nécessité, le peuple oubliait le celtique pour le latin vulgaire, les hautes classes gauloises, poussées par l'ambition, adoptaient le latin littéraire et s'exerçaient à l'éloquence romaine, afin d'arriver aux fonctions politiques. Dès le temps d'Auguste, la Gaule était pour Rome une pépinière de rhéteurs et de grammairiens; les écoles d'Autun, de Bordeaux et de Lyon, étaient célèbres dans tout l'Empire. Pline se vantait dans une de ses lettres[2] que ses œuvres étaient connues dans toute la Gaule. César ouvrit le Sénat aux Gaulois; Claude leur permit de prétendre à toutes les charges de l'État, sous la seule condition d'apprendre le latin; on voit sans peine pourquoi la noblesse gauloise oublia si vite le celtique.

Celui-ci disparut de la Gaule en laissant sur la langue latine quelques traces bien faibles, il est vrai, mais qui témoignent de son passage. Ainsi, les Ro-

---

[1] « Les Gaulois, dit César, sont changeants dans leurs desseins, mobiles dans leurs résolutions, et surtout avides de nouveauté. » *De bello Gallico* IV, 5.

[2] IX, 2.

mains remarquèrent que l'oiseau, connu chez eux sous le nom de *galerita*, s'appelait chez les Gaulois *alauda*, que l'orge fermentée, nommée en latin *zythum*, était dans la langue gauloise *cervisia*; ils introduisirent alors *alauda* et *cervisia* dans leur propre langue, et ces nouveaux mots latins, passant six siècles plus tard en français, donnèrent à notre langue *alouette*[1] et *cervoise*. Ces mots isolés et quelques autres (surtout parmi les noms de lieux) composent toute notre dette envers la langue gauloise; et même, pour parler d'une manière exacte, nous n'avons rien emprunté aux Gaulois, puisque ces mots ne sont venus au français que par l'intermédiaire du latin; ils ne sont point allés directement du celtique au français; mais ils ont subi une transcription latine; ces emprunts sont du reste si peu nombreux, qu'on peut presque dire que l'influence du celtique sur le français a été insensible.

Ainsi tandis que le fond de la nation française est de race celtique, la langue française n'a conservé qu'un nombre insignifiant de mots qui puissent être ramenés à une origine gauloise. Fait bien étrange, et qui, mieux encore que l'histoire politique, montre combien fut absorbante la puissance romaine.

Le celtique venait à peine de succomber à sa défaite[2], que la langue latine, désormais maîtresse de

---

1. Le latin *alauda* n'a pas donné immédiatement *alouette*, mais le vieux français *aloue* qui avait le même sens, et dont *alouette* est le diminutif comme *cuvette* de *cuve*, *amourette* de *amour*, *herbette* de *herbe*, etc....

2. Refoulée dans l'Armorique par les conquérants romains, la langue gauloise y vécut pendant plusieurs siècles à la faveur de son isolement;

la Gaule eut à soutenir une lutte nouvelle, et à repousser un nouvel assaillant. L'invasion germanique commençait. Dès le deuxième siècle de notre ère, les invasions barbares avaient apparu sous la forme d'infiltrations lentes qui, en minant sourdement les digues de l'Empire romain, devaient en amener la rupture, et aboutir à la terrible inondation du cinquième siècle.

Pour protéger le nord de la Gaule contre les incursions germaniques, les Romains garnirent les frontières d'un cordon de légions, ou de colonies militaires ; et quand ces vétérans devinrent impuissants

---

cette tradition du celtique fut ravivée au septième siècle par une immigration des Kymris chassés du pays de Galles. Les Bretons furent aussi réfractaires à la conquête franke qu'ils l'avaient été à la conquête romaine ; et ce qu'on nomme aujourd'hui patois bas-breton n'est autre chose que l'héritier de la langue celtique. Le bas-breton a une littérature assez considérable (des contes, des chants populaires, des pièces de théâtre), dont on a récemment surfait l'ancienneté, bien qu'elle ne remonte pas au delà du quatorzième siècle. Depuis mille ans, pressé sans relâche dans son dernier refuge par la langue française comme il l'a été, le bas-breton, on le comprend, est aujourd'hui bien loin du celte primitif ; outre que les éléments d'origine celtique ont dû se corrompre par un usage de dix-huit siècles, ce patois a été forcé d'admettre une foule de mots *étrangers*, c'est-à-dire français. Aussi beaucoup de mots bretons offrent-ils ce singulier phénomène d'avoir presque toujours deux synonymes, l'un ancien et d'origine celtique, l'autre plus récent, emprunté au français, et habillé d'une terminaison celtique : ainsi le français.

juste est en breton indifféremment		*egwirion*	ou	*just*
secrètement	—	—	*ekuz*	*secretament*
troublé	—	—	*enkrezet*	*troublet*
colère	—	—	*buanégez*	*coler*, etc.

De ces synonymes les premiers (*egwirion, ekuz, enkrezet, buanégez*)

à faire respecter le sol romain, les Empereurs usèrent d'une mesure fort habile qui recula d'un siècle la grande invasion, et assura quelques années de sécurité à l'Empire : pour arrêter les Barbares, ils résolurent de les cantonner dans la Gaule Septentrionale, et, en les attachant ainsi à l'Empire, d'élever une barrière durable contre les invasions à venir. Ce furent les *Lètes*, colonies barbares qui reconnaissaient la souveraineté nominale des Empereurs et jouissaient, à titre de fief militaire, des terres qui leur avaient été concédées; en même temps qu'ils cantonnaient les Barbares, les Empereurs attiraient à prix d'argent les Franks, les Burgondes, les Alains, pour remplir les cadres vides de leurs légions.

sont les vieux mots d'origine celtique; les seconds (*just, secrotament, troublet, coler*), qui ressemblent si fort au français, ne sont en effet que des mots français corrompus. — Je n'aurais point insisté sur une vérité aussi élémentaire, si au dix-huitième siècle d'aventureux esprits, frappés de cette ressemblance, n'en avaient aussitôt conclu que les mots comme *troublet, just, coler*, etc..., n'étaient point des importations françaises, mais bien l'origine même des mots français correspondants. Le Brigant, et l'illustre La Tour d'Auvergne aussi extravagant philologue que bon patriote, déclarèrent que la langue française venait du bas-breton. On les eût bien étonnés en leur prouvant que c'est le contraire qui est vrai, que ces mots (*just, secretament, troublet*, etc...), au lieu d'avoir donné naissance au français, lui avaient été empruntés, et que loin d'être du celtique primitif, ce sont des mots français corrompus et affublés d'une terminaison celtique. — Ces folies étymologiques que Voltaire appelait plaisamment la *celto-manie*, amusèrent le dix-huitième siècle au dépens des *Celtomanes;* ne mettant plus de bornes à leurs divagations, les Celtomanes en vinrent à affirmer que le celtique était la langue du Paradis terrestre, qu'Adam, Ève et le premier serpent parlaient bas-breton. Ces erreurs regrettables ont eu un autre résultat plus fâcheux encore, celui de jeter sur les études celtiques un discrédit qu'elles ne méritent pas.

Il en résulta dans la langue latine vulgaire une invasion croissante de mots allemands, servant à désigner, comme il est naturel, les choses militaires. Dans son manuel de tactique, *De re militari*, Végèce nous apprend que les soldats romains appelaient *burgus* (bourg), un ouvrage fortifié[1] : c'est le même mot que l'allemand *Burg*. Ainsi, près d'un siècle avant l'invasion, des termes germaniques s'introduisaient déjà dans la langue latine ; cette évasion linguistique sera bien autrement considérable, lorsque, cent ans plus tard, l'Empire d'Occident va disparaître. Avant de raconter l'influence qu'exerça sur la langue ce grand événement historique, revenons à la Gaule romaine ; efforçons-nous de ressaisir les traits principaux et la physionomie du latin, pendant les derniers siècles de l'Empire.

Nous avons laissé[2] la Gaule florissante et prospère moins d'un siècle après la conquête romaine. Le latin littéraire et le latin vulgaire y poursuivaient leur marche parallèle, l'un dans le peuple des villes et des campagnes, l'autre dans l'aristocratie et la classe moyenne. Au deuxième siècle, la plus brillante époque de la Gaule romaine, pendant que le latin populaire est dans l'ombre, le latin littéraire brille d'un vif éclat ; avec les écoles gauloises fleurissaient, nous l'avons vu[3], les avocats et les rhéteurs : et Juvénal ap-

---

1. Castellum parvum quod *burgum* vocant. »
2. *Voy.* p. 19.
3. *Voy.* ci-dessus, p. 20.

pelle la Gaule « la nourrice des avocats, *nutricula causidicorum.* »

Au cinquième siècle, quelques années avant l'invasion barbare, la scène a bien changé ; la position respective des deux idiomes est l'inverse de ce qu'elle était trois siècles auparavant : le latin littéraire se meurt ; le latin populaire gagne rapidement du terrain, et cela bien avant que l'invasion de 407 ait porté à la Gaule le dernier coup : l'institution des *curiales*, en amenant la suppression de la bourgeoisie, porta aux lettres et au latin littéraire une funeste atteinte. A la fois administrateurs municipaux et percepteurs des impôts, les curiales étaient solidairement responsables de la rentrée des taxes : s'il y avait déficit ou insuffisance, les propres biens des curiales étaient saisis et vendus pour compléter la somme ; réduits à la misère, la plupart s'enfuirent dans les bois, ou s'engagèrent volontairement comme esclaves.

Avec la destruction de la classe moyenne, les écoles se fermèrent de toutes parts, la culture littéraire cessa brusquement, et l'ignorance regagna bientôt tout le terrain qu'elle avait perdu. Dès lors l'usage du latin littéraire, du latin *écrit*, de cette langue fixée par la littérature, et qui ne vivait que par tradition, se restreignit à l'aristocratie gallo-romaine, poignée d'hommes qui se transmettaient un idiome pétrifié et immobile, destiné à périr avec eux lorsqu'ils viendraient à disparaître. Cette fois encore le latin populaire bénéficia des pertes subies par la langue littéraire.

Miné par ses excès fiscaux, l'Empire se soutient cependant quelques années encore, par la puissance de son administration, par la force inhérente à toute organisation régulière; mais l'heure dernière sonne enfin : les Franks, les Burgondes, les Alains, les Visigoths se précipitent sur l'Empire, et renversent d'un souffle ce colosse aux pieds d'argile : le monument que César avait élevé s'écroulait moins de cinq siècles après lui.

Dans cette tourmente, l'administration, la justice, l'aristocratie, les lettres disparurent : et le latin littéraire qui en était l'organe périt avec elles comme il était né, destiné à suivre toutes leurs vicissitudes [1]. Le latin vulgaire s'accrut alors de tout ce que perdit l'idiome littéraire et le supplanta entièrement. D'ailleurs, si nous n'avions point à cet égard tous les té-

---

[1]. « L'invasion barbare (a très bien dit M. Meyer) est l'événement qui consacre d'une façon irréfutable la scission des deux idiomes : le latin vulgaire, maître de la Gaule, et tout près de donner naissance au français ; le latin littéraire, incompréhensible au peuple, langue morte confinée désormais dans le domaine des savants et qui n'aura aucune influence sur la formation de nos langues modernes. Par Grégoire de Tours, par Frédégaire, par la renaissance de Charlemagne, par la scholastique du moyen âge, le latin se perpétua dans les ouvrages savants, et retrouva au seizième siècle comme une sorte de résurrection artificielle : il est encore de nos jours la langue de l'Église catholique, et jusqu'à ces dernières années il était, surtout en Allemagne, la langue des savants. »

Après l'invasion, sous les Mérovingiens, les fonctionnaires publics, les notaires, le clergé, trop ignorants pour écrire correctement le latin littéraire, méprisant trop le latin vulgaire pour l'employer dans leurs actes, jaloux d'ailleurs d'imiter le beau style des fonctionnaires romains, écrivirent dans « une sorte de jargon véritablement barbare qui n'est point le latin classique, qui n'est pas non plus la langue vulgaire, mais

moignages des écrivains contemporains, un fait capital suffirait à le démontrer : c'est que pour tous les cas où la même idée était exprimée par des termes différents dans le latin vulgaire et dans le latin littéraire, le français a toujours pris la forme populaire et délaissé la forme savante, preuve incontestable que le latin littéraire, confiné dans les hautes classes, naquit et mourut avec elles, et qu'il resta toujours ignoré du peuple ; les exemples de ce fait sont innombrables :

LATIN LITTÉRAIRE	LATIN POPULAIRE	FRANÇAIS
Hebdomos	septimana	*semaine* (vieux fr. *sepmaine*)
Equus	caballus	*cheval*
Verberare	batuere	*battre*
Pugna	battalia	*bataille*
Osculari	basiare	*baiser*

où ces deux éléments sont étrangement amalgamés, la proportion du second croissant en raison directe de l'ignorance du scribe. » C'est ce jargon barbare qu'on appelle le *bas-latin*. Il a été la langue de l'administration française pendant toute la durée du moyen âge, jusqu'en 1539, où François Ier, ordonna d'écrire tous les actes en langue française. — Le lecteur voit maintenant, et d'une façon nette, la différence du *bas-latin* et du *latin vulgaire* ; l'un est la langue naturelle du peuple, l'autre n'est qu'une imitation, grossière et stérile, de la belle langue littéraire romaine. Le latin vulgaire a produit le français, le bas-latin n'a rien produit du tout, et n'a point eu d'influence sur la formation de notre langue. Cette distinction est capitale. — A côté du latin classique, du latin vulgaire, du bas-latin (mélange de l'un et de l'autre), il est encore une seconde espèce de bas-latin, postérieure au huitième, même au dixième siècle, je veux dire le latin du moyen âge, reproduction servile du mot français (on en trouvera des exemples dans ce livre) ; ainsi *missaticum* avait donné *message* : les clercs tranformèrent *message* en *messagium*. C'est là le véritable latin de cuisine.

LATIN LITTÉRAIRE	LATIN POPULAIRE	FRANÇAIS
Iter	viaticum	*voyage*
Verti	tornare	*tourner*
Urbs	villa	*ville*
Os	bucca	*bouche*
Felis	catus	*chat*
Duplicare	duplare	*doubler*
Sinere	laxare	*laisser*
Testamen	exagium	*essai*
Gulosus	glutonem	*glouton*
Jus	directus ou drictus	*droit*
Minæ	minaciæ	*menace*
Edere	manducare	*manger*
Ignis	focus	*feu*
Ludus	jocus	*jeu*
Aula	curtem	*cour*, etc. [1]

Ces exemples nous montrent combien il est inexact de dire que le français est du latin classique corrompu par un mélange de formes populaires; c'est le latin populaire lui-même à l'exclusion du latin classique. Il en fut de même en Italie et en Espagne, l'invasion barbare tua la langue latine classique; et du latin populaire naquirent l'italien, l'espagnol, le portugais, qui ne sont, comme le français, que le produit du lent développement de la langue vulgaire romaine [2]. C'est la cause de cette ressemblance frappante qu'on a souvent remarquée entre ces quatre idiomes, langues

---

1. Nous aurons soin de marquer d'un astérique * les mots empruntés au latin vulgaire pour les distinguer du latin classique.

2. Gœthe, avec sa sagacité habituelle, disait déjà en 1775 : « Le français vient du latin populaire. »

néo-latines, ou *romanes* (comme disent les Allemands) : elles sont sœurs :

> . . . . . Facies non omnibus una,
> Nec diversa tamen, qualem decet esse sororum.

En détruisant dans la Gaule l'administration impériale et en éteignant toute culture, les Germains, nous l'avons dit, avaient tué le latin littéraire au profit de la langue latine vulgaire : celle-ci, à son tour, allait absorber les vainqueurs, les forcer d'oublier leur propre langue pour adopter celle des vaincus, et montrer une fois de plus l'énergie de l'esprit romain et sa puissance d'assimilation.

Bien des motifs d'ailleurs expliquent comment les Franks abandonnèrent le francique pour le latin : en premier lieu le petit nombre des vainqueurs et la grande supériorité numérique des vaincus; les bandes frankes, qui comptaient un peu plus de douze mille hommes, étaient comme noyées au milieu des six millions de Gallo-Romains qui peuplaient la Gaule. D'ailleurs, si les Barbares n'avaient point reconnu le latin, quelle langue commune eussent-ils adoptée? il n'y avait point au cinquième siècle de langue allemande uniforme, mais autant de dialectes divers (le francique, le burgonde, le gothique, etc.) que de tribus envahissantes. Toutes ces raisons conduisaient à l'adoption du latin; cette nécessité fut confirmée par la conversion des Franks au christianisme, acte qui les obligeait au point de vue politique comme au point de vue religieux d'apprendre le latin.

2.

Les Francs Neustriens s'empressèrent d'étudier la langue Gallo-romaine, et, moins d'un siècle après l'invasion, l'évêque de Poitiers Fortunat félicitait Charibert de ses succès dans la pratique du latin :

> Qualis es in propria docto sermone loquela
> Qui nos Romano vincis in eloquio?

A Strasbourg, en 842, Louis le Germanique prête serment en français devant l'armée de Charles le Chauve, preuve certaine que les soldats carlovingiens ne comprenaient plus l'allemand. Lorsqu'au siècle suivant Rollon, duc des Normands, jure fidélité à Charles de France, il avait à peine commencé la formule sacramentelle *By Got* (au nom de Dieu), dans son idiome germanique, que toute l'assemblée des seigneurs éclata de rire; il fallait que l'allemand fût bien profondément oublié pour paraître aussi ridicule et aussi barbare.

Il est inutile de multiplier ces témoignages qui nous prouvent avec quelle rapidité les conquérants désapprirent leur langue maternelle; mais si l'allemand ne parvint pas à supplanter le latin, il lui causa néanmoins un grave dommage, en le forçant d'adopter un grand nombre de mots germaniques pour désigner les institutions nouvelles que les Franks apportaient avec eux : cette intrusion d'ailleurs était nécessaire. Comment traduire en latin des idées telles que celles de *vassal, alleu, ban, mall, fief*? En remplaçant l'organisation monarchique, unitaire, centralisatrice de l'Empire romain, par le régime tout féodal des tribus germaines, les conquérants barbares durent introduire du même coup dans la langue latine les mots nécessaires à leurs innovations ; aussi tous les termes relatifs aux institutions politiques ou judiciaires, et les titres de la hiérarchie féodale, sont-ils d'origine germanique : ainsi les mots allemands tels que *mahal, bann, alôd, skepeno, marahscalh, siniscalh*, etc., introduits par les Francs dans le latin vulgaire, devinrent respectivement *bannum, mallum, alodium, skabinus, mariscallus, siniscallus*, etc., et passèrent au français, quelques siècles après, comme tous les autres mots latins, où ils donnèrent *mall, ban, alleu, échevin, maréchal, sénéchal*, etc.

Il en est de même, et dans une plus forte proportion, des termes de guerre. Les Franks, qui ne reconnaissaient qu'une seule profession digne d'un homme libre, celle des armes, conservèrent longtemps l'important privilège de former la classe guerrière : et les Gallo-Romains importèrent dans la langue latine ces termes de combat qu'ils entendaient chaque jour prononcer autour d'eux ; tels sont : *haubert* (halsberc), *heaume*, (helm), *auberge* (heriberga), *guerre* (werra), etc. On évalue à plus de neuf cents les mots germaniques introduits dans la langue latine par l'invasion barbare et passés de là en français. Cette immixtion germanique n'atteignit que le vocabulaire latin et laissa la syntaxe intacte ; elle ne fut guère qu'une perturbation accidentelle et superficielle.

Le latin vulgaire n'en fut pas moins profondément modifié par cette masse de mots barbares introduits brusquement dans la langue ; tandis que son vocabulaire s'éloignait ainsi de plus en plus du latin littéraire, sa syntaxe contribuait encore moins à l'en rapprocher. Les tendances analytiques qui se sont développées dans les langues modernes, et qui consiste à remplacer les cas par l'emploi des prépositions *de* et *ad* pour marquer la possession et le but, y apparaissent pleinement : là même où le latin littéraire disait : *do panem petro, equus Petri,* le latin vulgaire disait : *dono panem ad Petrum, caballus de Petro;* il en est de même pour les verbes, et l'on verra dans ce livre[1] comment le latin vulgaire créa les auxiliaires pour le service de la conjugaison.

Ainsi modifié comme syntaxe, ainsi accru comme vocabulaire, le latin vulgaire était décidément une langue nouvelle profondément distincte du latin littéraire ; c'est en réalité un idiome tout à fait différent, que les beaux esprits des temps mérovingiens appellent dédaigneusement *langue romane rustique,* c'est-à-dire latin des paysans *(lingua romana rustica),* en attendant qu'il se nomme langue française.

C'est si bien une langue nouvelle et tout à fait distincte du latin, que l'usage en est attesté de bonne heure par des témoignages nombreux ; c'est par les écrivains ecclésiastiques que nous avons les preuves les plus anciennes de l'existence du français : il n'en pouvait être autrement ; par les missionnaires et les prêtres, l'Église s'adressait au peuple, et, pour en être comprise, devait lui parler son langage ; dès 660, nous

---

1. *Voy.* page 198.

voyons que saint Mummolin fut élu évêque de Noyon, « parce qu'il était familier non seulement avec l'allemand, mais aussi avec la *langue romane* [1]. » On lit dans la Vie de saint Adalhard, abbé de Corbie (750), qu'il prêchait en langue vulgaire *« avec une abondance pleine de douceur, »* et son biographe exprime plus nettement encore cette distinction du *latin* langue savante, et du *roman* ou langue du peuple, lorsqu'il ajoute : « Saint Adalhard parlait-il en langue vulgaire,
« c'est-à-dire en *langue romane,* on eût dit qu'il ne
« savait que celle-là ; s'il parlait en *langue allemande,*
« il brillait encore plus ; enfin, quand il employait la
« *langue latine,* il s'exprimait avec plus d'élégance
« encore que dans les autres [2]. »

Ainsi du vivant de Charlemagne, ce passage nous le prouve, le peuple ne comprenait plus le latin, et dès cette époque, l'Église adressait au peuple des homélies et des instructions en français. Par un hasard heureux et une bonne fortune pour l'histoire de notre langue, nous avons conservé sinon un fragment de traduction de la Bible, du moins un glossaire explicatif des mots les plus difficiles. Ce fragment, connu sous le nom de *Gloses de Reichenau*[3], et qui remonte à 768 environ (l'année même où Charlemagne monta sur le trône),

---

1. « Quia prævalebat non tantum in teutonica, sed etiam in *romano lingua.* »

2. « Que si vulgari, id est *romana lingua*, loqueretur, omnium aliarum « putaretur inscius ; si vero *teutonica*, enitebat perfectius ; si *latina*, in « nulla omnio absolutius. » (*Acta Sanctorum*, I, 416.)

3. Il a été découvert en 1863, par M. Holtzmann, dans un manuscrit de la bibliothèque de Reichenau.

est très précieux pour l'historien de la langue; les mots sont disposés sur deux colonnes; à gauche le texte latin de la Bible, à droite la traduction en français :

TEXTE DE LA BIBLE.	TRADUCTION FRANÇAISE DU VIII° SIÈCLE.
Minas (menaces),	*Manatces*
Galea (heaume),	*Helmo*
Tugurium (cabane),	*Cabanna*
Singulariter (seulement),	*Solamente*
Cæmentarii (maçons),	*Macioni*
Sindones (linceul),	*Linciolo*
Sagma (somme).	*Soma*, etc.

Ce patois, pour grossier qu'il semble, n'en est pas moins d'un haut intérêt : c'est le premier monument écrit qui nous reste de notre langue, et il est vieux de onze cents ans; j'ai placé entre parenthèses, à côté du texte de la Bible, la traduction en français moderne; le lecteur pourra d'un coup d'œil mesurer la distance qui sépare cette langue encore informe et à peine dégagée des langes latins de l'idiome de Voltaire.

Ce fragment confirme en outre, par une preuve de fait, preuve palpable et incontestée, ce que nous savions déjà par des témoignages indirects, à savoir, que le peuple parlait français au temps de Charlemagne, et que le fier conquérant germain a dû lui-même s'essayer à parler français.

Tandis que les Eginhard, les Alcuin, les Angilbert et les beaux esprits du temps affectaient de mépriser ce patois informe, qui devait être un jour le français, et lui préféraient la langue latine, l'Église, qui n'avait pas craint la première d'employer la langue vulgaire, comprit toute l'importance de ce fait accompli : au lieu de l'opposer avec mépris à la langue latine, elle vit que les conséquences de la naissance de cette langue nouvelle ne pouvaient être retardées, et les mit habilement à profit. Elle s'était bornée jusque-là à tolérer, à encourager même l'étude du français chez les prêtres et les missionnaires, presque toujours en communion avec le peuple. Dès les dernières années du règne de Charlemagne, l'Église fit plus encore ; elle *imposa* au clergé l'étude de la langue vulgaire, mesure nécessaire puisque le peuple ne comprenait plus le latin. En 813, le concile de Tours enjoignit aux prêtres d'expliquer les Saintes Écritures en français, et ordonna de prêcher désormais en langue française [1].

L'Église reconnaissait ainsi l'existence du français, et la mort du latin dans le peuple, comme un fait accompli ; et elle s'efforça d'en poursuivre sans retard les résultats, avec cette persévérance qui lui est habituelle. Après le concile de Tours, ceux de Reims (813), de Strasbourg (842), d'Arles (851), renouvelèrent sans relâche l'injonction de prêcher en français, jusqu'à ce que la langue vulgaire fût en tous lieux substituée au latin. Sous le tout-puissant patronage de l'Église, l'usage du français gagna rapidement du terrain, et vingt-cinq ans environ après la mort de Charlemagne, nous voyons le français employé comme

---

1. Charlemagne, qui entretenait avec l'Église des rapports constants, eut certainement connaissance de ces prescriptions, s'il ne les a point inspirées.

langue des négociations politiques dans les fameux serments de Strasbourg que prêtèrent Louis le Germanique à son frère Charles le Chauve, et l'armée de Charles le Chauve à Louis le Germanique, au mois de mars de l'année 842. Le neveu de Charlemagne, Nithard, nous les a conservés dans son *Histoire des Francs*, qu'il écrivit vers 843, par ordre de Charles le Chauve, dont il était le confident. Les voici l'un et l'autre tels qu'ils nous ont été transmis :

I. SERMENT DE LOUIS LE GERMANIQUE

Pro Deo amur, et pro christian poblo et nostro commun salvament, d'ist di en avant, in quant Deus savir et podir me dunat, si salvarai eo cist meon fradre Karlo et in adjudha et in cadhuna cosa, si cum om per dreit son fradra salvar dist, in o quid il mi altresi fazet ; et ab Ludher nul plaid numquam prindrai, qui meon vol cist meon fradre Karle in damno sit[1].

II. SERMENT DES SOLDATS DE CHARLES LE CHAUVE.

Si Lodhuwigs sagrament, que son fradre Karlo jurat, conservat, et Karlus meos sendra de sua part non

---

[1]. TRADUCTION : Pour l'amour de Dieu et pour le salut du peuple chrétien et notre commun salut, de ce jour en avant, autant que Dieu me donne savoir et pouvoir, je sauverai mon frère Charles et en aide et en chaque chose (ainsi qu'on doit, selon la justice, sauver son frère), à condition qu'il en fasse autant pour moi, et je ne ferai avec Lothaire aucun accord qui, par ma volonté, porte préjudice à mon frère Charles ici présent.

los tanit, si io returnar non l'int pois, ne io, ne neuls cui eo returnar int pois, in nulla adjudha contra Lodhuwig nun li iv er[1].

Les serments sont, après les *Gloses de Reichenau* le plus ancien monument de la langue française : ils sont comme elles d'une valeur inappréciable pour l'étude de nos origines linguistiques ; on y surprend en quelque sorte sur le fait le travail de la transformation du latin, et j'en ferai ressortir tout l'intérêt et l'utilité dans le cours du présent livre : bornons-nous, quant à présent, à constater (bien que cette preuve soit inutile après tant d'autres) que l'armée des Franks ne comprenait plus ni le latin, ni l'allemand, puisque l'empereur d'Allemagne, Louis le Germanique, dut prêter serment en français.

Dès lors la langue vulgaire se substitue, pour toujours, au latin que le peuple n'entendait plus ; usité depuis deux siècles à l'exclusion de l'idiome romain, officiellement reconnu en 813 par l'Église, en 842 par l'administration, le français croît en importance, et, peu de temps après les serments de Strasbourg, il s'élève à la poésie. Au neuvième siècle nous trouvons une cantilène en vers français, sur le martyre de sainte Eulalie ; au dixième siècle, deux poèmes assez courts

---

1. TRADUCTION : Si Louis garde le serment qu'il a juré à son frère Charles, et que Charles mon maître, de son côté, ne le tienne pas, si je ne l'en puis détourner, ni moi, ni nul que j'en puis détourner, ne lui serai en aide contre Louis.

2. Voyez p. 34.

l'un sur la *Passion de Jésus-Christ*, l'autre sur la *Vie de saint Léger d'Autun* : tels sont nos premiers monuments poétiques, textes précieux pour l'histoire de la langue, plus précieux encore pour celle de la poésie française, qui reconnaît ici son origine et ses premiers bégaiements.

Le neuvième et le dixième siècle, qui assistent à la fin malheureuse des derniers Carlovingiens, sont en apparence stériles et désolés ; ils semblent au premier abord tout à fait vides et inutiles à l'humanité. C'est cependant l'époque la plus féconde de notre vie nationale ; c'est le moment où se constitue la nationalité française, et avec elle naissent dans l'ombre la langue, la poésie, l'art chrétien. Toutes ces grandes choses sont nées en dehors du pouvoir royal et à son insu, d'une sorte de fermentation populaire. Les prétentieux chroniqueurs latins de ce temps nous racontent comment la royauté décrépite des Carlovingiens achevait de mourir ; ils ne nous disent pas, ils n'ont pas su voir quelle vie puissante, quelle force *créatrice* animait au dixième siècle les dernières couches de la société et les rendait fécondes[1].

---

1. Cette naissance du français en un temps pleinement historique et qui nous est bien connu est d'une importance capitale : ce fait nous montre comment ont pu naître et se former les langues telles que le latin et le grec, que nous ne connaissons qu'à l'âge adulte et dont nous ignorons l'enfance et le développement ; et quand, dans nos livres d'*histoire* racontant longuement les combats obscurs des princes mérovingiens, on ne donne aucun détail sur ce grand événement, il est clair que la vraie histoire n'a pas encore pénétré dans l'enseignement. — *Voy.* Littré, *Histoire de la langue française*, I, 260, — et la *Revue des Deux-Mondes*, 15 février 1867.

Dès le dixième siècle, la nationalité française est consacrée par les progrès du français, puisqu'un peuple n'est lui-même que du jour où il possède en propre un langage ; la domination romaine s'est abîmée depuis longtemps ; les invasions barbares sont à jamais terminées [1]. Sur les débris de l'empire carlovingien, tentative grandiose et vaine, vivra pendant six siècles la féodalité, apportant avec elle une forme sociale nouvelle, intermédiaire de l'esclavage antique et de la liberté moderne.

A mesure que se répand l'usage de la langue française, la connaissance du latin, jusque-là générale dans les hautes classes, devient de plus en plus rare. Hugues Capet ne savait que le français : lors de son entrevue avec l'empereur d'Allemagne, Othon II, celui-ci parlant latin, Hugues dut recourir à un des évêques de sa suite, qui lui servit d'interprète. Dès le onzième siècle, le latin cesse d'être usuel dans les monastères, où il avait toujours été fort répandu ; beaucoup de prêtres ne connaissent plus que le français.

Le latin est délaissé par les hautes classes, comme il l'était par le peuple depuis trois siècles : la langue française est *hors de page*.

---

1. La dernière invasion barbare fut close au dixième siècle par la soumission des Normands et leur établissement en Neustrie. La supériorité numérique du côté des Neustriens absorba les envahisseurs ; les Normands, qui parlaient un idiome scandinave, oublièrent leur propre langue pour adopter le français que parlaient les vaincus ; et un siècle après la mort du duc Rollon, la Normandie était réputée pour l'élégance de son français, comme autrefois la Gaule romaine pour l'excellence de ses rhéteurs et de ses grammairiens.

Alors se développe, du onzième au treizième siècle, une littérature poétique, pleinement originale; une poésie lyrique gracieuse ou brillante, une poésie épique grandiose et dont la *Chanson de Roland* reste l'expression la plus parfaite. L'Allemagne, l'Italie, l'Espagne, s'approprient nos poèmes et nos romans, les traduisent ou les imitent. Cet enthousiasme des étrangers au douzième siècle, analogue à l'admiration de l'Europe, au dix-septième siècle, pour notre littérature, est la meilleure preuve de son originalité artistique. Ce serait un beau chapitre d'histoire littéraire à traiter, que celui de l'*Influence de la littérature française à l'étranger*. Pour qui l'entreprendra, le douzième siècle au moyen âge, le dix-huitième siècle dans les temps modernes, seront les principaux et les meilleurs représentants de notre génie national.

En même temps que notre littérature, notre langue s'imposait, depuis le treizième siècle, aux nations voisines comme elle fit plus tard au siècle de Voltaire.

La conquête normande a implanté le français en Angleterre; en Allemagne, l'empereur Frédéric II et sa cour cultivent la poésie française. En Italie, l'usage du français est général; c'est en français que le Vénitien Marco-Polo raconte ses voyages, que le maître de Dante, Brunetto Latini, écrit son *Trésor de sapience*, « parce que, dit-il, le français est le plus délitable (délectable) langage et le plus commun (le plus répandu). « De toutes les parties de l'Europe, les étudiants accouraient à l'Université de Paris, et deux mauvais vers latins du moyen âge nous témoignent de cette célébrité :

> Filii nobilium, dum sunt juniores,
> Mittuntur in Franciam fieri doctores.

C'était un usage si répandu, et une mode si générale, qu'un moine italien, Benvenuto de Imola, disait à la fin du quatorzième siècle : « Je m'étonne et je m'indigne quand je vois toute notre noblesse italienne s'efforcer de copier les mœurs et les usages de la France, dédaigner leur langue pour celle des Français, et n'admirer que leurs livres. »

Qu'était donc ce français que l'Europe du treizième siècle s'estimait si fort honorée d'apprendre? Nous avons raconté son succès et son influence à l'étranger, mieux eût valu commencer par le faire connaître au lecteur : reprenons notre langue à sa source, le latin populaire, et voyons ce qui advint quand la Gaule romaine échappa au joug impérial.

On sait que la cause première des altérations phoniques et des transformations du langage, réside dans la structure de l'appareil vocal, en un mot dans la différence de prononciation : celle-ci résulte de la différence des races. Introduit en Italie, en Gaule, en Espagne, parlé par trois races distinctes de trois manières différentes, le latin se décomposa, nous l'avons vu, en trois langues correspondant aux trois peuples qui le parlaient. En Gaule, le latin populaire se trouvant en présence de deux races rivales, celle du Nord, celle du Midi, donna lieu à deux idiomes distincts : celui du Midi ou *langue d'Oc,* celui du Nord ou *langue d'Oil*[1]. Ces noms bizarres proviennent de l'habitude fréquente au moyen âge, de désigner les langues par le signe de l'affirmation. Ainsi Dante appelle-t-il l'italien *langue de* SI, de même les noms du français du Nord, *langue d'*OIL, et du français du Midi, *langue d'*OC, viennent de ce que *oui* était *oil* au Nord, *oc* au Midi.

La langue du Nord ou *langue d'oil,* à son tour, se trouvant en présence de populations ou sous-races distinctes, très caractérisées dans leurs variétés et leurs différences (les Normands, les Picards, les Bourguignons, etc..., qui prononçaient chacun le latin à leur manière), se scinda à son tour en autant de dialectes qu'il y avait de centres indépendants : scission d'autant plus aisée qu'il n'y avait point, comme au-

---

[1]. Si l'on tire une ligne de la Rochelle à Grenoble, on aura tracé la démarcation des deux langues et tracé leurs frontières ; au nord de la ligne le domaine de la langue d'oil, au sud, celui de la langue d'oc. On comprend bien que cette délimitation ne comporte pas la rigueur d'une opération cadastrale.

La *Langue d'oc* ou, comme disent plus volontiers les modernes, le *provençal* (d'une des régions les plus importantes de son domaine) se développa du dixième au onzième siècle, parallèlement à la langue du Nord : bien que ce ne soit pas ici le lieu d'étudier cette intéressante histoire, disons cependant que le provençal fournit principalement au douzième siècle une brillante littérature lyrique.

La rivalité des méridionaux et des hommes du Nord, qui se termine par la guerre des Albigeois et la défaite du Midi, porta le coup de mort à cette littérature. En 1272, le Languedoc passe à la France, et l'introduction du français suit de près cette annexion. Les patois provençaux, languedociens et gascons qui persistent aujourd'hui dans nos campagnes du Midi, ne sont que les débris de cette langue d'oc qui jeta pendant deux siècles un si vif éclat.

jourd'hui, une capitale du royaume qui pût imposer au pays la règle du bon ton et le modèle du beau langage. En brisant le royaume unifié des Romains et de l'empire Carlovingien, le système féodal morcela la Gaule en une foule de principautés locales qui possédaient autant de capitales, petits centres politiques, littéraires et administratifs, ayant en propre leur langue, leurs mœurs et leurs coutumes.

En Normandie ou en Picardie, par exemple, tous les actes officiels, aussi bien que les œuvres littéraires, étaient rédigés en normand ou en picard, et le dialecte de l'Ile-de-France, ou comme on disait alors, le *français*, y était presque regardé comme un idiome étranger. La séparation politique contribua, on le voit, à affermir encore cette division de la langue en dialectes, division qui avait sa cause première dans la différence des races.

Notre langue comprenait, au moyen âge, quatre dialectes principaux : le normand, le picard, le bourguignon, et le français au centre du triangle formé par ces trois provinces. Le français, je le répète, n'était à l'origine que le dialecte de la province nommé Ile-de-France; et n'avait au dehors aucune espèce d'influence[1]. Ces quatre dialectes, égaux en pouvoir et en influence, présentaient entre eux des différences si tranchées, que les étrangers eux-mêmes en étaient frappés : Roger Bacon, qui avait voyagé en France en 1240, cherchant,

---

1. Au moyen âge on entendait par *Français* les habitants de l'Ile de-France.

dans son *Opus Majus*, à montrer ce que peuvent être les dialectes d'une langue, prend la nôtre pour exemple : « Souvent, dit-il, la même langue se divise en plusieurs dialectes, comme cela a lieu en France, où les Normands, les Français, les Picards et les Bourguignons emploient chacun un dialecte différent[1]. » Ce témoignage d'un étranger du treizième siècle nous dispense d'insister davantage.

Ces différents dialectales, comme dans les dialectes grecs, ne portaient point sur la syntaxe de la langue, mais sur la forme des mots qui étaient nettement définis pour chaque dialecte : ainsi le mot latin *amabam* était au douzième siècle, chez les écrivains bourguignons, *amève*, chez les Français *amoie*, *amoue* chez les Normands.

Profitons de cet exemple pour remarquer combien la langue latine se contracte et s'assourdit à mesure qu'elle s'éloigne du Midi. Le mot latin est ici un thermomètre très sensible qui s'abaisse de plus en plus, en montant vers le Nord, par une série de modifications continues et non point par un écart brusque ou un saut précipité. En voyant les teintes de la langue se succéder sans brusque interruption, par des dégradations lentes à mesure qu'on passe d'un climat à un autre, on en conclut qu'il y a là un fait naturel,

---

[1] « Nam et idiomata variantur ejusdem linguæ apud diversos, sicut patet de lingua gallicana quæ apud *Gallicos* et *Normannos* et *Picardos* et *Burgundos* multiplici variatur idiomate. Et quod propriè dicitur in idiomate Picardorum horrescit apud Burgondos, imo apud Gallicos viciniores. » (*Opus Majus*, III, 44.)

que les langues comme les plantes se modifient sous l'influence du climat, en un mot que le climat est, comme disent les Allemands, un des *facteurs* du langage.

Au moyen âge, les quatre dialectes de la langue d'oïl (comme autrefois en Grèce les quatre dialectes ionien, éolien, attique, et dorien) produisirent quatre littératures distinctes ; le moindre commerce avec les auteurs de ce temps nous permet de reconnaître s'ils sont Normands, Français ou Bourguignons, en un mot à quelle province et à quel dialecte ils appartiennent. — La France littéraire du douzième siècle est, on le voit, profondément différente de la nôtre. Tandis qu'ici une langue unique s'offre comme un modèle de perfection aux efforts de tous les écrivains, nous voyons dans la France de Philippe-Auguste quatre langues distinctes, officielles, égales en importance, chacune ayant dans sa province une royauté absolue et un pouvoir sans partage. Comment s'est opérée cette réduction de quatre langues à une seule, et pourquoi le dialecte de l'Île-de-France a-t-il été adopté comme langue commune plutôt que le normand et le bourguignon ? Autant de questions que l'histoire de la langue va résoudre.

En morcelant la France, le système féodal avait entretenu, par l'indépendance politique des provinces, leur indépendance linguistique et littéraire ; mais il était clair que du jour où le système féodal disparaîtrait au profit d'une monarchie une et centrale, les dialectes seraient entraînés dans sa chute, et supprit més au profit d'une langue commune. Il était évident d'autre part qu'on prendrait pour type de la langue commune le dialecte de la province qui avait asservi les voisines, et absorbé la France entière.

Ce choix devait donc dépendre des événements politiques; l'usurpation d'Hugues-Capet, duc de France, en décida et fixa la capitale future à Paris. Au onzième siècle et au douzième, les rois Capétiens, humbles seigneurs de l'Ile-de-France et de l'Orléanais, sont dépourvus de toute influence hors des limites du domaine royal : les dialectes sont en pleine vigueur et jouissent d'une valeur littéraire égale, sans qu'aucun d'eux, pas plus le français que le bourguignon, soit en droit de s'arroger la primauté; mais dès le milieu du treizième siècle, le domaine des Capétiens s'accroît, et parallèlement commence à s'étendre l'influence du dialecte français. Les seigneurs de l'Ile-de-France luttent vaillamment contre leurs voisins et s'agrandissent à leurs dépens. Dès l'année 1101, Philippe Ier achète le Berry; un siècle après, la Picardie est cédée à Philippe-Auguste qui confisque la Touraine en 1203, la Normandie en 1204; le domaine royal s'annexe successivement le Languedoc en 1272, la Champagne en 1361.

En même temps que le duc de France supplante dans chaque province nouvelle les anciens seigneurs, le dialecte *français* suit sa marche triomphante et chasse les dialectes indigènes des provinces conquises. En Picardie, par exemple, le français s'établit à la place du picard, en le remplaçant d'abord dans les actes officiels, émanant des agents du vainqueur, c'est-à-dire des Français, puis bientôt dans les écrits et les œuvres littéraires, enfin dans le langage des gens de *bon ton*,

Rebelle à cette invasion, le peuple seul garde son ancien langage et refuse d'accepter le français. Cessant tout à coup de s'écrire, le picard livré alors à des altérations incessantes, descend du rang de *dialecte* (c'est-à-dire de langue écrite et parlée), à celui de *patois*, c'est-à-dire d'idiome simplement parlé, et que ne reconnaît plus la langue française.

C'est ainsi que le dialecte picard, le normand et le bourguignon furent en moins de trois siècles supplantés par le dialecte de l'Ile-de-France, et tombèrent à l'état de patois, dans lesquels une étude attentive reconnaît encore aujourd'hui les caractères que nous offrent les anciens dialectes dans les œuvres littéraires du moyen âge. Les patois ne sont donc point, comme on le croit communément, du français littéraire corrompu dans la bouche des paysans : ce sont les débris des anciens dialectes provinciaux, que les événements politiques ont fait déchoir du rang de langues officielles, littéraires, à celui de langues purement parlées. L'histoire des patois nous montre leur importance pour l'étude de la langue française, et l'on ne saurait trop louer l'Académie des Inscriptions de proposer ses prix aux meilleurs travaux sur nos patois.

Mais le triomphe définitif du français sur les dialectes ses voisins, ne fut pas acheté sans combats, et dans cette lutte le vainqueur reçut plus d'une blessure; l'indépendance provinciale protesta, et la résistance se manifesta par l'introduction dans le dialecte français d'un certain nombre de formes empruntées aux dialectes vaincus. On observe, dans le français moderne, plus d'un mot qui remonte au dialecte normand ou au bourguignon : ces empreintes sont en désaccord avec l'analogie propre du français, et c'est ce qui les rend encore reconnaissables aujourd'hui. « Pour nous, l'habitude masque ces disparates ; mais dès qu'on se familiarise avec les dialectes français du moyen âge, ou découvre bien vite les amalgames qui se sont faits, » confusions regrettables qui détruisent la régularité et la belle analogie du langage. Ainsi le *c* dur des latins, avait donné *ch* dans le dialecte de l'Ile-de-France, *c* dans celui de Picardie. *Campus, carrus, cantare, carta, castellum, catus, campania, cappa, cancellus, cancer, carricare,* etc..., étaient chez les Français *champ, char, chanter, charte, chastel, chat, champagne, chappe, chancel, chancre, charger,* — chez les Picards, *camp, car, canter, carte, castel, cat, campagne, cappe, cancel, cancre, carguer,* etc.... Qui ne voit aussitôt, en comparant ces deux tableaux, que si la langue moderne adopte les formes du dialecte français et délaisse celles du picard, cet abandon n'a point été absolu ; et que si, dans la majorité des cas, elle abandonne le picard pour le français, dans quelques autres, heureusement fort rares, elle a fait l'opération contraire ? elle a délaissé le mot *champagne* qui était à l'Ile-de-France, et lui a préféré la forme picarde *campagne*. Enfin, dans un petit nombre de cas, elle a admis à côté l'une de l'autre la forme picarde et la française, mais en assignant à chacune d'elles un sens spécial et distinct, alors qu'elles n'étaient au fond qu'un seul et même mot : ainsi CAMPUS, *champ* et *camp*, — CAPPA, *chappe* et *cappe*, — CANCELLUS, *chancel* et *cancel*, — CARTA, *charte* et *carte*, — CAPSA, *châsse* et *caisse*, — CASTELLUM, *château* (chastel) et *castel*, — CARRICARE, *charger* et *carguer*, etc., où l'on voit la forme picarde persister à côté de la forme française. — Je ne puis m'arrêter, dans cette revue rapide, à montrer quelle a été aussi la part du normand et du bourguignon dans la formation de notre langue; j'en ai dit assez pour appeler l'attention du lecteur sur ce curieux phénomène[1].

En résumé, on voit que la marche de la langue et celle de la nation sont parallèles, et qu'elles ont subi l'une et l'autre la même révolution : il y a des dialectes tant que les grands fiefs subsistent : il y a des patois quand l'unité monarchique absorbe ces centres locaux; la centralisation progressive dans le gouvernement et la création d'une capitale donnent l'ascendant à un des

---

[1]. Les doubles formes telles que *fleurir* et *florir*, *grincer* et *grincher*, *attaquer* et *attacher*, *charger* et *carguer*, *écorcher* et *écorcer*, *laisser* et *lâcher*, *charrier* et *charroyer*, *plier* et *ployer*, sont aussi dues à des influences dialectales, et ne sont au fond que les mêmes mots dans des dialectes différents. Il est plaisant, maintenant que l'histoire de la langue nous a fourni cette explication, de voir les grammairiens philosophes décider que *plier* et *ployer* sont deux mots d'origine différente, et créer entre les deux des distinctions tout à fait artificielles, et que dément l'étude de notre ancienne langue

dialectes, non sans quelque influence de tous les autres sur celui qui triompha. Cette révolution est achevée au quatorzième siècle; la monarchie humble et chétive trois siècles auparavant, est devenue prépondérante, et avec elle le dialecte de l'Ile-de-France; c'est à ce moment que les dialectes cessent d'exister en France: les patois en prennent la place; la langue française naît à l'histoire.

On peut résumer cette longue histoire de notre langue en disant que le latin vulgaire, transporté en Gaule, donna huit siècles après la langue d'oïl, dont un des dialectes, celui de l'Ile-de-France, supplanta les autres, et devint au quatorzième siècle la langue française[1]. Dans les autres pays latins, le même phéno-

---

[1] On voit maintenant de quels éléments notre langue est formée. C'est une combinaison du latin populaire et d'un élément germanique assez fort importé au cinquième siècle, et dans laquelle on retrouve quelques bien faibles traces celtiques. — Au français une fois né s'adjoignirent, vers le treizième siècle, quelques éléments orientaux; au seizième siècle un certain nombre de mots italiens et espagnols; au dix-neuvième plusieurs expressions d'origine anglaise (sans parler ici des mots scientifiques tirés des langues anciennes et introduits en français par les savants principalement au seizième et au dix-neuvième siècle). Les éléments orientaux (je traiterai des autres à leur place, page 55-56) appartiennent à l'hébreu et à l'Arabe. C'était un thème favori des anciens étymologistes de dériver toutes les langues de l'hébreu : les travaux des philologues modernes ont montré le néant de toutes ces rêveries : et le résultat le plus important de la science moderne a été de découvrir cette loi invariable : que les *éléments des langues correspondent aux éléments des races.* Or nous sommes d'une race tout à fait différente de la race juive, et les rapports du français et de l'hébreu doivent être illusoires : il sont en effet purement accidentels. Lorsque saint Jérôme traduisit l'Ancien Testament de l'hébreu en latin, il transporta dans sa traduction plusieurs mots hébreux dont l'équivalent n'existait point dans la langue latine, tels que *seraphim, cherubim, gehonnon, pascha,* etc..., et du latin

mène s'est produit ; la succession est allée des dialectes provinciaux à une langue commune : c'est ainsi que le toscan en Italie, le castillan en Espagne, supplantèrent les autres dialectes, et que l'andalous et le navarrais d'une part, le milanais, le vénitien et le sicilien de l'autre, tombèrent du rang des dialectes écrits, où ils étaient au moyen âge, à celui de patois, comme cela eut lieu chez nous pour le picard et le bourguignon.

Qu'était donc ce français du treizième siècle, intermédiaire du latin des paysans romains et de la langue de Chateaubriand? Étudions un instant sa constitution et ses formes pour nous rendre compte du chemin que le latin vulgaire a parcouru depuis la chute de l'Empire, et de la distance qui le sépare encore du français moderne.

ecclésiastique ils passèrent cinq siècles plus tard au français (*chérubin, séraphin, gêne, pâque*) ; mais c'est du latin que nous les avons appris, et l'on peut dire que l'influence directe de l'hébreu sur le français a été nulle ; il en est de même pour l'Arabe, dont les rapports avec le français ont été tout fortuits : sans parler des mots qui expriment des choses purement orientales, tels qu'*Alcoran, bey, cadi, caravane, derviche, firman, janissaire, narghilé, odalisque, pacha, sequin, sérail, sultan, vizir*, etc..., et qui nous viennent directement d'Orient par les voyageurs, le français reçut au moyen âge plusieurs mots arabes venus d'une autre source : l'influence des croisades, le grand mouvement scientifique arabe qui jeta un si vif éclat, l'étude des philosophes orientaux, fort répandue en France du douzième siècle au quatorzième, enrichirent notre vocabulaire de mots relatifs aux trois sciences que les Arabes cultivèrent avec succès, à l'astronomie (*azimuth, nadir, zénith*), à l'alchimie (*alcali, alcool, alambic, alchimie élixir, sirop*), aux mathématiques (*algèbre, zéro, chiffre*) ; encore ces mots, exclusivement savants, ne sont-ils point venus directement de l'arabe au français, mais de l'arabe au latin scientifique du moyen âge, qui les a transmis en français. En somme, l'influence des langues orientales sur notre idiome n'a rien eu de populaire, et leur part dans la formation de notre langue est, on le voit, bien insignifiante et tout à fait accidentelle.

On sait que la grande différence qui distingue le latin de notre langue présente est que le français exprime le rapport des mots par leur ordre, tandis que le latin l'exprime par leur forme. L'idée ne change point en latin si au lieu de dire: *canis occidit lupum*, on dit: *lupum occidit canis;* elle devient tout autre en français si l'on dit: *le chien tua le loup,* ou le *loup tua le chien;* en un mot le français reconnaît le sens du mot à sa place; le latin, à sa désinence: ce qui frappe tout d'abord est que le latin possède une déclinaison, et que le français n'en a point. Le français a donc abandonné en chemin la déclinaison latine. Comment cette perte est-elle advenue; le latin a-t-il toujours eu six cas, le français n'en a-t-il jamais eu plus d'un? C'est à l'histoire qu'il appartient de résoudre ce problème.

La tendance à simplifier et à réduire le nombre des cas se fit sentir de bonne heure dans la langue latine vulgaire; les cas exprimaient des nuances de la pensée trop délicates et trop subtiles pour que l'esprit grossier des Barbares pût se complaire dans ces fines distinctions. Incapables de manier cette machine savante et compliquée de la déclinaison latine, ils en fabriquèrent une à leur usage, simplifiant les ressorts et réduisant le nombre des effets, quittes à reproduire plus souvent le même; dès le cinquième siècle, c'est-à-dire bien avant l'apparition des premiers écrits en langue française, le latin vulgaire réduisit à deux les six cas du latin classique: le nominatif pour indiquer le sujet; pour indiquer le régime, il choisit comme type l'accusatif qui revenait le plus fréquemment dans le discours. Dès lors la déclinaison latine fut ainsi constituée : un cas sujet, *muru-s*; — un cas régime, *muru-m*. Quand le latin vulgaire devint le français, cette déclinaison à deux cas persista, et ce fut la base de la grammaire française pendant la première moitié du moyen âge; l'ancien français eut à chaque nombre deux cas distincts, l'un pour le régime, l'autre pour le sujet. Ainsi l'ancien français était à l'origine une langue demi-synthétique, intermédiaire exact du latin, langue synthétique, au français, langue analytique.

On verra dans ce livre[1] quelles furent les destinées et les vicissitudes de cette déclinaison; comment, après avoir triomphé jusqu'au treizième siècle, elle disparut au quatorzième, faisant place, dès le quinzième siècle, à la construction moderne[2].

La révolution qui transforma le vieux français en français moderne nous offre une image en petit de la façon dont se défit le latin à la chute de l'Empire : en perdant quatre cas sur six, le latin devint le *vieux français* à deux cas, et descendit du rang de langue synthétique à celui de langue demi-synthétique : au quatorzième siècle, la déclinaison à deux cas disparaît de notre langue et fait place au seul cas qui subsiste aujourd'hui. C'est la perte de cette déclinaison qui, faisant passer la langue de l'état demi-synthétique de

---

1. P. 162 et suivantes.
2. Je ne parle point ici des modifications secondaires qui furent les conséquences de la mort de notre déclinaison. On les trouvera ailleurs aux chapitres des pronoms (p. 180), des adjectifs (p. 171), des adverbes (p 230).

l'ancien français à l'état analytique du français moderne, a si rapidement vieilli notre ancienne langue et creusé entre elle et le français moderne une démarcation bien plus profonde que celle qui existe entre le vieil italien et l'italien moderne.

Il serait puéril de regretter l'existence de cette déclinaison. Utile en son temps, comme halte nécessaire de la langue dans sa marche vers l'analyse, la demi-déclinaison devait disparaître, comme avait disparu la déclinaison à six cas. La nature ne procède jamais par sauts brusques, mais par des changements lents et gradués : dans la transition du latin au français, c'est la déclinaison à deux cas qui a servi d'intermédiaire entre la déclinaison à six cas du latin classique et la forme moderne.

On voit une fois de plus par cet exemple que la marche de la langue et celle de l'histoire politique sont parallèles. Au quatorzième siècle, l'édifice social, élevé par le moyen âge, s'affaisse de toutes parts, l'esprit féodal est en pleine décadence; après Philippe le Bel, Charles V va venir, qui portera à l'indépendance des seigneurs et du clergé un coup fatal, et préludera à la réforme de la monarchie administrative, réforme qu'achèveront Louis XI, Richelieu et Louis XIV. En même temps que la société féodale, l'ancien français se transforme à son tour, pour répondre aux besoins d'une société nouvelle. Le quatorzième siècle tout entier est employé à ce laborieux enfantement : l'esprit analytique, l'esprit moderne gagne rapidement du terrain : le français du douzième siècle possédait une déclinaison à deux cas et des dialectes; le quatorzième siècle abandoñne les uns et les autres : c'est ainsi que débarrassée de ses cas d'un côté, de ses dialectes de l'autre, notre langue arrive au quinzième siècle. Le vieux français a mis un siècle à mourir, le français moderne va mettre un siècle à naître (le quinzième). A cette langue nouvelle correspond une France politique nouvelle. Après les malheurs et les hontes des Valois, l'esprit moderne tend à s'organiser ; la Renaissance commence à poindre.

La langue forte et expressive de Commines est bien près de la nôtre. On peut mesurer le rapide chemin que le français a parcouru en deux siècles : à la mort de Louis XI, la France était organisée, et la langue moderne presque achevée.

Le seizième siècle dans ses premières années n'inaugure rien de nouveau, mais il assure et confirme la langue du quinzième siècle. Le français, tel qu'il nous apparaît dès 1535 dans le célèbre manifeste de Calvin (l'*Institution de la Religion chrétienne*), est déjà complètement mûr : c'est là un excellent instrument pour toutes les nuances de l'expression ; il semble que notre idiome est fixé, et si la langue française était restée dans cet état, il est clair que le dix-septième siècle et Malherbe n'auraient rien eu à reprendre ; mais elle fut gâtée et compromise par une invasion extravagante de mots étrangers, empruntés à l'italien, au grec et au latin.

Les nombreuses expéditions de Charles VIII, de Louis XII, de François Ier au delà des monts, le séjour prolongé de nos armées en Italie, avaient rendu l'italien très familier en France. Le brillant éclat que jetaient les lettres et les arts dans la Péninsule séduisaient les esprits, en même temps que la régence de Catherine de Médicis donnait le prestige de la mode à tout ce qui était italien [1]. Cette influence italienne est toute-puissante sur la cour de François Ier et d'Henri II, et les courtisans, après l'avoir subie, veulent à leur tour l'imposer à la nation. C'est alors qu'apparaissent pour la première fois dans les écrits du temps, une foule de mots jusque-là inconnus : les termes d'art militaire que notre langue avait toujours employés, *heaume*, *brand*, *haubert*, etc... sont bannis et remplacés par les mots correspondants italiens, que les guerres d'Italie avaient propagés dans nos armées : c'est de ce temps que datent les expressions telles que *carabine* (carabina), *gabion* (gabbione), *escadre* (scadra), *parapet* (parapetto), *estrapade* (strappata), *fantassin* (fantaccino), *infanterie* (infanteria), *citadelle* (cittadella), *estramaçon* (stramazzone), *alerte* (all'erta), *embuscade* (imboscata), etc.... Cette manie d'*italianisme* excitait justement l'indignation d'un contemporain, Henri Estienne : « D'ici à peu d'ans, « s'écriait-il, qui ne pensera que la France ait appris « l'art de la guerre à l'école de l'Italie, quand il verra « qu'elle n'usera que des termes italiens [2] ? »

Tandis que Catherine de Médicis importait chez nous les termes de cour, *courtisan* (cortigiano), *affidé*

---

1. M. Littré.
2. *Dialogue du françois italianisé*, par H. Estienne.

(affitado), *carnaval* (carnevale), *charlatan* (ciarlatano), *escorte* (scorta), *camériste* (camerista), *camérier* (cameriere), *bouffon* (buffone), *faquin* (facchino), *brave* (bravo), *spadassin* (spadaccino), *carrosse* (carozza), etc..., en même temps que les termes d'art nécessaires pour exprimer les idées nouvelles, venues d'Italie avec le Primatice et Léonard de Vinci : *balcon* (balcone), *costume* (costume), *baldaquin* (baldacchino), *cadence* (cadenza), *cartouche* (cartuccio), etc..., les relations commerciales des deux pays laissaient dans notre langue quelques traces telles que *bilan* (bilancia), *agio* (aggio), *escale* (scala), *banque* (banca), *banqueroute* (bancorotto), etc....

Les *italianiseurs,* comme on les appelait au seizième siècle, allèrent plus loin encore, et tentèrent l'œuvre pernicieuse et inintelligente de remplacer, dans le langage usuel, les mots français par des mots italiens; c'est ainsi que les beaux esprits ne disaient plus *suffire, grand revenu,* la *première fois,* mais *baster, grosse intrade,* la *première volte,* parce que l'italien disait *bastare, entrata, prima volta,* etc...

A cette funeste exagération se joignit un autre fléau de la langue, la manie de l'antiquité. On était alors dans une grande ferveur pour l'antiquité classique dont la découverte et la connaissance se répandaient rapidement; et plus d'un de ces admirateurs enthousiastes, dédaigneux de notre langue, aurait voulu introduire en français toute la majesté d'expression et de pensée qu'il admirait chez les anciens. L'un d'eux, Joachim du Bellay, voulut tenter l'aventure, et lança

en 1548 un manifeste célèbre intitulé *Défense et Illustration de la Langue Française,* et dans lequel il proposait un plan de réforme pour créer d'un seul jet une langue poétique, par l'importation directe des mots grecs et latins en français : « Nos ancêtres, disait-il,
« nous ont laissé notre langue si pauvre et si nue,
« qu'elle a besoin des ornements, et s'il faut parler
« ainsi, des plumes d'autrui. Mais qui voudrait dire
« que les langues grecque et romaine eussent toujours
« été en l'excellence qu'on les a vues au temps d'Ho-
« race et de Démosthène, de Virgile et de Cicéron?...
« Traduire n'est pas un suffisant moyen pour élever
« notre vulgaire français à l'égal des plus fameuses
« langues. Que faut-il donc? imiter! imiter les Ro-
« mains comme ils ont fait des Grecs, comme Cicéron
« a imité Démosthène, et Virgile Homère... Là donc,
« Français, marchez courageusement vers cette su-
« perbe cité romaine, et de ses dépouilles ornez vos
« temples et vos autels... Donnez-en [1] cette Grèce
« menteresse, et y semez encore un coup la fameuse
« nation des Gallo-Grecs. Pillez-moi sans conscience
« les sacrés trésors de ce temple delphique, ainsi que
« vous avez fait autrefois. »

Ce manifeste proclamait clairement le double but des réformateurs, ennoblir la langue par d'abondants emprunts faits aux langues antiques; ennoblir la poésie française en y important les genres littéraires usités chez les anciens.

---

1. C'est-à-dire : *attaquez* ou *marchez à l'assaut de cette Grèce,* etc...

Un page du duc d'Orléans, Pierre de Ronsard, gentilhomme vendômois, résolut d'accomplir la réforme que proposait du Bellay. Rejetant les formes et les genres de notre ancienne poésie française, il introduisit brusquement chez nous le *poëme épique* latin et la *tragédie* grecque. Grâce à lui, pendant plus de deux cents ans, la France a regardé ces deux formes antiques du récit et du drame comme les seules légitimes aux yeux du goût, comme les seules qui pussent recevoir de grandes inspirations [1]. Jusqu'à quel point cette idée était en harmonie avec l'époque où elle régna, et de quelle façon elle a été satisfaite, c'est ce que nous n'avons pas à examiner ici : mais en même temps qu'il réformait la poésie, Ronsard voulut du même coup réformer la langue,

Et pouvoir en français parler grec et latin.

Il rompit violemment avec le passé, et jeta la langue et la poésie dans une voie funeste d'imitation où le caractère national risquait de se perdre : pour créer des mots nouveaux, il puisa sans ménagement aux sources grecques et latines, et affubla d'une terminaison française plusieurs centaines de mots antiques; le latin littéraire et le grec, qui n'avaient rien donné au français lors de sa formation populaire [2], reprirent ici leurs

---

1. G. Paris, *Hist. poét. de Charlemagne*, p. 112.
2. Pour le latin littéraire, nous l'avons démontré ailleurs (voyez p. 25). Quant au grec, les Gallo-Romains et la Grèce ne furent jamais en contact, et toutes les fables patriotiques qu'ont inventées Henri Estienne, Joachim Périon et Ménage pour démontrer l'affinité

droits, et grâce à l'école de Ronsard, les mots savants nous envahirent de toutes parts : *ocymore, entéléchie, oligochronien,* etc.

Ceci n'était qu'extravagant, les disciples de Ronsard firent mieux [1]. Non contents de créer à pleines mains des mots nouveaux, ils voulurent refaire les mots déjà français, et remanier la langue usuelle sur le modèle du latin : — *otiosus, vindicare,* par exemple avaient donné, à l'origine de notre langue, *oiseux* et *venger.* Les réformateurs firent table rase de ces mots, les déclarèrent nuls et non avenus; au lieu

de notre langue et de la grecque ne sont qu'extravagance. La seule ville qui eût pu nous mettre en rapport avec l'idiome grec, Marseille, colonie phocéenne, fut de bonne heure absorbée par les Romains, et le grec originaire « céda vite la place au latin. Nous avons bien quelques mots grecs (je ne parle ici qu'avant le seizième siècle et du français populaire), tels que *chère, somme, parole,* etc... Ils ne viennent point directement du grec χάρα, σάγμα, παραβολή, mais du latin qui les lui avait empruntés (*cara, sagma, parabola*), et on les trouve dans les auteurs latins du sixième siècle. On voit que pour le grec, on peut répéter ce que nous disions pour les langues orientales (p. 51) : son influence *directe* sur le français populaire a été nulle.

1. Je dis à dessein les disciples de Ronsard, car il faut séparer ici le maître des poètes formés à son école : Ronsard les dépasse de beaucoup; sans parler de son génie politique, qui est réel, il eut, comme réformateur de la langue, plus d'une idée heureuse et vraie. C'est lui qui conseillait de pratiquer le *provignement* des vieux mots, d'étudier avec soin les patois et d'en tirer le plus de ressources pour notre langue : on voit que Ronsard n'a pas *tout brouillé,* comme le prétend Boileau qui l'exécute plutôt qu'il ne le juge. D'ailleurs, je ne saurais mieux faire que de rapporter ici le jugement si fin et si juste de M. Géruzez sur ce poëte : « Ronsard enivra d'abord ses contemporains, et s'égara de plus sur la foi de leur admiration. Il a été trop loué et trop dénigré; *c'était,* comme l'a dit Balzac, *le commencement d'un poète.* Il en a eu l'enthousiasme et non le goût. S'il a échoué complètement dans l'épopée et l'ode pindarique, il faut reconnaîtr

d'*oiseux*, ils dirent *otieux*, au lieu de *venger*, *vindiquer* ; en un mot, ils voulurent ramener la langue à la copie exacte des langues antiques. Au delà de ce calque servile, il ne restait plus qu'à parler grec ou latin.

On s'étonne souvent qu'une aussi ridicule et absurde folie ait été accueillie par mille cris d'admiration. Cet enthousiasme est cependant aisé à expliquer : le peuple ne comprit jamais rien à cette langue qui n'était pas faite pour lui ; quant aux savants, « cet
« idiome artificiel n'avait rien de ridicule pour eux ;
« ils n'en durent apercevoir que la richesse : la diffé-
« rence qui le séparait du langage parlé était tout à
« son avantage. La connaissance du latin, si répandue
« alors, servait de lexique pour l'entendre ; les lettrés
« surent même bon gré au poète des innovations qui
« exigeaient leur perspicacité pour être parfaitement
« comprises. La haute poésie devenait ainsi un lan-
« gage d'initiés, cher à quiconque n'était pas du pro-
« fane vulgaire. »

Toutes ces exagérations appelaient une réforme nécessaire, le bon sens de la nation protestait contre ces extravagances, et Malherbe se fit le promoteur et le

---

aussi qu'il a rencontré la vraie noblesse du langage poétique dans quelques passages du *Bocage royal*, des *Hymnes*, et des *Discours sur les misères du temps*. M. Sainte-Beuve, qui de nos jours a revisé ce grand procès, a tout au moins prouvé, pièces en main, que dans le sonnet, et dans les pièces anacréontiques, Ronsard garde un rang élevé. Malherbe, qui a si heureusement profité des efforts de Ronsard, aurait dû blâmer moins rudement les écarts de ce poëte martyr de la cause dont il reste le héros.

chef de cette réaction. Il n'eut point de peine à chasser de la langue une foule de mots grecs ou latins que les novateurs y avaient violemment introduits; grâce à lui les mots tels qu'*entéléchie, otieux* ou *vindiquer* ne vécurent qu'un jour; il essaya de mettre fin à la confusion inextricable, causée par la création de mots nouveaux à l'aide d'un mot latin qui avait déjà donné un dérivé dans le parler populaire (tel que le néologisme *otieux*, d'*otiosus*, à côté d'*oiseux*); les pédants avaient rejeté *page, plaie, parfait, pèlerin*, et calquant le latin, disaient *pagine, plague, perfect, peregrin* (*pagina, plaga, perfectus, peregrinus*). Malherbe chassa toutes ces créations artificielles, et reprit les anciens mots; mais il ne les chassa pas tous; plus d'un persista, tels qu'*incruster*, à côté d'*encroûter* (*incrustare*), *polype* à côté de *poulpe* (*polypus*), *faction* à côté de *façon* (*factionem*), *potion* à côté de *poison* (*potionem*), etc.... — Comme tous les réformateurs, Malherbe dépassa le but, et plusieurs de ses prescriptions sont intelligentes ou ridicules; dans la réforme des lois poétiques, et de la versification, il fit fausse route; mais ses réformes en matière de langue, ne sont point à regretter. Au lieu de prendre pour guides le grec et le latin, il s'adressait à la langue du peuple de Paris. « Quand on lui demandait son avis sur quel« ques mots français, il renvoyait ordinairement aux « crocheteurs du Port au foin, et disoit que c'étoient « ses maîtres pour le langage[1]. »

---

1. Racan, *Vie de Malherbe*.

Malherbe avait à peine accompli son œuvre, qu'une nouvelle manie vint troubler cette langue qu'il avait si soigneusement expurgée. Le seizième siècle avait débuté par l'imitation de l'Italie, le dix-septième prit l'Espagne pour modèle, et subit dans sa première moitié l'invasion du goût espagnol. Les guerres de la Ligue et le long séjour des armées espagnoles, avaient répandu parmi nous la connaissance de la langue de Philippe II. Avec la langue s'étaient implantés les modes et tous les ridicules de l'Espagne. La cour d'Henri IV s'était *espagnolisée*. « Les courtisans, nous dit le « grave Sully, ne poussaient qu'admirations et excla-« mations castillanes. Ils réitéraient des *Jésus-Sire!* et « criaient en voix dolente : *Il en faut mourir*[1] ! » La langue française ne put se soustraire à cette contagion, et c'est vers ce temps qu'apparaissent pour la première fois chez nos écrivains une foule de mots et de locutions empruntés à l'Espagne. *Capitan* (capitan), *duègne* (dueña), *embargo* (embargo), *galon* (galon), *guitare* (guitarra), *haquenée* (hacanea), *mantille* (mantilla), *matamore* (matamoros), *sarabande* (zarabanda), *sieste* (siesta), *castagnette* (castañetas), *habler* (hablar), *camarade* (camarada), *caramel* (caramel), *cassolette* (cazoleta), *nègre* (negro), *case* (casa), *créole* (criollo), *albinos* (albinos), *algarade* (algarada), etc.

L'hôtel de Rambouillet, les Précieuses, l'Académie et les grammairiens (Vaugelas, d'Olivet, Thomas Corneille), continuent au dix-septième siècle le travail

---

1. Sully, *Mémoires*, II, 3.

d'épuration que Malherbe avait commencé, mais en l'exagérant au delà des bornes nécessaires, et en desséchant les sources vives de la langue. Ces coupures et ces suppressions sont consacrées par le *Dictionnaire de l'Académie* (dont la première édition paraît en 1694). C'est un recueil par ordre alphabétique de tous les mots admis « par le bon usage[1], » hors duquel il n'est point de salut pour tout écrivain qui aspire au titre de *pur*. Si j'écrivais l'*histoire* de la langue française, au lieu d'en tracer une fugitive esquisse, ce serait ici le lieu de retracer l'influence personnelle des grands écrivains sur la marche de la langue, et sur sa formation, celle de Pascal, de Bossuet, de Molière au dix-septième siècle, — de Voltaire, de Montesquieu, de Rousseau, au dix-huitième, et l'empreinte qu'ils ont laissée sur notre idiome.

La langue subit peu de changements au dix-huitième siècle, et le néologisme y est à peu près insensible. Voltaire opère quelques réformes orthographiques (par exemple la diphthongue *ai* pour *oi* : *français* au lieu de *françois*, etc...) Tandis que des grammairiens isolés (l'abbé Dangeau, etc..., tentent, après Ramus au seizième siècle, Expilly au dix-septième, de conformer l'orthographe sur la prononciation, en un mot d'écrire comme l'on parle, — tentative absurde en elle-même, puisque l'orthographe du mot résulte de son étymologie, et que la changer, ce serait lui enlever ses titres de noblesse, — quelques autres rêvent la chimère d'une

---

1. Dict. de l'Académie, édition de 1674. Préface.

langue universelle, après Bacon, Descartes et Leibnitz. C'est la conséquence des théories philosophiques du dix-huitième siècle : « comme les philosophes du temps aimaient à saisir dans l'homme ce qu'ils appelaient *l'état de nature*, pour marquer le progrès de ses sentiments, de ses passions, de son intelligence, les grammairiens poursuivaient aussi l'idée d'une langue primitive [1]. Ils cherchaient à déterminer *a priori* les idées nécessaires aux peuples enfants, et les sons qui ont dû servir à exprimer ces idées [2]. » Les grammairiens philosophes (De Brosses, Condillac, etc...), croyaient qu'il existe une langue plus naturelle à l'homme que toutes les autres, et ils s'efforçaient de la chercher, usant leurs veilles dans de stériles discussions et d'aventureux systèmes.

Le néologisme qui semblait s'arrêter depuis l'effort du seizième siècle nous envahit de nouveau au dix-neuvième, et cette fois avec une force d'impulsion, et pour tout dire, une nécessité bien autrement fortes qu'au temps de Ronsard. La lutte des Classiques et des Romantiques depuis 1824, les progrès du journalisme, des sciences et de l'industrie, la connaissance plus répandue des littératures étrangères, tout concourt enfin à cette irruption de mots nouveaux : avant de porter un jugement sur ces néologismes, il faut les distinguer en deux catégories, les bons néologismes et les

---

1. « De Brosses nommait *langue primitive*, non point une langue supposée dont toutes les autres dériveraient, mais le langage que la nature inspire à tous les hommes et qui est une conséquence nécessaire de l'action de l'âme sur les organes. »
2. M. Egger.

mauvais, les importations utiles, et les néologismes funestes.

Je rangerai dans la première classe les quinze ou vingt mille mots que les besoins scientifiques ou industriels de notre temps ont introduits dans la langue (*photographie, gazomètre, télégraphie,* etc...) : à des idées nouvelles il fallait des mots nouveaux ; il en est de même (dans une certaine mesure) des importations de mots étrangers que les fusions des peuples et les relations internationales de plus en plus fréquentes ont amenées parmi nous. C'est la langue anglaise qui en fournit la plus grande part; soit en termes de politique, d'économie politique (*budget, jury, drawback, warrant, bill, convicts,* etc...), de jeux (*sport, turf, jockey, dandy, festival, clown, groom, steeple-chase, boxe, whist, touriste, cottage, square, tilbury, dogue,* etc...), d'industrie (*drainage, tender, wagon, rail, tunnel*[1], *ballast, express, dock, stock,* etc...), sans parler des termes de marine.

A côté de ces néologismes, qui forment une langue à part dans la langue elle-même, néologismes nécessaires, puisqu'ils expriment des idées nouvelles, il y a les mauvais néologismes, ceux qui expriment les idées an-

---

1. Par un singulier hasard, beaucoup de ces mots empruntés récemment à l'Angleterre ne sont autre chose que des mots français importés au onzième siècle en Angleterre par les Normands, — et qui ont aujourd'hui repassé le détroit, frappés à l'effigie saxonne : ainsi *fashion* est le même que *façon; tunnel* est *tonneau* (vieux franc. *tonnel*), etc... Nous n'avons fait que de reprendre ce que nous avions donné. — Voir sur ce phénomène philologique mon *Étude sur les doubles formes de la langue française.*

ciennes par des mots nouveaux, création tout à fait superflue, puisque d'autres mots plus anciens remplissaient très bien cette fonction, et avaient le mérite d'être compris de tous. Le dix-septième siècle disait *fonder, toucher, tromper, émouvoir,* le dix-neuvième siècle dit plus volontiers *baser, impressionner, illusionner, émotionner,* etc[1]. C'est le journalisme et la tribune qui nous ont inondés de ces mots nouveaux, sans parler du développement exagéré des mots anciens, c'est-à-dire de la création d'une masse de dérivés lourds et déplaisants : ainsi on dit d'abord *règle* et *régler,* puis *règlement,* puis *réglementer,* puis *réglementation,* etc..., de *constituer,* sont venus *constitution, constitutionnel, constitutionnalité, inconstitutionnalité, inconstitutionnellement,* etc..., de *nation, national, nationalité, dénationaliser,* etc.

Sous cette crue de terminaisons, sous cette inondation de préfixes et de suffixes, la vieille langue simple et vraie disparaît comme abîmée et perdue.

On ne peut guère prédire quel avenir attend notre langue; mais il est permis d'assurer qu'elle devra sa durée à l'équilibre, à la proportion harmonieuse entre le néologisme et la tradition, ces deux bases nécessaires à toute langue, — entre le néologisme indispensable pour l'expression des idées nouvelles, et la tradition, gardienne soigneuse des idées anciennes et des mots anciens qui doivent les exprimer.

---

1. Les nuances que ces nouveaux mots ont la prétention de rendre sont presque toujours illusoires : quelle différence peut exister entre *baser* et *fonder?*

Deux enseignements doivent ressortir pour nous de cette longue histoire : l'un, c'est que les langues ne sont point une chose immobile et pétrifiée, mais une substance vivante, et comme tout ce qui vit, vouée à une perpétuelle mobilité. Comme les plantes et les animaux, les langues naissent, grandissent et meurent : Linné disait admirablement : *Natura non facit saltus*, la nature ne procède point par sauts brusques, mais par de lentes modifications ; cet axiome est aussi vrai pour les langues, ce quatrième règne de la nature, que pour les trois autres. Au premier abord la distance paraît grande du latin des paysans romains au français de Voltaire ; et pour faire celui-ci avec celui-là, il a suffi, on le voit, d'une série de changements infiniment petits continués pendant un temps infini. « La nature qui dispose du temps économise l'effort [1]. » Et c'est ainsi qu'avec des modifications lentes et presque insensibles, elle arrive aux résultats les plus éloignés du point de départ.—Tel est le premier résultat : voici le second. La langue, étant mieux encore que la littérature l'expression de la société, doit changer et se modifier avec elle ; l'histoire constate en effet que la marche des langues et celle des sociétés sont parallèles. Il résulte de cette mobilité qu'une langue n'est jamais fixée, qu'elle ne s'arrête pas, qu'elle est toujours en marche, qu'en un mot ce que la Harpe et les critiques du dix-huitième siècle appellent l'*état de perfection* d'une langue n'existe pas.—On croyait alors, avec Balzac, que la

---

1. M. G. Paris.

langue française avait été *fixée* à un certain moment, et que les bons exemples sont renfermés dans un certain cercle d'années « *hors duquel il n'y a rien qui ne soit, ou dans l'imperfection de ce qui commence ou dans la corruption de ce qui finit.* » La philologie a montré combien il est faux de dire qu'une langue peut être *fixée;* elle change incessamment avec la société : il est regrettable que nous ne parlions plus le langage des contemporains de Louis XIV ; mais il serait puéril d'aller au delà, et de tenter de ressusciter cette langue, pour l'appliquer au besoin de la vie moderne : ce pastiche ou ce calque servile ne serait qu'un stérile passe-temps des lettrés ; le peuple (et c'est après tout pour lui que la langue est faite) n'apprendrait point cette langue d'une autre génération, car il ne saurait y retrouver le moule habituel de ses pensées. Ceux qui souhaitent pareille tentative méconnaissent les lois vraies des langues ; ils oublient que la langue est un instrument destiné à rendre toutes les idées d'une société, que, pour exprimer les nouvelles idées de chaque génération, il faut sans cesse ajouter à l'instrument des cordes nouvelles ; que d'ailleurs vouloir *fixer* une langue à tel ou tel siècle, essayer de conformer à ce type la langue des siècles suivants, c'est la rendre immobile ; or, qu'est-ce que la vie, sinon le changement, — et la mort, sinon l'immobilité ? — Les langues sont comme les plantes ; l'action du temps sur elles est irréparable : on ne peut pas plus faire retourner une langue en arrière, qu'on ne peut ramener le chêne à l'état d'arbuste. — Il faut renoncer à l'espérance de posséder la perfection ; elle ne nous appartient pas : « C'est qu'en aucune chose, peut-être, il « n'est donné à l'homme d'arriver au but; sa gloire « est d'y marcher [1]. »

II

FORMATION DE LA LANGUE FRANÇAISE.

Lorsqu'on regarde notre langue, même superficiellement, on ne tarde point à distinguer des mots tels que *simuler, mobile, ration*, qui sont la copie fidèle et le calque exact du mot latin (*simulare, mobilis, rationem*), et d'autres mots tels que *sembler, meuble, raison*, dérivés des mêmes mots latins, mais qui affectent une forme plus courte, et semblent au premier abord plus éloignés du latin. C'est que notre langue n'est point une création coulée d'un seul jet; l'*Histoire de la langue française* [2] nous a montré que notre idiome renferme des couches de mots superposées et bien distinctes l'une de l'autre, deux langues en un mot, d'origine tout à fait différente, toutes deux empruntées au latin, l'une par le peuple, l'autre par les savants;

---

[1]. M. Guizot, *Civilisation en Europe.*
[2]. *Voy.* p. 13-70.

la première qui est la bonne, et dont la création est antérieure au douzième siècle, est le produit d'une formation tout irréfléchie et spontanée ; la seconde, qui est de création récente et remonte en grande partie au seizième siècle, est l'œuvre réfléchie des savants qui ont introduit artificiellement dans notre langue les mots latins dont ils avaient besoin : de *simulare, mobilis, rationem*, le peuple fit *sembler, meuble, raison*, les savants *simuler, mobile, ration*.

J'ai dit qu'on les distinguait, parce que les mots savants affectaient d'ordinaire une forme plus allongée, moins comprimée que les mots d'origine populaire. Mais être plus ou moins court, plus ou moins long, est un caractère tout extérieur et superficiel, qui n'a rien de sûr ni de scientifique ; les naturalistes ne classent pas les animaux ni les plantes d'après leur longueur ; ils observent divers caractères internes qui leur permettent de procéder avec une sûreté parfaite ; il en est de même pour la philologie, cette histoire naturelle du langage : elle ne distingue pas les mots savants des mots populaires d'après leur longueur, mais bien d'après certains caractères internes qui empêchent de les confondre : ces caractères *spécifiques*, pierre de touche infaillible pour reconnaître les mots d'origine populaire, et les distinguer des mots d'origine savante, sont au nombre de trois : 1º *La persistance de l'accent latin ;* 2º *la suppression de la voyelle brève ;* 3º *la chute de la consonne médiane.*

INTRODUCTION.

I. Persistance de l'accent latin.

Dans tout mot de plusieurs syllabes, il y en a toujours une sur laquelle on appuie plus fortement que sur les autres. On nomme *accent tonique* ou simplement *accent* cette élévation de la voix qui dans un mot se fait sur une des syllabes; ainsi dans *raisón*, l'accent tonique est sur la dernière syllabe; dans *raisonnáble* il est sur l'avant-dernière. On appelle donc *syllabe accentuée* ou *tonique* celle sur laquelle on appuie plus fortement que sur les autres [1]. L'accent tonique donne au mot sa physionomie propre et son caractère particulier; aussi l'a-t-on justement appelé « l'âme du mot. » En français l'accent n'occupe jamais que deux places: la dernière syllabe, quand la terminaison est masculine (*chantéur, aimér, finír*), l'avant-dernière quand la terminaison est féminine *(róide, pórche, voyáge).* — En latin, l'accent tonique n'occupe aussi que deux places : il est sur la pénultième, quand elle est longue

---

[1]. Donc, dans tout mot, *bâtonner* par exemple, il y a une syllabe accentuée ou *tonique*, et il n'y en a qu'une; les autres syllabes sont inaccentuées, ou comme disent les Allemands, sont *atones;* ainsi dans *bâtonner*, la tonique est *e*, *a* et *o* sont atones : de même en latin : dans *cantorem*, *o* est tonique, *a* et *e* sont atones. J'avertis le lecteur une fois pour toutes qu'au lieu de dire la *syllabe accentuée*, je dis *la tonique* et pour les *syllabes non accentuées*, les *atones* : ces mots reviendront sans cesse dans ce livre. — Il est inutile de dire que l'accent dont je m'occupe ici, *l'accent tonique*, n'a aucune espèce de rapport avec ce qu'on appelle vulgairement les *accents* (grave, aigu, circonflexe, etc.). Ceux-ci sont des signes grammaticaux que le lecteur pourra étudier, p. 141.

(cantórem, amáre, finire), et quand l'avant-dernière est brève, il est sur l'antépénultième *(rigĭdus, pórtĭcus, viátĭcum)*.

Si le lecteur compare attentivement, dans les exemples cités, les mots latins aux français, il verra se reproduire un même phénomène, à savoir, que la syllabe qui est accentuée en latin est aussi la syllabe accentuée en français; en un mot, que l'accent reste en français sur la syllabe qu'il occupait en latin. Cette persistance de l'accent latin dans la langue française est une règle générale et absolue : tous les mots du français populaire respectent l'accent latin ; les mots tels que *portique (pórticus), viatique (viáticum)*, etc..., qui violent cette loi, sont précisément des mots d'origine savante, introduits postérieurement à la formation de la langue par des hommes qui ignoraient les lois suivies par la nature dans la transformation du latin en français. On peut donc ainsi formuler cette règle infaillible : *l'accent latin persiste en français dans tous les mots d'origine populaire; tous les mots où cette loi est violée sont d'origine savante* :

LATIN.	MOTS POPULAIRES.	MOTS SAVANTS.
Alúmine	*alún*	*alumíne*
Ángelus	*ánge*	*angelús*
Blásphemum	*blâme*	*blasphéme*
Cáncer	*cháncre*	*cancér*
Cómputum	*cómpte*	*compút*
Débitum	*détte*	*débit*
Décima	*dîme*	*décime*
Decórum	*decór*	*decorúm*
Exámen	*essaím*	*examén*

LATIN.	MOTS POPULAIRES.	MOTS SAVANTS
Móbilis	*meuble*	*mobile*
Organum	*órgue*	*orgáne*
Pólypus	*poulpe*	*polype*
Pórticus	*pórche*	*portique*, etc...

On remarquera combien les mots populaires sont plus contractés que les mots savants : rapprochez par exemple *cómpte* et *compút*, de *cómputum*. C'est que *comput*, mot savant, vient du mot latin classique *cómputum*, tandis que *compte*, mot français venu par le peuple, dérive du latin populaire *comptum*.

C'est ici que se montre nettement la différence du latin classique (source du français savant), et du latin vulgaire (source du français populaire). Cette chute de l'avant-dernière syllabe atone *u*, *comp(u)tum* avait toujours lieu dans le latin populaire : on trouve *sæclum, póctum, vinclum* chez les comiques latins, pour *sæculum, póculum, vinculum;* les inscriptions et les épitaphes sont pleines de telles formes; tandis que le latin littéraire disait *frigidus, cálidus, digitus, viridis, tábula, oráculum, stábulum, ángulus, vincere, suspéndere, móbilis, pósitus,* le latin populaire supprimait toujours l'avant-dernière voyelle atone et transformait ces mêmes mots en *frigdus, tábla, oráclum, cáldus, digtus, virdis, stáblum, ánglus, vincre, suspéndre, móblis, postus*[1], mots qui, passant à leur tour en français,

---

1. J'extrais toutes ces formes du latin populaire d'un livre excellent, *Vocalismus des Vulgärlateins* (Leipzig, 1866), où l'auteur M. H. Schuchardt, professeur à Gotha, a rassemblé et coordonné tous les débris qui

devinrent *table, oracle, chaud, doigt, froid, vert, étable, angle, vaincre, suspendre, meuble, poste,* etc...

II. Suppression de la voyelle brève.

Si l'accent latin est, nous l'avons vu, une pierre de touche infaillible pour distinguer en français les mots populaires des mots savants, il est un autre instrument aussi précis que celui-là, qui permet de reconnaître l'âge des mots et leur provenance, je veux dire la chute de la voyelle brève. Tout mot latin se compose d'une voyelle accentuée et de voyelles non accentuées, ou, pour abréger, d'une *tonique* et *d'atones*; la tonique (nous venons de le démontrer) persiste toujours en français: *quant aux atones, la voyelle brève qui précède immédiatement la voyelle tonique, comme* i *dans* bonitatem, *disparaît toujours en français :*

Bon(ĭ)tátem	—	*bonté*
San(ĭ)tátem	—	*santé*
Pos(ĭ)túra	—	*posture*
Car(ĭ)tátem	—	*clarté*
Sep(ĭ)mána	—	*semaine* (v. fr. *sepmaine*).
Com(ĭ)tátus	—	*comté*
Pop(ŭ)látus	—	*peuplé*, etc.

Les mots qui violent cette loi et conservent la voyelle atone brève, tels que *circuler* (circulare), sont tous des mots d'origine savante; au contraire, tous les mots

nous restent de la langue populaire romaine. Je profite de cette occasion pour remercier M. Schuchardt des précieuses indications qu'il m'a fournies, dans le cours du présent travail.

d'origine populaire la perdent, par exemple *cercler*, qui vient de *circ(ŭ)láre*, Ce fait est d'ailleurs facile à constater :

LATIN.	MOTS POPULAIRES.	MOTS SAVANTS.
Ang(ŭ)látus a donné	*anglé* et	*angulé*
Blasph(ĕ)máre	*blâmer* (v. fr. *blasmer*)	*blasphémer*
Cap(ĭ)tále	*cheptel*	*capital*
Car(ĭ)tátem	*cherté*	*charité*
Circ(ŭ)láre	*cercler*	*circuler*
Com(ĭ)tátus	*comté*	*comité*
Cum(ŭ)láre	*combler*	*cumuler*
Cart(ŭ)lárium	*chartrier*	*cartulaire*
Hosp(ĭ)tále	*hôtel*	*hôpital*
Lib(ĕ)ráre	*livrer*	*libérer*
Mast(ĭ)cáre	*mâcher*	*mastiquer*
Nav(ĭ)gáre	*nager*	*naviguer*
Op(ĕ)ráre	*ouvrer*	*opérer*
Pect(ŏ)rále	*poitrail*	*pectoral*
Recup(ĕ)ráre)	*recouvrer*	*récupérer*
Sep(ă)ráre	*sevrer*	*séparer*
Sim(ŭ)láre	*sembler*	*simuler*
Revind(ĭ)cáre)	*revenger*	*revendiquer*, etc.

Ainsi est constatée cette règle invariable : l'*atone brève, précédant immédiatement la tonique, disparaît toujours en français dans les mots d'origine populaire, elle persiste toujours dans les mots d'origine savante*[1].

Ce fait est aisé à expliquer : nos mots français d'origine savante viennent du latin classique, nos mots d'origine populaire viennent (nous ne saurions trop le répéter) du latin populaire; or cette atone brève qui

---

1. J'ai démontré cette loi dans un travail spécial (*Du Rôle des voyelles atines atones dans les langues romanes*, Leipzig, 1866), auquel je lemande la permission de renvoyer le lecteur

existait dans le latin classique avait disparu longtemps, avant la chute de l'Empire, du latin populaire; où le premier disait *alăbăster, coagŭlăre, capŭlător, fistŭlător, vetĕrănus, tegŭlărius, popălăres*, etc., le second supprimait l'atone brève immédiatement placée devant la tonique, et disait *albaster, coaglare, caplator, fistlator, vetranus, teglarius, poplares*, etc[1]. Lorsque le latin populaire se transforma en français, il était naturel que celui-ci ne connût pas la voyelle brève, puisqu'elle n'existait plus dans le mot latin.

III. Chute de la consonne médiane.

Le troisième réactif qui sert à distinguer les mots populaires des mots savants est la chute de la consonne médiane, c'est-à-dire de la consonne placée entre deux voyelles comme *t* dans *matŭrus*. Voici cette règle : *Tous les mots français qui perdent la consonne médiane sont d'origine populaire, les mots d'origine savante la conservent* : ainsi le latin *vo(c)ális* est devenu dans le français populaire *voyelle*, dans le français des savants *vocale*. Les exemples sont innombrables :

LATIN.	MOTS POPULAIRES	MOTS SAVANTS.
Au(g)ústus	août	auguste
Advo(c)átus	avoué	avocat

---

1. Ces exemples et bien d'autres encore, tirés des inscriptions romaines sont réunis dans le livre de M. Schuchardt, *Vocalismus des Vulgärlateins*, II, 395.

LATIN.	MOTS POPULAIRES.	MOTS SAVANTS.
Anti(ph)óna	*antienne*	*antiphone*
Cre(d)éntia	*créance*	*crédence*
Communi(c)áre	*communier*	*communiquer*
Confi(d)éntia	*confiance*	*confidence*
De(c)anátus	*doyenné*	*décanat*
Deli(c)átus	*délié*	*délicat*
Denu(d)átus	*dénué*	*dénudé*
Dila(t)áre	*délayer*	*dilater*
Do(t)áre	*douer*	*doter*
Impli(c)áre	*employer*	*impliquer*
Li(g)áre	*lier*	*liguer*
Re(g)ális	*royal*	*régale*
Rene(g)átus	*renié*	*renégat*
Repli(c)áre	*replier*	*répliquer*, etc.

La consonne médiane latine tombe en passant en français. Les deux voyelles que séparait cette consonne se trouvent alors en présence : ma(t)úrus devient ma-úrus. Cette rencontre de deux voyelles sonores amène forcément leur choc et leur aplatissement réciproque; elles s'assourdissent, puis se combinent en une seule. C'est ce qu'on voit nettement en étudiant l'histoire du mot ma(t)urus et de ses destinées en français; il est au treizième siècle *meür*, au seizième *mûr*. On voit qu'avec la chute du *t* latin, s'est opéré l'assourdissement de ma-urus, en *meür*; de l'assourdissement, le mot passe à la contraction des deux voyelles en une seule[1], *eü* est devenu *û*, *meür* est devenu *mûr*, et l'accent circonflexe indique pré-

---

1. Cette contradiction ou, comme disent les grammairiens, cette *synérèse*, est étudiée en détail au livre 1er.

cisément la suppression de l'*e*. Cet assourdissement des voyelles, cet aplatissement des formes, cette contraction des mots qui se resserrent en passant du latin au français est un des caractères essentiels de notre langue, et celui qui en apparence l'éloigne le plus du latin.

IV. Conclusion.

On voit maintenant quels sont les trois signes distinctifs, les trois caractères spécifiques des mots populaires; ils conservent l'accent latin, suppriment l'atone brève et la consonne médiane. — Les mots d'origine populaire, en conservant à l'accent tonique la place qu'il occupait en latin, montrent qu'ils ont été formés d'après la prononciation romaine encore vivante, en un mot qu'ils ont été faits avec l'oreille, qu'ils viennent d'un latin vivant et parlé — Les mots d'origine savante, qui violent l'accent latin et le génie de l'idiome romain, sont des mots vraiment barbares, puisqu'ils sont accentués à la fois comme les lois de formation du latin et du français. C'est qu'ils ont été créés longtemps après la mort du latin, par des savants, qui les tirèrent des livres pour les introduire tels quels dans notre langue. Les mots populaires sont le fruit d'une formation toute spontanée, toute naturelle, tout irréfléchie; les mots savants sont une création voulue, réfléchie, artificielle : les mots populaires sont faits avec l'oreille, les mots savants avec les yeux. — L'instinct a produit les premiers, la réflexion les seconds

Cette distinction nous permet de connaître d'une manière précise le jour où la langue française naît à l'histoire : le français (et j'entends par ce mot la langue populaire) était né, et le latin tout à fait mort, du jour où le peuple ne connut plus spontanément l'accent latin. C'est vers le onzième siècle que le sentiment de l'accentuation latine se perd définitivement. — Dès lors la création du français populaire est achevée : il n'entrera plus dans la langue d'autres mots que les mots savants. On les voit apparaître en grand nombre au quatorzième siècle ; Nicole Oresme traduit Aristote, Bercheure traduit Tite-Live ; pour rendre en français les idées de l'antiquité, ils sont forcés de créer des mots nouveaux : ils transportent du latin au français une foule de mots sans changer leur physionomie originaire. Bercheure crée *consulat, tribunitien, faction, magistrat, triomphe*, etc.; Oresme, *aristocratie, altération, démocratie, tyrannie, monarchie, animosité, agonie*, etc. Trop souvent ils forment ces mots contrairement à toutes les règles de formation et violent à chaque instant la grande loi de l'accent. Bercheure dit *colonie* au lieu de *colónia*; Oresme *agile* au lieu de *ágilis*, etc. Cette inondation de mots savants va croissant pendant le quinzième siècle, brise toutes les digues et submerge la langue au seizième siècle. Je renvoie le lecteur à l'*Histoire de la langue française*[1]; il verra comment cette invasion, brusquement arrêtée par Malherbe, ne fit point de progrès au dix-

---

[1]. Page 61.

septième siècle ni au dix-huitième, mais reprit au dix-neuvième avec une énergie nouvelle pour des causes multiples que nous avons étudiées.

Ces mots, qui sont comme une langue à part dans la langue, sont plus nombreux que les bons et vieux mots, et beaucoup d'entre eux ont déjà passé des livres dans le langage commun.

Or, au point de vue de la science philologique, un idiome est d'autant plus beau qu'il est plus régulier, c'est-à-dire que les lois qui président à sa formation sont plus rigoureusement observées. Sur le fonds régulier et logique de la langue populaire, les mots savants, qui violent la loi de l'accent, sont des taches fâcheuses, des irrégularités regrettables; ils détruisent la belle ordonnance, et l'harmonieuse analogie de l'ensemble. Non point qu'il faille rayer ces mots de notre dictionnaire : « il serait ridicule et puéril de vouloir revenir aujourd'hui sur un fait accompli, et de tenter de proscrire les mots d'origine savante qui violent la loi de l'accent; mais il est permis de regretter que leur introduction dans la langue ait troublé la netteté de son courant et détruit le bel organisme d'après lequel elle s'était construite[1]. » — Aussi la langue du dix-septième siècle, qui contient moins de mots savants que la nôtre, est-elle, aux yeux du philologue, plus régulière, plus analogique, et partant plus belle que celle de 1867. En vertu du même principe, la langue du treizième siècle, qui en contient moins encore, est,

---

1. G. Paris, *Accent latin*, p. 81.

aux yeux du philologue, une création plus parfaite, puisqu'ici la perfection est en raison de la régularité : cette appréciation n'est juste qu'autant qu'on distingue entre la *forme* et l'*expression*.

La langue du dix-septième siècle, si intéressante pour le littérateur et pour l'artiste qui examinent surtout les œuvres qu'elle a produites, n'offre que peu d'intérêt au philologue et à l'historien, qui la considèrent surtout en elle-même. Au point de vue de la *forme*, c'est une langue déjà appauvrie, si on la compare au français des siècles précédents, chargée de mots savants; on n'y retrouve plus la structure régulière qu'on admire à l'origine de notre langue.

Considérée au point de vue de l'*expression*, la langue du dix-septième siècle reprend sa suprématie; elle est plus analytique que la langue du treizième siècle, plus apte à rendre les idées abstraites, et comme instrument d'expression, il n'est point douteux que l'idiome de Racine ne soit bien supérieur à celui de Villehardouin.

Considérée au point de vue de la *forme*, la langue française, on le voit, est d'autant plus parfaite qu'on remonte plus avant. Au douzième siècle, par exemple, la langue est toute populaire, il n'y a pas encore trace de mots savants. On verra dans ce livre combien cette régularité de structure, si belle à l'origine, s'est émoussée dans le français moderne, et combien est fausse l'opinion qui met dans les langues la barbarie au début. Ainsi se trouve encore une fois confirmé le principe posé par Jacob Grimm, que *l'époque littéraire des langues est ordinairement celle de leur décadence au point de vue purement linguistique.* On dirait que l'instinct construit les mots et que la réflexion les gâte : en un mot la perfection des langues est en raison inverse de la civilisation ; les langues se déforment à mesure que la société se civilise.

Je rappelle de nouveau au lecteur que dans cette démonstration nous n'avons point considéré les langues au point de vue de l'art, mais au point de vue de la science. Les langues, comme les plantes, peuvent et doivent être étudiées sous deux faces différentes : tandis que l'art considère la rose au seul point de vue de la beauté, la botanique étudie la rose pour y rechercher la régularité de sa structure et le rang qu'elle occupe dans le monde végétal ; pour l'artiste, deux arbres qu'on aura tendus ou rapprochés, de manière à former un portique gracieux, pourront avoir leur charme ; aux yeux du botaniste ce ne sera rien qu'une monstruosité artificielle, qui n'a point sa place dans la classification de la nature et qui ne mérite pas l'attention.

Il en est de même pour le langage ; tandis que le littérateur a le devoir de le considérer au point de vue de l'art, au point de vue de la beauté *esthétique*, notre tâche est différente : se préoccupant plus de la *forme* que de l'expression, le philologue, pour qui le langage est un organisme vivant, cherche à découvrir les lois de sa formation et la beauté d'un idiome est pour lui en raison de sa régularité. C'est là une distinction qu'il faudra toujours avoir présente à l'esprit, en lisant ce livre.

Les lettres, les flexions, la formation des mots, telles sont les trois divisions naturellement indiquées pour ce travail. Un fil conducteur nous conduira dans ce labyrinthe : ce fil est la distinction sévère des mots populaires et des mots savants, de la langue populaire, produit de l'instinct spontané et irréfléchi, — de la langue savante, produit de la réflexion : la première langue régulière, la seconde œuvre arbitraire et personnelle des savants, et qu'on ne peut chercher à ramener à des lois. Un exemple fera saisir cette distinction.

Quand on lit (page 95) que le *ct* latin devient toujours en français *it*, *factus* (fait), *tractus* (trait), *octo* (huit), *noctem* (nuit), *fructus* (fruit), il est clair qu'on n'entend parler ici que de la langue populaire, des bons et vieux mots qui remontent au latin rustique, laissant de côté les mots savants récemment introduits dans la langue (tra*ct*ion, fa*ct*um, no*ct*urne, etc.), copie servile des vocables latins[1].

La distinction des mots populaires et des mots savants forme la base de ce livre : et nous rejetterons de cette étude tout mot introduit dans la langue postérieurement à son époque de formation.

De plus, nous aurons toujours soin de citer, quand il

---

1. L'orthographe *faict*, *traict*, etc..., est l'œuvre grotesque et barbare des pédants du quinzième siècle. Le français du moyen âge disait comme nous *fait*, *trait*, etc... Voulant rapprocher ces mots de leur original latin, les *latinistes* intercalèrent un *c*, et dirent *faict*, *traict*, sans se douter que *it* représentait déjà le *ct* latin.

sera nécessaire, les formes de l'ancien français; elles éclairent la transition et marquent, comme des poteaux indicateurs, la route qu'a parcourue le latin pour arriver au français moderne : nous voyons mieux comment s'est opéré ce passage quand les étapes successives sont sous nos yeux. De prime abord on comprend difficilement qu'*âme* dérive d'*anima;* mais l'histoire, fil conducteur de la philologie, nous montre qu'au treizième siècle *âme* s'écrivait *anme*, qu'il est devenu *aneme* dans les textes du onzième, *anime* dans ceux du dixième, et nous amène sans hésitation au latin *anima*. Les formes de l'ancienne langue, intermédiaires naturels du latin au français moderne, sont les coureurs dont parle Lucrèce qui se transmettent l'un à l'autre le flambeau de la vie; le mot latin passe ainsi de bouche en bouche et nous arrive bien éloigné de son point de départ. Pour le retrouver sans hésitation ni tâtonnements, quel moyen plus sûr que de refaire avec lui le voyage entier?

Nous allons aborder en détail l'étude de ces grandes lois qui ont transformé le latin en français : « Pour connaître le plan de l'univers, dit Bacon, il faut disséquer patiemment la nature »; c'est par l'étude patiente des faits particuliers qu'on s'élève à la contemplation des lois, à ces lois qui sont comme des tours auxquelles on ne peut monter que par tous les degrés de l'expérience, mais du haut desquelles on découvre un vaste horizon. Forts de cette grande autorité, nous ne craindrons pas qu'on nous reproche de nous arrêter à des détails trop minutieux. L'esprit scientifique, bien loin de se laisser écraser par la masse des petits faits qu'il recueille et qu'il observe, devient d'autant plus large et compréhensif qu'il peut appuyer plus solidement sa conception de l'ensemble sur la connaissance des détails : « *Veux-tu comprendre le Tout et en jouir*, a dit Gœthe, *apprends à le voir dans la plus petite de ses parties.* »

LIVRE I

PHONÉTIQUE OU ÉTUDE DES LETTRES

LIVRE I

PHONÉTIQUE OU ÉTUDE DES LETTRES

La *Phonétique* est cette partie de la Grammaire qui étudie les sons, leurs modifications et leurs transformations. La Phonétique française aura donc pour but de faire l'histoire de chacune des lettres transmises au français par la langue latine, et de constater les changements qu'elles ont subis chemin faisant. Prenons pour exemple la lettre *n*; nous voyons qu'elle a pu être : 1° *permutée*, c'est-à-dire changée : orpha<small>N</small>inus = orphe<small>L</small>in; 2° *transposée* : S<small>TA</small>g<small>NUM</small> = É<small>TAN</small>g; 3° *ajoutée* : l<small>A</small>terna = l<small>AN</small>terne; 4° *supprimée* : i<small>N</small>f<small>ERNUM</small> = enf<small>ER</small>.

Dès lors, une division naturelle s'offre à nous pour l'étude de la Phonétique; nous passerons successivement en revue la permutation, la transposition, l'addition et la soustraction des lettres. Dans l'étude des permutations, nous remonterons du français au latin pour redescendre ensuite du latin au français, faisant ainsi, l'une après l'autre, l'histoire des lettres françaises et celle des lettres latines.

PARTIE I

PERMUTATION DES LETTRES

I

Histoire des lettres françaises.

Si l'on compare le mot à un organisme vivant, on peut dire que les consonnes en sont le squelette, et qu'elles ne peuvent se mouvoir qu'à l'aide des voyelles qui sont, pour ainsi parler, les muscles qui les relient entre elles. Aussi les voyelles sont-elles la partie mobile et fugitive du mot, tandis que les consonnes en forment essentiellement la partie stable et résistante. On comprend dès lors que la permutation des voyelles soit soumise à des règles moins fixes que celle des consonnes, et qu'elles passent plus facilement de l'une à l'autre.

CHAPITRE I

ORIGINE DES VOYELLES FRANÇAISES

Nous étudierons successivement les voyelles simples (A, E, I, O, U), et les voyelles composées.

SECTION I

Voyelles simples

Avant d'aborder l'étude des voyelles, rappelons au lecteur le principe essentiel, que nous avons posé dans l'Introduction (p. 72-79), et qui est la clef de ce livre : c'est que *le français populaire conserve la tonique latine, supprime l'atone brève et la consonne médiane* : tout mot latin se composant d'une voyelle accentuée et de voyelles non accentuées, ou pour abréger d'une *tonique* et d'*atones*, nous examinerons séparément chacune de ces deux classes : ainsi l'a français peut venir soit d'un a latin accentué : arbre = árbor, soit d'un a latin atone : amour = amórem.

Dans chacune de ces deux catégories, il faut distinguer les brèves (schŏla), les longues par nature (amōrem), les longues par position (c'est-à-dire suivies de deux consonnes) (fōrtis)[1]. Nous nous conformerons

---

[1]. La catégorie des longues par position comprend, outre les mots tels que *fortis, urna*, etc., qui ont naturellement les deux consonnes, les mots tels que *periclum, articlus, pon're*, contraction de *periculum, articulus, ponere*. Nous avons déjà expliqué ce phénomène (voyez page 74), tandis que le latin littéraire disait *viridis, tábula, oráculum, pónere, stábulum, ángulus, pósitus*, — le latin populaire dans les mots qui sont tous accentués sur l'antépénultième, supprimait la pénultième brève et disait *vírdis, tábla, oráclum, pón're, stáblum, ánglum, póstus*, d'où le français *vert, table, oracle, pondre, étable, angle, poste*, etc. — Cette chute de l'avant-dernière voyelle (tabula amenait la rencontre de deux consonnes (tabla), et dès lors on peut légitimement ranger les voyelles ainsi accentuées dans les voyelles de position. C'est ce que nous ferons dans le cours de ce livre. Nous aurions dû à la

pour procéder méthodiquement et embrasser tous les cas, au paradigme suivant :

O.

Cette lettre vient du latin *o* :

I. Soit d'un *o accentué* : bref, *schóla* (école) — long par nature, *pómum* (pomme) — long par position, *fórtis* (fort).

II. Soit d'un *o atone* : bref, *obedire* (obéir), — long par nature, *donáre* (donner), — long par position, *condúcere* (conduire)[1].

A.

Cette lettre vient du latin *a, e, i*.

I. D'un A originaire :

Soit d'un *a accentué* : chambre (cámera), âne (ásinus), cáge (cávea) ; — voyáge (viáticum), sauvage (silváticus) ; car (quáre), avare (aváius ; — flamme (flámma), char (cárrus), arbre (árbor), ange (ángelus).

Soit d'un A *atone* : salut (salútem), avare (avárus), parer (paráre), panier (panárium), savon (sapónem), — asperge (aspáragus), carré (quadrátus).

---

rigueur remplacer partout les formes classiques par les formes populaires ; nous ne l'avons point fait pour ne pas dérouter l'esprit du lecteur. En tout cas, où se trouvent des mots tels que *tábula, pónere, pósitus*, il faudra toujours lire et prononcer *táb'la, pón're, pós'tus*, etc...

1. Pour éviter d'inutiles paroles, nous ne répéterons plus les mots *brefs, longs par nature, longs par position ;* nous nous bornerons à séparer ces trois catégories par des tirets ; le lecteur est averti une fois pour toutes.

VOYELLES FRANÇAISES.

II. D'un E originaire :

1º *accentué* : lucarne (lucérna), lézard (lacérta);
2º *atone* : Mayenne (Meduána), parchemin (pergaménum), marchand (mercántem).

III. D'un I originaire :

1º *accentué* : langue (língua), sangle (cínglum), sans (síne);

2º *atone* : balance (biláncem), calandre (cylíndrus), Angoulême (Iculísma);— sanglot (singúltus), Sancerre, (Sincérra), paresse (pigrítia), sanglier (singuláris), sauvage, *vieux fr.* salvage (silváticus[1]).

E.

Cette lettre vient du latin e, a, i.

I. D'un E originaire :

Soit d'un E *accentué* : cruel (crudélis), espère (spéro), règle (régula), chandelle (candéla).

Soit d'un E *atone* : légume (legúmen); — église (ecclésia), semaine, *vieux fr.* sepmaine (septimána).

II. D'un A originaire :

Soit d'un A *accentué* : père (páter), chef (cáput); — mortel (mortális), sel (sál), amer (amárus), noyer (necáre), aimer (amáre), gré (grátum), nez (násus), nef (návis), — alègre (alácrem).

---

1. Le lecteur a remarqué que j'accentue tous les mots latins, je l'ai cru nécessaire, la place et l'importance de l'accent latin n'étant pas assez connues chez nous.

Soit d'un A atone : chenil (caníle), parchemin (pergaménum) ; — hermine (arménia).

III. D'un I originaire :

Soit d'un I accentué : trèfle (trifolium), sec (síccus), ferme (fírmus), cep (cíppus), mèche (myxa), crête (crísta), Angoulême (Iculísma).

Soit d'un I atone : mener (mináre), menu (minútus), béton (bitúmen) ; — devin (divínus), déluge (dilúvium).

IV. D'une Prosthèse (voir ci-dessous, p. 132).

I.

Cette lettre vient du latin *i, e, c*.

I. D'un I originaire :

Soit d'un I accentué : sourcil (supercílium) ; — ami (amícus), épi (spíca), épine (spína), ouïr (au[d]íre).

Soit d'un I atone : lier (ligáre), image (imáginem), ciguë (cicúta).

II. D'un E originaire :

Soit d'un E accentué : dix (décem), mi (médius), hermine (Arménia) ; — cire (céra), merci (mercédem), tapis (tapétum), six (séx), église (ecclésia), Venise (Venétia, Alise (Alésia), — ivre (ébrius).

Soit d'un E atone : timon (temónem).

III. D'un C :

Il serait inexact de dire que le *c* latin devienent *i*

français, ou plus généralement qu'une consonne devient voyelle : mais on a observé que la double consonne *ct* (factus, tractus), se change en français en *it* (fait, trait), sous l'influence de la voyelle précédente [1] : trac*t*are (trai*t*er), fac*t*us (fai*t*), étroi*t* (stric*t*us), tec*t*um (toi*t*), biscoc*t*us (biscui*t*), lai*t* (lactem), dui*t* (duc*t*us : rédui*t*, condui*t*, produi*t*, sédui*t*, etc...), li*t* (lec*t*um), frui*t* (fruc*t*um), lai*t*ue (lac*t*uca), voi*t*ure (vec*t*ura), Poi*t*iers (Pic*t*avi), pec*t*orale (poi*t*rail), droit, (Bas-lat. Dric*t*us de *directus* [2]). — Lorsque le *ct* n'est point en latin précédé d'une voyelle, cette double consonne se change simplement en *t* : punc*t*um (poin*t*), sanc*t*um (sain*t*), unc*t*um (oin*t*).

O

Cette lettre vient du latin *o, u, au, n*.

I. D'un O originaire :

Soit d'un o *accentué* : nom (nómen), raison (ratiónem), pondre (pónere).

Soit d'un o *atone* : obéir (obedíre), honneur (honórem).

II. D'un U originaire :

Accentué : nombre (númerus), — ongle (úngula), ponce (púmicem), noces (núptiæ).

---

[1]. On ne doit tenir aucun compte des mots savants tels que *strict* (strictus), *réduction, induction, protection*, etc... J'ai donné dans l'*Introduction* de ce livre les motifs de cette exclusion.

[2]. La forme *Drictus* pour *Directus* est fréquente dans les textes latins à partir du cinquième siècle, et finit même par remplacer entièrement cette dernière.

Atone : ortie (urtíca).

III. D'un AU originaire :

Accentué : or (aurum), trésor (thesaurus), chose (causa), clore (claudere).

Atone : oser (* ausáre), Orléans (Aureliáni).

IV. D'un N originaire :

Dans un certain nombre de mots tels que : époux (sponsus), couvent (convéntus), Coutances (Constantia), moutier (au treizième siècle *moustier*, au dixième *monstier*, du latin monastérium), coûter (vieux fr. *couster*, du latin constare), — l'*u* français provient d'un *n* latin originaire.

U

Cette lettre vient du latin *u*.

Soit d'un U *accentué* : nu (núdus), mur (múrus), aigu (acútus), menu (minútus).

Soit d'un U *atone* : superbe (supérbus), munir (muníre).

Plus rarement d'un I *atone* :

Fumier (fimárium), buvait (bibébat).

SECTION II

Voyelles composées

Elles sont au nombre de neuf, dont quatre (*ai, ei, oi, ui*) sont composées à l'aide de la voyelle I, les cinq autres au moyen de la voyelle U (*au, eau, eu, ou, œu*).

AI

Ce son composé provient soit d'un A latin, soit d'une transposition :

I. D'un A accentué : maigre (mácrum), aile (ála), caisse (cápsa), aime (ámo), main (mánus), semaine (*vieux fr.* sepmaine, *lat.* septimána).

II. D'une transposition.

Dans ce cas, AI provient de la réunion des deux voyelles A, I, séparées en latin par une consonne qui a dû subir une transposition en passant en français : contrarius (contraire). [Voyez ci-dessous au chapitre *De la Transposition*. Page 131.]

EI.

Cette voyelle composée vient du latin E, I.

I. D'un E :

Soit d'un E *accentué* : veine (véna), plein (plénus), frein (frénum), haleine (haléna), Reims (Rémi).

Soit d'un E *atone* : seigneur (seniórem).

II. D'un I : seing (signum), teigne (tinea), sein (sinus).

OI

Cette voyelle composée provient :

Soit de l'attraction réciproque des voyelles o et i, séparées en latin par une consonne : histoire (historia), poison (potionem), témoin (testimónium).

Soit d'un E long : avoine (avéna), soir (sérus), crois (crédo), toile (téla), voile (vélum), hoir (heres), etc...

Soit d'un I : voie (via), soif (sitis), poil (pilus), poivre (piper), pois (pisum), foi (fides), poire (pirum), etc...

UI

Cette voyelle composée vient du latin o : puis (post), cuir (córium), muid (módius), huître (óstrea), huis (óstium)[1], cuire (cóquere), hui (hodiè)[2], Le *Puy* (Pódium). Dans quelques autres cas, elle est le résultat d'une attraction des voyelles latines u et i séparées par une consonne : juin (június), aiguiser (* acutiare).

---

1. *Huis* en vieux français signifie *porte*; ce mot tombé en désuétude, nous est resté dans *huissier* qui est proprement *portier*, ainsi que dans l'expression *à huis clos*, c'est-à-dire *les portes étant closes*.

2. *Hui* dans *aujourd*'hui. Sur l'explication de ce mot, voyez p. 232.

AU, EAU

Au est un adoucissement du latin AL, *eau* un adoucissement du latin EL :

1º du latin *al* : autre (a*l*ter), aube (a*l*ba), sauf (sa*l*vus), auge (a*l*veus), saut (sa*l*tus), jaune (gá*l*binus).

2º Du latin *el* : beau (be*l*lus), Meaux (Me*l*di), château (caste*l*lum), veau (vité*l*lus, *vieux fr.* vé*el*).

EU, ŒU

Cette voyelle composée provient d'un o accentué : heure (hóra), seul (sólus), leur (illórum), preuve (próba), aïeul (* aviólus), neveu (nepótem), queux (cóquus), feuille (fólia), meule (móla), œuf (óvum), cœur (cor), Meuse Mósa), sœur (sóror), mœurs (móres), vœu (vótum), nœud (nódus), œuvre (ópera), couleur (colórem), neuf (nóvus), neuf (nóvem).

OU

Cette voyelle composée vient du latin O, U, L.

I. D'un o :

Soit d'un o *accentué* : couple (cópula), nous (nos), vous (vos), roue (róta).

Soit d'un o *atone* : couleur (colórem), fourmi (formíca), moulin (molínum), souloir (soléré), douleur (dolórem), couronne (coróna).

II. D'un U :

Soit d'un U *accentué* : coupe (cúpa), outre (úter), Adour (Atúris), coude (cúbitus), four (fúrnus), ours (úrsus), tour (túrris), sourd (súrdus).

Soit d'un U *atone* : gouverner gubernáre), couver (cubáre), Angoulême (Iculísma).

III. D'un L.

Ou n'est dans ce cas qu'un adoucissement de la forme latine *ol, ul* : m*ou* (mo*l*lis), c*ou* (co*l*lem), éc*ou*ter (*vieux fr.* esco*l*ter, *lat.* ausc*ul*tare), p*ou*dre (p*ú*lverem), s*ou*fre (s*ú*lphur), p*ou*ce (pó*l*licem), c*ou*pable (c*ul*pábilis).

IE, IEU

La voyelle composée *ie* provient du latin *ia,* :

I. D'un IA *accentué.*

Vén*ie*l (ven*ia*lis), chrét*ie*n (christ*ia*nus), Am*ie*ns (Amb*ia*ni).

II. Soit d'un E *accentué* :

F*ie*r (férus), f*ie*l (fél), h*ie*r (héri), m*ie*l (mél), b*ie*n (béne), l*iè*vre (léporis), t*ie*nt (ténet), f*iè*vre (fébris), p*ie*rre (pétram), r*ie*n (rém), h*ie*ble (ébulum).

Quant à la forme *ie* dans *ier* (prima*rius* = prem*ier*), voir ci-dessous, p. 276.

La voyelle composée *ieu* provient soit d'un *e* : *Dieu* (Deus), soit d'un *o* : *lieu* (locus), etc...

CHAPITRE II

ORIGINE DES CONSONNES FRANÇAISES

Les consonnes se divisent en groupes naturels (*Labiales, Dentales, Gutturales*), qui correspondent chacun à une partie de l'appareil vocal. Voici cette classification :

LIQUIDES.	LABIALES.	GUTTURALES.	DENTALES.	
l, m, n, r	b, v.	g, j.	d, z (s).	Douces.
	p, f.	(q, k, c) ch.	t, s (x).	Fortes.

SECTION I

Liquides (*n, m, l, r, ll, mm, nn, rr*).

N

Cette lettre provient du latin *n, m, l*.

I. d'un N originaire :

Initial : nous (nos), nez (nasus).
Médian : ruine (ruina), règne (regnum), mentir (mentiri)

6.

Final : so*n* (so*n*us), raiso*n* (ratio*n*em), étai*n* (sta*n*num).

II. D'un M originaire :

Initial : *n*appe (*m*appa), *n*èfle (*m*éspilum), *n*atte (*m*atta).

Médian : se*n*te (se*m*ita), co*n*ter (co*m*putare), si*n*ge (si*m*ius), dai*n*e (da*m*a), pri*n*temps (pri*m*um-tempus).

Final : rie*n* (re*m*), airai*n* (æra*m*en), mo*n*, to*n*, so*n*, (meu*m*, tuu*m*, suu*m*).

III. D'un L originaire :

*N*iveau, vieux fr. *n*ivel du lat. *l*ibella; comparez l'anglais *l*evel), poter*n*e (vieux fr. poster*n*e et plus anciennement poster*l*e, du latin postérula), mar*n*e (vieux français mar*t*e), du lat. márgula.

M

Cette lettre provient du latin *m, n, b*.

I. D'un M originaire :

Initial : *m*er (*m*are), *m*ain (*m*anus), *m*ère (*m*ater).
Médian : fro*m*ent (fru*m*entum), cha*m*bre (cá*m*era), co*m*pter (co*m*putare).
Final : dai*m* (da*m*a), no*m* (no*m*en), fai*m* (fa*m*es).

II. D'un N originaire : no*m*mer (no*m*inare), char*m*e (car*m*inus).

III. D'un B originaire : sa*m*edi (sa*m*bati dies).

L

Cette lettre vient du latin *l*, *r*, *n*.

I. D'un L originaire :

Initial : loutre (*l*utra), lettre (*l*ittéra), langue (*l*ingua).

Médian : aigle (aqui*l*a), fils (fi*l*ius), cercle (circu*l*us), câble (cápu*l*um).

Final : seul (so*l*us), poil pi*l*um), sel (sa*l*), sourcil (superci*l*ium).

II. d'un R originaire :

Aute*l* (altare), crib*l*e (cribrum), pa*l*efroi (paraveredus, déjà au cinquième siècle para*f*rēdus), flairer (fragare).

III. D'un N originaire :

Orphe*l*in (* orpha*n*imus), Pa*l*erme (Pa*n*ormus), Roussi*ll*on (Rusci*n*ionem), Bo*l*ogne (Bo*n*onia), Château-Landon (Castellum-*N*antonis).

R

Cette lettre vient du latin *r*, *l*, *s*, *n*.

I. D'un R originaire :

Initial : règne (*r*egnum), déroute (de*r*upta).

Médian : soricem (sou*r*is), charme (ca*r*men), droit (d*r*ictus, forme du latin vulgaire pr *Directus*).

Final : ver (vermis), cor (cornu), enfer (infernum), hiver (hibernum).

II. D'un L originaire :

Initial : rossignol (* lusciniola)[1].

Médian : orme (ulmus), remorque (remulcum), esclandre (scándatum), chartre (cártula), chapitre (capitulum).

III. D'un s originaire :

Marseille (Massilia), orfraie (ossifraga), varlet (* vassaletus).

IV. D'un N originaire :

Ordre (órdinem), pampre (pámpinus), timbre (tympanum), diacre (diáconus), coffre (cóphinus), Londres (Lóndinum).

LL

Cette consonne double provient :

I. Du latin LL :

Anguille (anguilla), bouillir (bullire), faillir (fallere)

II. Du latin LIA, LEA :

Fille (filia), Marseille (Massilia), paille (palea).

---

1. Ce changement de *l* en *r* était déjà accompli dans les texte latins bien avant la naissance du français ; tandis que Plaute et Varron disent *lusciniola*, les textes mérovingiens n'offrent plus que les formes *rusciniola, rosciniola*

III. Du latin CL, GL, TL, CH :

Oreille (auricula), seille (sítula), veiller (vigiláre), treille (tríchila), volaille (volátilia).

MM

Cette consonne double provient 1° du latin *mm* : flamme (flamma), somme (summa), 2° du lat. *mn* : femme (fémina), somme (somnus), sommeil (* somniculus), homme (hóminem).

NN

Du latin *mn* : colonne (columna), ou de *gn* : connaître (cognóscere).

RR

Cette consonne double vient du latin *tr*, *dr* :

I. D'un TR originaire :

Pierre (petra), verre (vitrum), larron (latronem) pourrir (putrere), parrain (patrinus), marraine (matrina)

II. D'un DR originaire :

Carré (quadratum), arrière (adretro), carrefour (quadrifurcus).

SECTION II

Labiales (*p, b, f* [ph], *v, w,*)

P

Du latin P :

Initial : pain (panis), pré (pratum).

Médian : couple (cópula), étouppe (stuppa), sapin (sapinus).

Final : Loup (lupus), champ (campus), cep (cippus).

B

Cette lettre vient du latin *b, p, v, m*.

I. D'un B originaire :

Initial : boire (bíbere), bon (bonus).
Médian : diable (diábolus), arbre (árbor).
Final : plomb (plumbum).

II. D'un P originaire :

Double (* duplus, forme du latin vulgaire pour duplex), câble (cápulum), abeille (* apícula).

III. D'un V originaire :

Courber (curvare), brebis (vervecem), corbeau (corvellus), Besançon (Vesontionem), Bazas (Vasatæ).

IV. D'un M :

Flambe (flamma), marbre (marmor).

F, Ph.

Notre langue possède un grand nombre de mots savants tels que *physique, philosophie, triomphe* où se rencontrent le φ grec et le *ph* latin : il serait superflu d'insister sur des étymologies aussi élémentaires : nous nous bornons à remarquer que F vient du latin *f, ph, v, p*.

I. Du latin F, PH :

Initial : faux (falx), faisan (phasiánus), fumier, (fimarium).

Médian : orfraie (ossifraga), orfèvre (aurifaber), coffre (cóphinus).

Final : tuf (tofus).

II. D'un v originaire :

Initial : fois (vice). Sur le changement de *i* latin en *oi*, voyez p. 98.

Médian : palefroi (parafredus), forme du latin vulgaire p' paraveredus).

Final : vif (vivus), suif (sevum), nef (navis), bœuf (bovis), œuf (ovum), sauf (salvus), serf (servus) cerf (cervus).

III. D'un P :

Chef (caput), nèfle (méspilum), fresaie (præsaga).

V, W

Cette lettre vient du latin *v,b.*

I. D'un v originaire :

Initial : viorne (*viburnum*), viande (*vivenda*[1]).
Médian : chauve (*calvus*), gencive (*gengiva*).

II. D'un B originaire :

Couver (*cubare*), fève (*faba*), cheval (*caballus*), avoir (*habere*), lèvre (*labrum*), souvent (*subinde*), ivre (*ebrius*), avant (*ab-antè*), livre (*libra*), niveau (*libella*), prouver (*probare*), Vervins (*Verbinum*).

III. D'un P originaire :

Rive (*ripa*), sève (*sapa*), rave (*rapa*), louve (*lupa*), cheveu (*capillum*), chèvre (*capra*), savon (*saponem*), savoir (*sapere*), crever (*crepare*).

---

1. A l'origine *viande* signifiait aussi bien une nourriture végétale qu'une nourriture animale : Rabelais nous apprend que « les poires sont *viandes* très salubres » (*Pantagruel*, IV, 54) ; et dans sa tragédie *Le triomphe de la Ligue* (Leyde, 1607), Nérée disait encore, en parlant de Dieu :

    Il donne la *viande* aux jeunes passereaux,

vers dont Racine fit plus tard le célèbre alexandrin :

    Aux petits des oiseaux il donne la pâture.

SECTION III

Dentales (*t, th, d, s, z, x, j*)

T

Cette lettre vient du latin *t,d* :

I. D'un T originaire :

Initial : toison (*t*onsionem), taon (*t*abanus).
Médian : matière (ma*t*eria), état (s*t*atus), château (cas*t*ellum).
Final : huit (oc*t*o), cuit (coc*t*us), fait (fac*t*us).

II. D'un D originaire :

Don*t* (de-un*d*e), ver*t* (vír*id*is), souven*t* (subin*d*e), Escau*t* (Scal*d*is).

TH (grec) ne se rencontre que dans les mots savants : *th*éocratie, *th*éologie, etc....

D

Cette lettre vient du latin *d, t.*

I. D'un D originaire :

Initial : devoir (*d*ebere), dans (*d*e-intus), dîme (*d*écimus).
Médian : tiède (tépi*d*us), émeraude (smarag*d*us), vendre (vén*d*ere).
Final : sour*d* (sur*d*um), mui*d* (mo*d*ius), froi*d* (fri*gid*us).

7

II. D'un T originaire :

Initial : donc (*t*unc).

Médian : coude (cúbi*t*us), Adour (A*t*uris), Lodève (Lu*t*eva).

Final : lézar*d* (lacer*t*a), marchan*d* (mercan*t*em).

S

Cette lettre vient du latin s, c, *t*.

I D'un s originaire :

Initial : seul (solus), serment (sacramentum), sous (subtus).

Médian : cerise (cerasus), maison (mansionem), asperge (aspáragus), Gascogne (Vasconia).

Final : mais (magis), ours (ursus), épars (sparsus), sous (subtus), moins (minus).

II. D'un T suivi des voyelles composées *ia, ie, io, iu* :

Poison (po*t*ionem), raison (ra*t*ionem), oiseux (o*t*iosus), Venise (Vene*t*ia), saison (sa*t*ionem), trahison (tradi*t*ionem), liaison (liga*t*ionem).

Final : palatium (palais), tiers (ter*t*ius).

III. D'un c doux :

Initial : sangle (cingulum).

Médian : plaisir (placere), voisin (vicinus), moisir (mucere), oiseau (vieux fr. *oisel*, de aucellus, forme du latin vulgaire pour *avicellus*), Amboise (Ambacia).

= La double consonne ss provient d'un x latin :

essai (exagium), essaim (examen), laisser (laxare), essorer (exaurare), ou d'un *ss* : casser (quassare), fosse (fossa).

Z.

Du latin *s* ou d'un *c* doux : chez (casa), nez (nasus), rez (rasus, *rez-de-chaussée*), assez (ad satis), lèz (latus, *Plessis-lèz-Tours, Passy-lèz-Paris*); — Lézard (lacerta), onze (úndecim), douze (duódecim), etc.

X.

Du latin *x*, *s*, *c*.

I. D'un x originaire : six (sex), soixante (sexaginta).

II. D'un s originaire : deux (duos), toux (tussis), époux (sponsus), roux (russus), oiseux (otiosus), vineux (vinosus).

III. D'un c originaire : dix (decem), voix (vocem), noix (nucem), aix (pacem), chaux (calcem), faux (falcem)

J.

Du latin *j*, *g*, *i*.

I. D'un J originaire :

Initial : Jean (Johannes), jeûne (jejunium), jeune (júvenis).

Médian : parjure (perjurium).

II. D'un G : jouir (gaudere), jumeau (gemellus), jaune (gálbinus), Anjou (Andegavi).

III. D'un ɪ : *Jérusalem* (H*i*erosolyma), *jour* (d*i*urnum), *Jérôme* (H*i*eronymus), *goujon* (gob*i*onem), *Dijon* D*i*b*i*onem). Sur le changement de *i* en *j*, voyez p. 115.

SECTION IV

Gutturales (*c, q, k, ch, g, h*).

C.

Il se prononce gutturalement devant *a, o, u*, et est dit alors *c dur :* devant *e, i, œ*, il se prononce dentalement, et prend le nom de *c doux*.

§ 1. C dur.

Il provient du *c dur* latin ou de son équivalent *q* -
Initial : coque (concha), coquille (conchylium), couver (cubare), car (quare), casser (quassare), coi (quietus).
Médian · second (secundus), chacun (vieux fr. *chas cun*, quisque-unus).
Final : lacs (laqueus), onc (unquam), sec (siccus).

§ 2. C doux.

Il provient du *c doux* latin : ciment (cœmentum), ciel (cœlum), cité (*citatem*, forme du latin vulgaire, très fréquente sous l'empire pour *civitatem*).

K.

C'est, dans nos termes métriques, la reproduction barbare du grec χ; le χ devrait se rendre par *ch;* *kilomètre* est doublement barbare pour *chiliomètre;* χιλιόμετρον.

Q.

Cette lettre vient du latin c dur, *qu, ch* :
Initial : quel (qualis), queue (cauda), queux (coquus).
Médian : tranquille (tranquillus), coquille (conchylium).
Final : cinq (quinque).

CH.

Cette lettre vient du c *dur* latin[1].
Initial : chef (caput), chose (causa), chandelle (candela), chandeleur (candelarum [festa]), chèvre (ca-pra).
Médian : bouche (bucca), miche (mica), perche (pértica), fourche (furca), mouche (musca), sécher (sic care).
Final : Auch (Auscia).

.. Et du grec χ dans les mots savants tels que *chirographe* (χειρόγραφος), *chaos* (χάος), etc...

G dur.

Du latin *h*, *c dur*, *q*, *v*, *n* :

I. D'un G dur originaire :

Initial : goujon (gobionem), goût (gustus.
Médian : angoisse (angustia), sangle (cingulum).
Final : long (longus), étang (stagnum), poing (pugnus).

II. D'un *c dur*.

Initial : gobelet (*cupellatum), gras (crassus), gonfler (conflare).

Médian : maigre (macrum), langouste (locusta) viguier (vicarius), cigogne (ciconia).

III. D'un v originaire :

Gascogne (Vasconia), gui (viscum), gué (vadum), gaîne (vagina), guêpe (vespa), sergent (servientem), Gard (Vardo), Gapençais (Vappincensium), gâter (vieux fr. *gaster*, *vastare*), guivre (vípera).

IV. D'un N latin suivi d'une voyelle : cigogne (ciconia), Digne (Dinia), Auvergne (Arvernia), oignon (unionem), Boulogne (Bononia).

G doux.

Du latin *g* et des suffixes *ia, ea.*

I. D'un G originaire :

Initial : gencive (gingiva), géant (gigantem), geindre (gémere).

Médian : large (largus).

II. Des diphtongues *ia, io — ea, eo.*

Chez les Romains, l'*i* et le *j* n'avaient à l'origine qu'un seul et même son : Quintilien nous l'affirme, et cette indécision a longtemps persisté dans l'écriture ; les anciens manuscrits comme les livres imprimés jusqu'au milieu du dix-septième siècle confondent l'*i* et le *j*, et ce n'est qu'en 1750 que l'Académie reçut le *j* dans son dictionnaire comme une lettre nouvelle.

C'est ainsi que l'*i* latin a pu dans certains cas devenir *j* en français (ou *g doux*, ce qui est la même chose) ; *Hierosolyma, simia, diurnus, vindemia,* ont donné Jérusalem, singe, jour, vendange, preuve évidente que le peuple prononçait *Hjerosolyma, simja, djumus, vindemja.* — Ceci posé, on voit clairement comment *pipionem, tibia, rabies, Dibionem, diluvium, cambiare*, abbreviare,* sont devenus respectivement *pigeon, tige, rage, Dijon, déluge, changer, abréger,* etc. Il s'est opéré dans ces mots deux transformations successives : 1° le changement de l'*i* en *j*, ou comme disent les Allemands, la *consonnification* de

l'*i* : *pipionem, tibia, rabies, Dibionem, diluvium, cambiare, abbreviare* ont été prononcés *pipjonem, tibja, rabjes, Dibjonem, diluvjum, cambjare, abbrejare.*
2° Ce changement de l'*i* en *j*, amène la rencontre et le choc de deux consonnes, *pipionem* devient *pipjonem.* Or (comme nous le démontrerons ci dessous)[1], il arrive dans ce cas que la première des deux consonnes disparaît : *subjectus* devient *sujet*, et *dorsus, dos;* de même *pipjonem, tibja, rabjes, Dibjonem,* etc..., ont donné *pijonem, tija, rajes, Dijonem, dilujum, camjare, abbrejare,* d'où *pigeon, tige, rage, Dijon, déluge, changer, abréger,* etc...

C'est de la même manière que s'est opéré le changement de *ca, eo, eu* en *je, ge,* etc... Dans les formes régulières latines, *lanea, cavea, commeatus, hordeum, deusque*, l'*e* fut de bonne heure remplacé par *i*, et bien avant les temps mérovingiens, les inscriptions offraient communément les formes *lania, cavia, commiatus, hordium, diusque;* ainsi ramenées de *ea, eu,* à *ia, iu*, ces diphtongues se comportent comme on l'a vu tout à l'heure, c'est-à-dire que l'*i* devient *j*, et *lania commiatus, cavia, hordium, diusque*, prononcés *lanja, commjatus, cávja, hordjum, djusque*, donnèrent respectivement *lange, congé, cage, orge, jusque,* etc...

---

1. Voyez page 137.

H

Du latin *h*, *f*.

I. D'un H originaire : *h*omme (*h*óminem), *h*ier (*h*eri). *h*ui (*h*odiè, dans aujourd'*h*ui).

II. D'un F : *h*ors (*f*oris), *h*ormis (*f*oris-missum). *Habler* ne vient point directement du latin, mais de l'espagnol *hablar* (fabulári)[1], et ne remonte qu'au seizième siècle.

II

Histoire des lettres latines

L'*Histoire des lettres françaises* nous a conduit des effets aux causes, du français au latin, et nous a fait aussi remonter le courant des transformations jusqu'à la source. Nous allons faire maintenant l'opération inverse, étudier l'histoire des lettres latines, décrire les modifications qu'elles ont subies pour devenir lettres françaises. Pour éviter d'inutiles répétitions, nous donnerons aussi peu d'exemples que possible, nous bornant à renvoyer le lecteur aux divers paragraphes de la première partie (*Histoire des lettres françaises*), où les preuves se trouvent rassemblées.

---

1. L'*f* latin suivi d'une voyelle, devient toujours *h* en espagnol, au commencement des mots : *fabulari*, ou *fablári*, a donné *hablar* comme *facere*, *faba*, *formica* ont donné les mots espagnols *hacer*, *haba*, *hormigua*.

CHAPITRE I

HISTOIRE DES VOYELLES LATINES.

Tout mot se compose d'une syllabe accentuée, ou *tonique*. et d'une ou plusieurs syllabes *atones*, c'est-à-dire non accentuées qui précèdent ou qui suivent la tonique. Ainsi dans *mercătus*, a est la tonique ; e, u ne sont que des atones. En faisant l'histoire des voyelles latines, nous étudierons d'abord les voyelles accentuées, puis les voyelles atones.

SECTION I

Voyelles accentuées.

Dans les voyelles accentuées, nous distinguerons, les brèves, les longues et les voyelles de position (c'est-à-dire les voyelles suivies de deux consonnes, longues par leur position et non par leur nature). Cette distinction qui peut sembler minutieuse, est loin d'être indifférente, car *fĕrum, avēna, fĕrrum*, qui nous offrent chacun un e accentué, se comportent en français de trois manières différentes : la brève donne *ie* (*fĕrus-fier*, la langue *oi* (*avēna-avoine*), la voyelle de position *e* (*fĕrrum-fer*).

A bref devient ordinairement *ai*, en français : ămo (aime), măcer (maigre). — A long devient *e* : nāsus (nez), amāre (aimer), mortālis (mortel). — A en position reste aussi a en français; arbor (arbre), char (carrus), charme (carmen).

E bref devient ie : lĕvium (liège), fĕrus (fier). — E long donne oi : avēna (avoine), rēgem (roi), lēgem (loi), — E en position persiste en français : ferrum (fer), terra (terre), lepra (lèpre).

I bref devient oi : pĭrum (poire)), pĭlus (poil), nĭger (noir), fĭdes (foi). — I long persiste : spīca (épi), amīcus (ami), spīna (épine). — I en position devient e : siccus (sec), cippus (cep), crista (crête), firmus (ferme).

O bref devient eu : nŏvem (neuf), mŏla (meule), prŏba (preuve). — O long donne aussi eu : mōbilis (meuble) sōlus (seul), hōra (heure). — O en position persiste en français : corpus (corps), fortis (fort), mortem (mort), ponere (pondre).

U bref devient ou : lŭpus (loup), jŭgum (joug), cŭbo (couve). — U long persiste : mūrus (mur), acūtus (aigu), pūrus (pur). — U en position devient ou : ursus (ours), gutta (goutte), surdus (sourd), turris (tour [1]).

Æ se change en e, ie : cælum (ciel), læta (lie) [2]. Œ devient e : faémina (femme).

AU devient o : causa (chose), aurum (or), auricula (oreille).

---

[1]. Remarquons ici que la diphthongaison s'exerce invariablement sur les brèves accentuées; en d'autres termes, les brèves latines accentuées se diphthonguent toujours en passant dans notre langue et les voyelles ă, ĕ ĭ, ŏ, ŭ deviennent respectivement en français, *ai, ie, oi, eu, ou.*

[2]. *Lie* qui signifiait, en vieux français, *joyeux*, a subsisté dans l'expression : *faire chère lie* (*cara læta*, littéral, visage joyeux), qui voulait dire primitivement faire bon visage, bon accueil, et par extension offrir un bon repas, ce qui est une des formes du bon accueil.

SECTION II

Voyelles atones.

Si la voyelle tonique latine persiste *toujours* en français, il n'en est pas de même des atones. Pour connaître exactement ce qu'elles deviennent en passant dans notre langue, il convient d'étudier séparément les atones qui précèdent la tonique (comme *e* dans *mercatum*), et les atones qui la suivent (*u* dans *mercatum*).

§ 1. Voyelles atones qui précèdent la tonique.

Les atones qui précèdent la tonique peuvent être réparties en deux classes : atones précédant *immédiatement* la tonique (par exemple *di* dans *vindicáre*), atones précédant *médiatement* la tonique (*vin* dans *vindicare*).

a) *Atones précédant immédiatement la tonique.* — Elles persistent toujours en français, quand elles sont longues : perēgrinus (pélerin), cæmēterium (cimetière), etc. Elles disparaissent toujours lorsqu'elles sont brèves[1] : sanĭtátem (santé) bonĭtátem (bonté), christianĭtátem (chrétienté, (posĭtúra (posture), septĭmána (semaine. Vieux français *sepmainne*),

---

1. Sauf lorsqu'elles occupent la première place du mot (Bĭláncem, cáballus, Balance cheval), c'est-à-dire lorsque la seconde syllabe est tonique, auquel cas la première syllabe ne pouvait disparaitre sans mutiler le mot au point de le rendre méconnaissable.

clarĭtátem (clarté), comĭtátus (comté), clerĭcátus (clergé), etc.[1].

b) *Atones précédant médiatement la tonique.* — Brèves ou longues, les atones de cette classe persistent toujours en français : vestiméntum (vêtemént), ornaménta (ornemént), etc.

§ 2. Voyelles atones qui suivent la tonique.

D'après la règle même de l'accentuation latine, ces voyelles ne peuvent occuper que deux places, l'avant-dernière, comme *u* dans *tábŭla*, la dernière comme *u* dans *mercátum*.

a) *Avant-dernière.* — Ne se trouvant que dans les mots accentués sur l'antépénultième, elle est *toujours* brève en latin : saé ŭlum, lúrĭdus, túmŭlus, pértĭca, pónĕre, légĕre, fácĕre, etc. Absorbée par la tonique qui la précédait, cette voyelle se prononçait à peine, et si les Romains des hautes classes la faisaient sentir en parlant, il est certain que le peuple supprimait ces inflexions délicates. Dans tous les débris qui nous restent du latin populaire (*Graffiti* de Pompéi, inscriptions, épitaphes, etc.), la pénultième brève a disparu : au lieu de cómp(u)tum, orác(u)lum, tab(u)la, sæc(u)lum, pós(i)tus, mób(i)lis, vinc(e)re,, suspend(e)re, etc., le latin populaire disait cómptum, oráclum, tabla, sæclum, póstus, moblis, vincre, suspendre, etc.[2]; et

---

1. Cette suppression de la brève atone avait déjà lieu dans le latin vulgaire, comme nous l'avons démontré dans l'*Introduction* (page 75).
2. M. Schuchardt en a réuni d'innombrables exemples dans son *Vokalismus des Vulgärlateins*, II, 35

quand cette langue vulgaire devint le français, les mots ainsi contractés devinrent à leur tour, *compte, oracle, table, siècle, poste, meuble, vaincre, suspendre*, etc.

Nous n'insistons pas davantage sur cette règle qu'on peut ainsi formuler : dans tous les mots accentués en latin sur l'antépénultième, la pénultième disparaît toujours en français.

b) *Dernière*. — Elle disparaît en français : siccus, sec, cabal*lus*-cheval, porc*us*-porc, mare-mer, mortalis-mortel, — ou ce qui revient au même, elle s'assourdit en *e* muet : cupa-coupe, firm*us*-ferme, etc.

CHAPITRE II

HISTOIRE DES CONSONNES LATINES

Comme on a l'a vu plus haut les consonnes se divisent en groupes naturels (*Labiales, Dentales, Gutturales*) qui correspondent chacune à une partie de l'appareil vocal. La permutation des consonnes latines en consonnes françaises s'appuie sur deux principes.

1º C'est entre les consonnes de même organe qu'ont lieu les permutations : étant donné le groupe des Labiales *p, b, v, f*, c'est entre ces quatre consonnes de même organe que s'opéreront les permutations : ainsi le latin *b* deviendra en français *b* : arbre (arbor), ou *v* ; couver (cubare), mais il ne deviendra jamais *z*, ou *g* par exemple.

2º Outre que les consonnes de l'alphabet ne se permutent pas au hasard mais sont réparties par groupes dans le sein desquels la permutation s'opère, il faut encore remarquer que dans le groupe lui-même, la permutation n'a pas lieu au hasard entre les lettres de ce groupe : — dans le groupe des Labiales *p, b, v, f*, il y a, comme nous l'avons vu au *Tableau des consonnes* (p. 101), deux fortes *p*; *f*, — deux faibles ou douces, *b, v*. C'est de la forte à la douce que s'opère le passage. Ainsi, jamais le *b* latin ne devient *p* en français, et le contraire est fréquent.

Nous reverrons aux exemples rassemblées dans l'histoire des lettres françaises, autant que faire se pourra. A l'étude des lettres simples, nous adjoindrons celles des lettres composées (*L, R, M, R*, etc.) qui donnent lieu en français à d'intéressantes combinaisons.

SECTION I

Liquides (*l, m, n. r*).

L

L devient en français *l, r, u*. — Pour les exemples, je renvoie le lecteur à chacune de ces trois lettres dans l'*histoire des lettres françaises* (p. 100, 103).

TL devient *il* : *sítula* (seille), *vétulus* (vieil).

CL initial persiste en français : *clarus* (clair). — CL final devient *il* : *óculus* (œil), *apícula* (abeille), *aurícula* (oreille).

GL initial persiste en français, *gladiolus* (glaïeul).

GL médian devient *il*: vigilare (vei*ll*er), cai*ll*er (vieux français coai*ll*er, coagulare), tégula (tui*l*e),

PL initial persiste: *pl*orare (*pl*eurer). — PL final devient *il*: scópulus (écueil).

BL, FL, subsistent toujours en français : é*bul*um (hiè*bl*e), in*fl*are (en*fl*er).

M

M devient en français *m, n, b*. — Pour les exemples, voyez ci-dessus, histoire des lettres françaises, p. 102, 106.

MN devient *mm, m*: fémina (fe*mm*e), hóminem (ho*mm*e), nominare (no*mm*er), lámina (la*m*e), dómina (da*m*e), exámen (essai*m*).

MT devient *t, nt, mt*: dormitórium (dor*t*oir); cómitem (com*t*e); computare (con*t*er), semitárium (sen*t*ier).

N

N devient en français *n, r, l*. — Pour les exemples, voyez p. 101, 103.

NM devient *m*: anima (âme), Hieronymus (Jérôme).

NS devient *s*: ma*n*sionem (maison), me*n*sen (mois), i*n*sula (île, vieux français isle), spo*n*sus (époux), co*n*stare (couster, puis coûter),

RN laisse toujours tomber *n* à la fin des mots: inférnum (enfe*r*), fúrnum (fou*r*), cornu (co*r*), djúrnum (jou*r*), hibérnum (hive*r*), alburnum (aubou*r*), carnem (chai*r*).

R.

R devient en français *r, l*. — Pour les exemples, voir p. 103.

RS devient *s* : dorsum (dos), pérsica (pêche, vieux fr. pesche), chêne (bas latin quércinus, vieux fr., chesne, caisne, puis chêne[1]).

A ces changements il faut en ajouter un autre fort important : je veux dire l'*intercalation* de lettres nouvelles entre deux liquides :

Les mots comme húmĭlis, cúmŭlus, dans lesquels la pénultième brève tombait (voyez p. 75), devenaient húmlis, cúmlus, etc..., les deux liquides (*ml*) se trouvaient alors en présence, et pour éviter ce choc désagréable, on intercala la lettre b, *húmlis* devint *hum-(b)-le*, *cúmlus* devint *com-(b)-le*. — Voici ces intercalations :

1º ML devient *mbl* : húmilis (humble), cúmulus (comble), símulo (semble), insimul (ensemble).

2º MR devient *mbr* : númerus (nombre), cámera (chambre), Camerácum (Cambrai), cucúmerem (concombre).

3º LR devient *ldr* : moudre, foudre, poudre, dans lesquels l'*u* est un adoucissement de *l*, étaient en vieux français mol*dr*e (mólere), fol*dr*e (fúlgur), pol*dr*e (púl-

---

1. *Quercinus* s'était de bonne heure corrompu en *casnus* que l'on trouve, au sens de *quercus*, dans une charte de l'an 508. De *casnus* est venu au onzième siècle le vieux français *caisne*, plus tard *chesne*

verem), formes qui mieux que le français moderne montrent comment s'est opérée la permutation.

4° NL devient *ngl* : spí*n*ula (épi*ngl*e).

5° NR devient *ndr* : pó*n*ere (po*ndr*e), summó*n*ere (semo*ndr*e), gé*n*er (ge*ndr*e), té*n*er (te*ndr*e), Portus-Véneris (Port-Ve*ndr*es), Ve*n*eris-dies (ve*ndr*edi), mí*n*or (moi*ndr*e).

SECTION II

Dentales (*t, d, z, s*).

T

T devient en français *t, d, s*. Pour les exemples, voir p. 109, 110.

Il disparaît, à la fin des mots, quand il se trouve en latin entre deux voyelles : grá*t*um (gré), amá*t*um (aimé), minú*t*us (menu), virtú*t*em (vertu), acú*t*us (aigu), scú*t*um (écu), abbá*t*em (abbé). — Il disparaît aussi dans l'intérieur des mots : ca*t*éna (vieux fr. *çhaëne*, chaîne), ma*t*úrus (vieux fr. *maür, mûr*), etc... je n'insiste point sur les faits de ce genre ; ils trouveront leur place au chapitre *de la syncope des consonnes*.

TR devient tantôt *r* : frá*tr*em (frère), ma*tr*em (mère), pa*tr*em (père), Má*tr*ona (Marne), — tantôt *rr* : vi*tr*um (verre), pu*tr*ére (pourrir), nu*tr*itus (nourri), la*tr*ónem (larron) ; ma*t*eriamen (merrain), ma*tr*iclárius (*vieux fr.* marreglier, aujourd'hui *marguillier*).

ST devient rarement *s* : angú*st*ia (angoisse), te*ss*on (latin vulgaire * *testónem* diminutif de *testa*).

D

D devient en français *d, t*. — Pour les exemples, voir p. 109.

DR devient *r* : ri*d*ere (rire), occi*d*ere (occire), cathé*d*ra (chaire), cre*d*ere (croire), quadragésima (carême, vieux fr. *caraesme*).

DJ, DV laissent tomber la dentale : a*dj*uxtáre (ajouter), a*dv*eníre (avenir).

ND devient *nt* : subin*d*e (souven*t*), pente, ponte, tonte, etc.

S, Z, X

S devient *s, c, t, z* : pour les exemples, voir ci-dessus p. 109, 111.

SR se change en *tr*, en passant dans notre langue : cré*sc*ere (croître), pá*sc*ere (paître), cognó*sc*ere (connaître), * é*ss*ere (être. Sur ce verbe, voyez livre II, au chapitre *des verbes auxiliaires*).

ST, SP, SC initiaux deviennent *est, esp, esc* : stare (ester), scríbere (écrire), sperare (espérer). Je ne fais que mentionner ce fait, il trouvera sa place au chapitre de *l'Addition des Lettres*, p. 133.

X devient *ss* : exágium (essai), exámen (essaim), laxáre (laisser), axílla (aisselle), coxa (cuisse), issu, participe passé de issir (exíre).

SECTION III

Gutturales (*c, ch, ch, q, g, j, h*).

C

C doux devient en français *ç, s, z, x*. — C dur devient *c, ch, g, i*. — Pour les exemples, voir p. 94, et 110, 114.

C entre deux voyelles tombe à la fin des mots : fócum (feu), lócum (lieu), jócum (jeu), paúcum (peu), Aúcum (Eu), Saviniacum (Savigny[1]).

CL, déjà traité page 123.

CT, déjà traité page 95.

Q

Voyez ci-dessus au c dur.

---

1. Profitons de cet exemple pour dire quelques mots sur la formation d'un grand nombre de noms de lieux.

La particule celtique *ak*, que les Romains latinisèrent en *acum*, marquait la possession. Pour désigner la propriété d'Albinus, ou celle de Sabinus, les Gallo-Romains disaient : *Albini-acum, Sabini-acum*. Cette finale devint en français *ac* au Midi, *ac, é, y*, au Nord. *Sabiniacum* est au Midi *Savignac*, — au Nord *Savenay, Sévigné, Savigny*; — *Albiniacum* devint *Aubignac, Aubenay, Aubigné, Aubigny*.

La finale *é* semble dominer particulièrement dans l'Ouest (Vitré, Aubigné, Sévigné, Martigné, etc...); — la finale *y* au centre de la France : Vitry, Aubigny, Savigny, Martigny; — la finale *ay* en Champagne, et dans l'Est (Avenay, Savenay, Martenay). Mais ces délimitations sont fort indécises, et l'on se tromperait en leur assignant une rigueur qu'elles ne comportent pas

G

G devient en français *g, j, i*. — Pour les exemples, voir p. 111, 114.

GM devient *m* : pig*m*entum (pi*m*ent), phleg*m*a (fle*m*me).

GN devient *n* : mali*gn*um (mali*n*), bení*gn*um (béni*n*).

GD se change en *d* : smara*gd*a (émerau*d*e)

J

Voir p. 111.

H

Voir p. 117.

Cette lettre tombe souvent au commencement des mots : *h*abére (avoir), *h*omo (on), *h*ora (or), *h*órdeum (orge), oui (vieux fr. oïl, latin *h*o[c]-illud).

SECTION IV

Labiales (*p, b, f, ph, v*)

P

P devient en français *p, b, v*. — Pour les exemples, voir p. 106, 108.

Ps, Pt, Pn initiaux : ce son est étranger à notre langue qui a converti *ps, pt, pn* en *s, t, n* : *p*tisana (*t*isane), *p*neuma (*n*eume), *p*salmus (vieux fr. saume).

Les mots qui reproduisent ces sons dans leur intégrité, *psaume*, *psallette*, etc..., sont tout modernes.

PT se change au milieu des mots en *t, d* : captívus (chétif), derúpta (déroute), rupta (route), scriptus (écrit), adcaptare (acheter), male-aptus (malade)[1], *grupta (grotte[2]). Les mots *apte, captif, crypte, rupture*, etc..., sont modernes.

B

B devient en français *b, v*. — Pour les exemples, voir p. 106-108.

BT, BS, BJ, BM perdent la consonne *b* en passant en français, et deviennent *d, t — s — j — m* : cúbitus (coude), dúbitum (doute), débitum (dette), subjéctum (sujet), submíssum (soumis).

BR devient *ur* : abrotónum (aurone), fábrica (vieux fr. *faurge* = forge).

F, Ph

Voir p. 107.

V

V devient en français *v, f, b, g*. — Pour les exemples, voir p. 106-108.

---

1. *Aptus* donna en vieux français *ate*, en provençal *ade* ; *ale, ade*, ont au douzième siècle le sens de *bien portant*, et *mal-ade* (male aptus) celui de *mal portant*.

2. *Crypta* était devenu *crupta* dans le latin vulgaire dès le sixième siècle ; et nous trouvons ce mot dans un texte latin de 887, sous la forme *grupta* qui a donné le mot *grotte*.

PARTIE II

TRANSPOSITION, ADDITION ET SOUSTRACTION DES LETTRES

I

De la transposition ou métathèse.

Lorsque les lettres d'un mot dérivé sont placées dans un autre ordre que celui qu'elles occupaient dans le primitif, on dit qu'il y a *métathèse* (μετάθεσις), c'est-à-dire transposition : dans *étang* (sta*gn*um), le *gn* latin est devenu *ng* en français.

§ 1. Transposition des consonnes.

N : éta*n*g (stagnum), poi*n*g (pugnus), teig*n*ant (tingentem).

L : san*g*lot (singúltus), Lot (Oltis).

R : pou*r* (pro), *t*reuil (tórculus), pauvreté (paupertátem), *t*ruffe (tuber), *t*roubler (turbulare), Durance (Druentia), brebis (vervecem), tremper (temperare), *f*romage (formaticum), trombe (turbo).

§ 2. Transposition des voyelles.

La voyelle I est souvent attirée vers la voyelle qui précède, ce qui amène une transposition nécessaire : gloire (glória), histoire (história), mémoire (memória), juin (június), muid (módius), faisan (phasiánus). Je n'insiste point sur ce fait, et renvoie le lecteur à la page 98 où cette transposition a été étudiée.

II

De l'addition des lettres.

Les lettres ajoutées au mot primitif peuvent être *prosthétiques*, c'est-à-dire placées au commencement du mot, *épenthétiques* ou placées dans le corps du mot, *épithétiques* ou placées à la fin du mot[1].

CHAPITRE I

ADDITION AU COMMENCEMENT DU MOT OU PROSTHÈSE

§ 1. Voyelles.

Aux sons initiaux *sc*, *sm*, *sp*, *st* qu'ils ne prononçaient qu'avec difficulté, nos ancêtres ajoutèrent un *e*

---

1. Je conserve ces dénominations empruntées aux grammairiens grecs, parce qu'elles sont consacrées par l'usage, et qu'elles sont commodes par leur brièveté.

qui facilitait l'émission de cette consonne composée en la dédoublant : espace (spátium), espèce (spécies), espérer (speráre), estomac (stomáchum), esclandre (scándalum), esprit (spíritus), ester (stáre), escabeau (scabéllum), escient (sciéntem), esclave (slávus), escalier (scalárium)[1]. Dès le seizième siècle, plusieurs de ces mots subissent une modification : l'*s* tombe, et la suppression en est marquée par l'accent aigu qui surmonte l'*é* initial : état (státum), épice (spécies), échelle (scála), écrin (scrínium), étain (stánnum), étable (stábulum), étude (stúdium), épais (spissus), école (schóla), étroit (stríctus), époux (spónsus), épine (spína), épi (spíca), étoile (stélla), épée (spatha), Écosse (Scótia)[2].

On en vint même par une fausse assimilation à ajouter un *e* à des mots qui n'avaient point d'*s* en latin : córticem (écorce), carbúnculus (escarboucle), etc...

§ 2. Consonnes.

Addition d'un H : huit (octo), huile (óleum), haut (áltus), huître (óstrea), hièble (ébulum), hache (áscia),

---

[1]. Le français, nous l'avons dit souvent, vient du latin populaire et non point de la langue littéraire romaine. Or, au cinquième et au sixième siècle, le latin vulgaire ne disait plus *spatium, sperare, stare*, etc..., mais *ispatium, isperare, istare*, comme on le voit par les inscriptions et les diplômes des temps mérovingiens. Cet *i* que le peuple avait ajouté pour faciliter l'émission du son, devint *e* en français : espace (ispatium), ester (istare), espérer (isperare), etc.

[2]. Il est inutile de dire que je passe sous silence les mots savants tels que : *scandale, stomacal, stoïque, stérile, spectateur*, etc.

*h*éron (eródius), *h*uis (óstium)[1], *h*urler (ullắre, forme du latin vulgaire pour ulŭlắre).

Addition d'un G : *g*renouille (ranúncula)[2].

Addition d'un T : *t*ante (*vieux fr.* ante, du l. ámita).

Addition d'un L (par la soudure de l'article au mot lui-même) : *L*ille (Insula), *l*ierre (hóedera), *l*uette (uvétta), *l*ors (hora), *l*endemain (vieux français *l'endemain* : voyez ci-dessous p. 233)[3].

CHAPITRE II

ADDITION DANS LE CORPS DU MOT OU ÉPENTHÈSE

Addition d'un H : Ca*h*ors (Cadúrci), enva*h*ir (invadére), tra*h*ir (tradére), tra*h*ison (traditíonem). Le moyen âge, d'accord en cela avec l'étymologie et la raison historique du mot, écrivait avec plus de logique : *envaïr, traïr, traïson*.

Addition d'un M : la*m*bruche (labrúsca).

Addition d'un N : la*n*gouste (locústa), la*n*terne (latérna), A*n*goulême (Iculísma), co*n*voiter (* cupitáre), co*n*combre (cucúmerem), jo*n*gleur (joculatórem), pei*n*tre (pictórem).

---

1. Sur le mot *huis*, et son dérivé *huissier*, voyez page 98.
2. *Grenouille* est en vieux français *renouille*, forme qui ne vient point du latin classique *ranuncula*, mais du latin vulgaire *ranucla*, fréquent dans les textes du sixième siècle ; sur le changement de *cl* en *il* (ranu*cl*a, renou*ill*e), voyez page 123.
3. Au lieu de dire *le lendemain, le lierre, la luette*, qui sont de grossières erreurs du quinzième siècle, le moyen âge disait correctement *l'endemain, l'ierre, l'uette*.

Addition d'un R : *fro*r*onde (fú*nda), per*d*rix (perdí-cem), *tré*sor (thesaúrus).

Quant à l'addition d'un *b* dans les compositions latines *mr*, *ml*, etc..., cha*mb*re (cámera), hú*mb*le (humilis), voyez ci-dessus, page 125.

CHAPITRE III

ADDITION A LA FIN DU MOT OU ÉPITHÈSE

Addition d'un S : lis (li*l*ium), legs (légatum), tandis (tam diu), jadis (jam diu), sans (sine), certes (certe), etc....

III

De la soustraction des lettres.

Les lettres soustraites des mots primitifs peuvent être retranchées soit au commencement du mot (*aphérèse*), soit dans le corps du mot (*syncope*), soit à la fin du mot (*apocope*).

CHAPITRE I

SOUSTRACTION AU COMMENCEMENT DU MOT OU APHÉRÈSE

§ 1. Aphérèse des voyelles.

Boutique (apothéca), blé (ablátum), migraine (ἡμικρανία), leur (illórum), riz (oryza), diamant (adamántem), le (ílle), Gers (Egírius), sciatique (ischiadícus), Natolie (Anatólia), Pouille (Apúlia).

§ 2. Aphérèse des consonnes

Tisane (ptisána), pâmer (*spasmáre), loir (glíris), neum (pneuma), or (hora), orge (hórdeum), on (homo), avoir (habére). Voyez ci-dessus, page 129.

CHAPITRE II

SOUSTRACTION DANS LE CORPS DU MOT OU SYNCOPE

§ 1. Syncope des voyelles.

Nous avons vu [1], suivant quelle loi les voyelles latines passaient en français : la voyelle tonique persiste *toujours;* des voyelles atones, les brèves disparaissent à deux places : 1° quand elles se trouvent immédiatement avant la tonique, *posítúra = posture*, 2° quand elles sont pénultièmes, *regŭla = règle*. — Quant aux atones longues, elles subsistent toujours.

§ 2. Syncope des consonnes.

Dans tout mot, les consonnes peuvent occuper deux positions différentes par rapport aux voyelles : ou bien elles sont placées entre deux voyelles comme *b* dans

---

1. Pages 120-121.

tabanus, et on les nomme alors consonnes *médianes*, — ou bien elles sont suivies d'une autre consonne comme *b* dans *submissum* : ce sont les consonnes *non-médianes*.

Consonnes non-médianes. Des consonnes doubles telles que *bm* dans *submissum*, c'est ordinairement la première qui disparaît en français : sujet (su*b*jectus), soumis (su*b*missus), déroute (derup*t*a), noces (nup*t*iæ), chétif (ca*p*tivus), peser (pe*n*sare), avoué (a*d*vocatus), coquille (co*n*chylium), etc.[1]... — C'est ainsi que l's latin qui avait persisté dans la plupart des mots français jusqu'à la fin du seizième siècle (ancien français *aspre, pastre, paste,* du latin *asper, pastor,* * *pasta*). disparut au dix-septième siècle, et sa suppression fut marquée par un accent circonflexe, *âpre, pâtre, pâle*[2].

Consonnes médianes La chute des consonnes médianes est un phénomène important dans la formation de notre langue :

Chute des *Dentales*. D : cruel (cru*d*élis), suer (su*d*áre), dénué (denu*d*átus), moelle (me*d*úlla), obéir (obe*d*ire), — T : douer (do*t*áre), douaire (do*t*árium), muer (mu*t*áre), rond (ro*t*úndus), saluer (salu*t*áre).

Chute des *Gutturales*, C : plier (pli*c*áre), jouer (jo-

---

1. La syncope des consonnes a été peu étudiée jusqu'à présent et l'on ignore encore à quelle loi précise elle se rattache ; je me propose de publier prochainement quelques observations sur ce point obscur de la philologie romane.

2. Sauf dans les trois mots *mouche* (musca), *louche* (luscus), *citerne* (cisterna), où l's a disparu dès l'origine

cáre), *voyelle* (vocális), *délié* (delicátus), *prier* (precáre), — G : *nier* (negáre), *géant* (gigántem), *nielle* (nigélla), *août* (augústus), *maître* (magíster).

Chute des *Labiales*, B : *taon* (tabánus), *viorne* (libúrnum), *ayant* (habéntem), — V : *paon* (pavónem), *peur* (pavórem), *viande* (vivénda [1]), *aïeul* (*avíolus).

CHAPITRE III

SOUSTRACTION A LA FIN DU MOT OU APOCOPE

§ 1. Apocope des voyelles.

Sur la chute des voyelles latines à la fin des mots, voyez page 122.

§ 2. Apocope des consonnes.

T : *gré* (grá*tum*), *aimé* (amá*tum*), *aigu* (acú*tus*), *écu* (scú*tum*), *abbé* (abbá*tem*), etc...

N : *four* (fur*nus*), *chair* (car*nem*), *cor* (cor*nu*), *hiver* (hibér*num*), *jour* (djur*num*), *cahier* (vieux français *quaier*, latin qua[t]ér*num*), *enfer* (infér*num*), *aubour* (albúr*num*).

L : *oui* (vieux français *oïl*, hoc-i*llud*), *nenni* (vieux français *nennil*, non-i*llud*).

---

1. Sur ce mot, voyez page 108.

PARTIE III

PROSODIE

La prosodie est cette partie de la grammaire qui traite des modifications apportées aux voyelles par la quantité et par l'accent. Les voyelles peuvent être modifiées de trois manières : 1º dans leur *nature*. (*A* peut devenir *O* par exemple). L'étude de ces modifications constitue la permutation des voyelles exposées page 91. — 2º Dans leur *longueur*. Elles peuvent être brèves comme dans *patte*, ou longues comme dans *pâtre*; c'est l'étude de la quantité. Il y a peu de chose à dire de la quantité, sinon qu'elle est très vague en français : elle n'est sûre que dans les mots tels que *mûr* (vieux français *meür*, matúrus), qui résultent d'une contraction, ou dans ceux comme *pâtre* (vieux français *pastre*), où l's a été supprimée ; dans tous les mots de ce genre, la longueur de la voyelle est certaine. — 3º Dans leur *élévation*. Elles peuvent être toniques (comme *a* dans *célibát*) ou *atones* (comme *a* dans *pardon*). C'est l'étude de l'accent. Il y a quatre sortes d'accents qu'il ne faut pas confondre, et que l'on confond souvent : l'accent *tonique*, l'accent *grammatical*, l'accent *oratoire*, l'accent *provincial*.

§ 1. Accent tonique.

On nomme *accent tonique* (disions-nous dans l'*Introduction* de ce livre), ou simplement *accent*, l'élévation de la voix qui dans un mot se fait sur une des syllabes : ainsi dans *raisón*, l'accent tonique est sur la dernière syllabe, et dans *raisonnáble* il est sur l'avant-dernière. On appelle donc *syllabe accentuée* ou *tonique* celle sur laquelle on appuie plus fortement que sur les autres. Cette élévation de la voix s'appelait en grec τόνος ou προσῳδία que les Latins ont traduit par *accentus*. L'accent tonique donne au mot sa physionomie propre et son caractère particulier, aussi l'a-t-on justement nommé « l'âme du mot. » En français, l'accent tonique n'occupe jamais que deux places : la dernière quand la terminaison est masculine (*chanteúr, aimér, finír, seigneúr*), l'avant-dernière quand la terminaison est féminine (*sauváge, vérre, pórche*). En latin, l'accent tonique n'occupe aussi que deux places : il est sur la pénultième quand elle est longue (*cantórem, amáre, finíre, senióremm*), et quand elle est brève sur l'antépénultième (*sylváticus, pórticus,*). En comparant entre eux les exemples latins et français que nous venons de citer, le lecteur remarquera aussitôt que l'accent latin persiste en français, c'est-à-dire que la syllabe qui était accentuée en latin, est aussi la syllabe accentuée en français (*cantórem* = *chanteúr*, *amáre* = *aimér*, *finíre* = finír, *senióremm* = seigneúr). Ce fait de la persistance de l'accent latin est d'une importance considérable, et c'est, on peut le dire, la clef de la formation de la langue française; j'en ai expliqué l'utilité dans l'Introduction de ce livre, à laquelle je demande la permission de renvoyer le lecteur.

§ 2. Accent grammatical.

La grammaire française a trois espèces d'accents : l'accent *aigu*, l'accent *grave*, l'accent *circonflexe*. Pris dans ce sens, l'accent est un signe grammatical qui sert dans l'orthographe à trois usages différents :

1° Tantôt l'accent dénote la prononciation de certaines voyelles, *bonté, règle, pôte;* 2° tantôt il indique la suppression de certaines lettres, *pâtre* (pastor), *âpre* (asper), *âne* (asinus), qui étaient dans l'ancienne langue *pastre, aspre, asne;* tantôt enfin il est employé à distinguer l'un de l'autre deux mots qui s'écrivent de même bien qu'ayant des acceptions différentes : *du* et *dû,* — *des* et *dès,* — *la* et *là,* — *tu* et *tû,* — *sur* et *sûr*, etc... [1].

§ 3. Accent oratoire.

Tandis que l'accent tonique s'exerce sur les syllabes dans l'intérieur des mots, l'accent oratoire ou phraséologique s'exerce sur les mots dans l'intérieur des

---

1. Cf. Littré, *Dict. hist.*, v° Accent. Ces accents grammaticaux qui servent de signe dans l'écriture sont très-différents dans le grec et dans le français qui pourtant les a pris du grec. Les accents aigu, grave, circonflexe, dans le grec, servent uniquement à noter la syllabe qui a l'accent tonique, et désignent des nuances de cette intonation. Dans notre

phrases. L'accent oratoire rentre dans le domaine de la déclamation et n'a pu naturellement exercer aucune influence sur la transformation des mots latins en mots français [1]. Nous n'aurons donc point à nous en occuper ici.

§ 4. Accent provincial.

On désigne sous ce nom l'intonation propre à chaque province, et différente de l'intonation du bon parler de Paris, prise pour règle. C'est dans ce sens qu'on dit que pour bien parler il ne faut pas avoir d'accent. L'étude de ces inflexions, particulières aux habitants de certaines provinces, ne rentre point dans notre sujet, et nous devons la laisser de côté.

Disons seulement que la prononciation provinciale se borne à donner à un mot deux accents, et à restreindre la valeur de l'accent principal, en lui adjoignant un demi-petit accent.

---

langue, au contraire, les accents aigu, grave, circonflexe n'ont aucun rapport avec l'accent tonique et étymologique et ne sont que des signes purement orthographiques.

1. Voyez. G. Paris. *Accent latin*, p. 8.

LIVRE II

FLEXION OU ÉTUDE DES FORMES GRAMMATICALES

LIVRE II

FLEXION OU ÉTUDE DES FORMES GRAMMATICALES

Le livre II sera consacré tout entier à l'étude des flexions, c'est-à-dire des modifications qu'éprouvent un mot qui se décline, un verbe qui se conjugue. La déclinaison (*substantif, article, adjectif, pronom*) — et la conjugaison — formeront naturellement les deux divisions de ce livre.

Pour compléter l'étude des parties du discours, nous placerons ici les mots invariables, bien qu'ils n'éprouvent pas de flexion.

PARTIE I

DÉCLINAISON

SECTION I

Substantif

Nous examinerons successivement dans les substantifs le *cas*, le *genre*, le *nombre*.

§ 1. Cas.

Des six cas de la déclinaison latine, un seul, le nominatif, marquait le sujet, les cinq autres indiquaient le régime. Si nous considérons le latin d'un côté, le français de l'autre, nous voyons que les six cas de la langue mère se sont réduits à un seul dans la langue dérivée. Comment ce fait s'est-il produit? Les six cas ont-ils toujours existé en latin, ou bien le français n'a-t-il jamais eu plus d'un cas? C'est encore l'histoire de la langue qui va nous fournir l'explication de ce phénomène.

La tendance à simplifier et à réduire le nombre de cas se fit sentir de bonne heure dans la langue latine vulgaire; les cas exprimaient des nuances de la pensée trop délicates et trop subtiles pour que l'esprit grossier des Barbares pût se complaire dans ces fines distinctions. Incapables de manier cette machine savante et compliquée de la déclinaison latine, ils en fabriquaient une à leur usage, simplifiant les ressorts et réduisant le nombre des effets, quittes à reproduire plus souvent le même; ainsi, les Romains distinguaient par des désinences casuelles le lieu où l'on se trouve du lieu où l'on va : *veniunt ad domum, sunt in domo*. Impuissants à saisir ces nuances délicates, ils ne voyaient point l'utilité de cette distinction, et disaient indifféremment : *sum in domum, eo ad rivum*, etc.

Aussi, dès le cinquième siècle, bien avant l'apparition des premiers écrits en langue française, le latin vulgaire réduisit le nombre des cas à deux : le nominatif, pour indiquer le sujet; pour indiquer le régime, il choisit comme type l'accusatif qui revenait le plus fréquemment dans le discours[1]. Dès lors la déclinaison latine fut ainsi constituée : un cas-sujet *muru-s*, un cas-régime *muru-m*.

La langue française n'est que le produit du lent développement de la langue vulgaire romaine, et la grammaire française, qui n'est à l'origine que la continuation de la grammaire latine, hérita de ce système

---

[1]. Ce fait a été rigoureusement établi par M. Paul Meyer, en 1860, dans une Thèse de l'École des Chartes, et d'après l'étude des textes latins aux temps mérovingiens.

et posséda dès sa naissance une déclinaison parfaitement régulière, cas sujet *mur-s* (mur*us*), cas-régime *mur* (mur*um*). On disait donc ce *mur-s* est haut; j'ai construit un *mur*[1].

C'est précisément cette déclinaison à deux cas qui constitue la différence essentielle de l'ancien français et du français moderne. Cette déclinaison disparut au quatorzième siècle (comme nous l'expliquerons plus loin), non sans laisser dans la langue moderne maints débris, qui nous apparaissent comme autant d'exceptions insolubles, et qui trouvent leur explication et leur raison historique dans la connaissance de l'ancienne déclinaison française.

Les paradigmes de cette déclinaison sont au nombre de trois, correspondant aux trois déclinaisons latines :

SINGULIER.

rósa — róse	múru-s — murs	pástor — pâtre[2]
rósam	múru-m — mur	pastórem — pasteur

PLURIEL.

rósa — róses	múri — mur	pastóres — pasteurs
rósas	múros — murs	pastóres — pasteurs

---

1. On voit immédiatement la conséquence de cette distinction des cas; du moment que c'est la forme du mot (comme en latin), — et non plus sa position (comme en français moderne), qui donne le sens de la phrase, les inversions étaient possibles. Aussi sont-elles fréquentes dans l'ancien français. On disait indifféremment le *rois* conduit le cheval (*caballum* conduit *rex*), ou comme en latin : le cheval conduit le *rois*. Grâce à l'*s* désinentielle qui est la marque du sujet *roi-s* (*rex*), il n'y a point d'ambiguïté possible.

2. *Pâtre*, s'écrivait en vieux français *pastre*. Pastre et pasteur n'étaient point en vieux français, deux mots distincts, mais bien les deux cas d'un même mot.

On disait au sujet : *la rose est belle, le murs est haut, le pâtre est venu ;* au régime, *j'ai vu la rose, le mur, le pasteur,* etc...[1].

A l'inspection des trois paradigmes, on est frappé de ce fait : d'une part que l'accent latin est toujours respecté, et de l'autre que (sauf un cas) le français prend s *partout où le latin* le met, en un mot que la déclinaison française repose sur les lois naturelles de la dérivation.

Entre le latin qui est synthétique, et le français moderne qui est analytique nous trouvons un état intermédiaire, une demi-synthèse. C'est la déclinaison du vieux français, qui marque un temps d'arrêt dans cette marche de la synthèse vers l'analyse[2]. Mais ce système était encore trop compliqué pour les esprits du treizième siècle : de même que les Barbares avaient réduit

---

[1]. Dans tous ces exemples de notre ancienne langue il fallait écrire *li murs* et non *le mur*, *li* étant le nominatif singulier et *le* l'accusatif, comme on le verra tout à l'heure au chapitre de l'article ; mais voulant conduire le lecteur du connu à l'inconnu, nous nous sommes abstenus.

[2]. Raynouard qui a retrouvé en 1811 les lois de la déclinaison française, leur donna le nom de *règle de l's*, à cause de l's qui marque fréquemment le sujet. Cette découverte est un des plus grands services qui aient été rendus à l'étude de notre ancien idiome et à l'histoire de notre langue. « Sans cette clef, dit très justement M. Littré, tout paraît exception ou barbarie ; avec cette clef on découvre un système écourté sans doute, si on le compare au latin, mais régulier et élégant. » On discute beaucoup l'utilité et le rigoureux emploi de cette règle de l's pendant la durée du moyen âge : son utilité pratique est restreinte, elle a été violée plus d'une fois ; mais c'est son existence (beaucoup plus que son utilité), qui constitue un fait du plus haut intérêt, car elle nous permet de constater la transition du latin au français, et comme une halte dans la marche de la synthèse vers l'analyse.

à deux les six cas de la déclinaison latine, le treizième siècle imagina qu'il était beaucoup plus régulier de réduire à une seule ces trois déclinaisons françaises. On prit comme type la deuxième déclinaison, parce qu'elle était la plus fréquemment employée, et on appliqua aux deux autres les règles de celle-ci. Or la caractéristique de cette déclinaison était un s au cas-sujet du singulier : murs (murus). On dit alors, contrairement au génie de la langue française, et aux lois de la dérivation latine : *le pastres* comme on disait *le murs*. On violait ainsi les règles de la dérivation, car en latin *pástor* n'a point d's au cas-sujet, et n'en a pas besoin, puisqu'il se distingue de l'accusatif *pastórem* par la place de l'accent tonique. Cette adjonction d'un s au nominatif de tous les mots comme *pastor*, qui ont une double forme en français (*pastre*, *pasteur*), semblait simplifier la flexion des noms, elle la compliqua au contraire, et c'est cette erreur qui a détruit le système de la déclinaison française. Car c'était fonder notre déclinaison sur un fait purement artificiel et arbitraire, l'adjonction d'un s, tandis qu'elle reposait auparavant sur les lois naturelles de la dérivation. On voit que dans sa première période (neuvième-douzième siècle) la déclinaison française repose sur l'étymologie ; et dans la deuxième (douzième-quatorzième siècle), sur l'analogie : la première est naturelle, la seconde artificielle ; la première était faite avec l'oreille, la seconde avec les yeux.

La déclinaison française de la première époque, nous venons de le voir, était naturelle, basée sur l'étymologie, et les lois de la dérivation, mais précisément à cause de cela, elle était particulièrement fragile, « puisqu'elle n'avait que des règles de seconde main, c'est-à-dire des relations avec la forme et l'accentuation latines et qu'elle n'avait point de soutien et de garantie dans l'enchaînement même de sa propre langue[1]. » Aussi la déclinaison française était-elle promptement condamnée à périr et la malencontreuse réforme qui consista à unifier les trois déclinaisons en soumettant les faits particuliers au fait le plus général ne réussit point à la sauver de la ruine. Rejetée par le peuple, dès le treizième siècle, constamment violée à la même époque par les lettrés, la déclinaison français achève de se décomposer au quatorzième siècle. disparaît, et la distinction d'un cas sujet et d'un cas-régime est abandonnée; on se borne désormais à n'employer qu'un seul cas pour chaque nombre. Mais lequel des deux subsista? Ce fut le cas régime (*falcónem-faucon*); il était ordinairement plus allongé et plus consistant que le sujet, et revenait plus fréquemment que lui dans le discours. Dès lors le cas sujet disparut (*fálco*, en vieux fr. *fauc*) : la déclinaison moderne était créée.

Cette adoption du cas régime comme type du substantif latin, eut une conséquence curieuse pour la formation des nombres. Dans le paradigme,

SINGULIER.	PLURIEL.
murus — mur-s	*muri* — mur
murum — mur	*muros* — mur-s

1. M. Littré.

le cas régime était pour le singulier, *mur*, pour le pluriel *mur-s*. Au quatorzième siècle, la nouvelle déclinaison prenant le cas régime pour type, il en résulta que l's du cas régime muros (*murs*), devenait pour la langue française la marque du pluriel, et que l'absence d's au cas régime *mur* (murum), était déclarée la marque du singulier.

Si l'on avait au contraire adopté, comme type, le cas sujet, et abandonné le cas régime, on aurait eu *murs* (murus), au singulier, au pluriel *mur* (muri), et l's qui est aujourd'hui la marque du pluriel, fût devenu dès lors la marque du singulier.

Du jour où la présence de l's final cesse d'être le caractère propre des cas pour devenir la marque distinctive des nombres, la déclinaison française du moyen âge avait disparu ; le quinzième siècle l'ignora complétement, et lorsqu'au temps de Louis XI, Villon essaye, dans une ballade, d'imiter le langage du treizième siècle, il néglige d'observer cette règle de l's que nous avons retrouvée ; dès lors son imitation manque du cachet distinctif du moyen âge. Il est piquant de voir relever, au dix-neuvième siècle, les fautes commises par un écrivain qui tentait d'écrire au quinzième siècle un pastiche du treizième.

La déclinaison à deux cas étant, comme on l'a vu, le caractère distinctif et fondamental de l'ancien français, cette perte des cas est ce qui a le plus rapidement et le plus sûrement vieilli la langue antérieure au quatorzième siècle, et établi entre les deux ères de notre idiome le vieux français et le français moderne, une démarcation bien plus profonde qu'il en existe en italien et en espagnol, entre le langage du treizième siècle et celui du dix-neuvième.

Il subsiste cependant de l'ancienne déclinaison française quelques vestiges importants, qui nous apparaissent aujourd'hui comme des anomalies inexplicables, et dont l'histoire de la langue française peut fournir seule la solution. Avant d'aborder l'étude des genres, reprenons une à une l'étude des déclinaisons de l'ancien français, pour rechercher les traces qu'elles ont laissées dans le français moderne.

1° *Deuxième déclinaison.* Nous avons supprimé le cas-sujet, et conservé le cas-régime (*mur*-murum, *serf*-servum, etc...). Cependant il nous est resté quelques débris du cas-sujet dans les neufs mots suivants : fils (filius), fonds (fundus), lacs (laqueus), legs (legatus), lis (lilius), lez (latus)[1], puits (puteus), rets (retis), queux (coquus), qui dans l'ancien français, étaient au cas-régime : *fil* (filium), *fond* (fundum), *lac* (laqueum), *leg* (legatum), *li* (lilium), *le* (latum), *puit* (puteum), *ret* (retem), *queu* (coquum). On voit qu'ici c'est le cas-régime qui a disparu, et le sujet qui a persisté[2].

---

1. *s*, *y*, *z*, sont équivalents en vieux français, comme signes orthographiques ; ainsi *voix* (vox) s'écrivait indifféremment *voix*, *vois*, *voiz*. Une trace de cet usage est restée dan *nez* (nasus), *lez* (latus), et dans les pluriels en *x* (*cailloux*, *feux*, *maux*) qui en vieux français s'écrivaient aussi bien avec *s* qu'avec *x*.

2. Il en est de même dans quelques noms propres, Charles (*Carolus*), Louis (*Ludovicus*), Vervins (*Verbinus*), Orléans (*Aurelianus*), etc....

C'est aussi par l'histoire de la seconde déclinaison qu'on peut expliquer la formation du pluriel en *aux* : mal, *maux;* cheval, *chevaux*, etc....

Le paradigme de la seconde déclinaison était au treizième siècle :

SINGULIER.	PLURIEL.
mals (malus)	*mal* (mali)
mal (malum)	*mals* (malos)

Or *l* s'adoucissant en *u* quand il est suivi d'une consonne (*paume*-palma, *aube*-alba, *sauf*-salvus), — *mals* devint *maus* :

SINGULIER.	PLURIEL.
maus (malus)	*mal* (mali)
mal (malum)	*maus* (malos)

Quand le quatorzième siècle détruisit la déclinaison en abandonnant les cas-sujets pour ne conserver que le régime, on eut alors au singulier *mal* (malum), au pluriel *maus* ou *maux* (malos). De même pour *chevaux*, *travaux*, *baux*, etc....

2° *Troisième déclinaison.* — En latin, l'accent se déplace (dans cette déclinaison) quand le mot passe du nominatif aux cas obliques, *pástor-pastórem*. Il en résulta, nous l'avons vu, pour la troisième déclinaison française, une double forme : l'une *pástre* (pastor) au cas-sujet, l'autre *pasteur* (pastórem) au cas régime. Là, comme dans la deuxième déclinaison, c'est le cas régime qui l'emporta au quatorzième siècle : on peut s'en convaincre en jetant les yeux sur ce paradigme de l'ancienne déclinaison française :

  ábbas — abbe,   ábbatem — abbé
  fálco — fauc,   falcónem — faucon
  látro — lerre,   latrónem — larron
  sérpens — serpe serpéntem — serpent
  ínfans — enfe,   infántem — enfant etc.

Les sujets *abbe, fauc, lerre, serpe, enfe* ont disparu, les régimes *abbé, faucon, larron, serpent, enfant* ont persisté.

Dans quelques mots très peu nombreux, c'est au contraire le régime qui a disparu :

  sóror — sœur,   sorórem — seror
  píctor — peintre, pictórem — painteur
  antecéssor — ancêtre antecessórem — ancesseur
  tráditor — traitre (v. fr. *traître*), traditórem — traiteur

Dans beaucoup d'autres mots, les deux formes, sujet et régime, ont subsisté parallèlement, mais au lieu de rester les deux cas d'un même mot, elles devinrent des mots différents, — tels sont :

  cántor — chantre, cantórem — chanteur
  pástor — pâtre,   pastórem — pasteur
  sénior — sire (v. fr. *sinre*), seniórem — seigneur[1]

---

1. Le génitif latin a laissé quelques traces dans l'ancien français. Il es inutile de citer ces formes, puisque le français moderne les a rejetées à l'exception toutefois de *leur* (illorum), et *chandeleur* (candelarum [festa].)

§ 2. Genres.

Des trois genres que possédait la langue latine, le français n'adopta que le masculin et le féminin. Le neutre disparut, et on ne peut qu'en approuver la suppression, car la langue latine avait tout à fait perdu le sentiment des raisons, qui à l'origine avaient donné à tel objet plutôt le neutre que le masculin, et le bas-latin en réunissant celui-ci à celui-là, préparait cette simplification du langage, que les langues romanes ont adoptée. Le neutre n'est utile que là, où, comme dans l'anglais, il appartient exclusivement à ce qui n'est ni mâle, ni femelle.

Cette suppression du neutre, qui remonte à une époque fort ancienne et bien antérieure à l'invasion des Barbares, s'est opérée de deux façons :

1º Les substantifs neutres ont été réunis au masculin. On trouve dans Plaute *dorsus, ævus, collus, gutturem, cubitus*, etc...; dans les inscriptions antérieures au quatrième siècle, *brachius, monumentus, collegius, fatus, metallus*, etc...; dans la *Lex salica : animalem, retem, membrus, vestigius, precius, folius, palatius, templus, tectus, stabulus, judicius, placitus*, etc.... Il est d'ailleurs inutile de multiplier les preuves de ce fait, qu'un rhéteur de l'Empire, Curius Fortunatianus, avait déjà observé et qu'il nous a transmis en ces termes : « *Romani vernacula plurima et neutra multa masculino genere potius enuntiant, ut* hunc *theatrum, et* hunc *prodigium*[1]. »

2º Les substantifs neutres se fondirent dans les noms féminins, le pluriel neutre en *a* (*pecora*) ayant été pris (par suite d'une erreur étrange) pour un nominatif singulier de la première déclinaison. On trouve dans des textes du cinquième siècle des accusatifs tels que *pecoras, pergamenam, pecoram, vestimentas*, etc....

Notons maintenant quelques particularités de l'ancienne langue qui nous aideront à expliquer les anomalies telles qu'*amour, orgue, hymne, délices* (véritables inconséquences grammaticales).

Tous les noms abstraits en *or* qui étaient masculins en latin devinrent féminins en passant en français : *dolórem*-douleur, *errórem*-erreur, *calórem*-chaleur, *amórem*-amour. Ce féminin en contradiction avec le latin, chagrina les latinistes du seizième siècle ; aimant mieux parler latin que français, ils essayèrent de rendre le masculin à tous ces noms et de dire *le douleur, le chaleur*. Cette tentative eut tout l'insuccès qu'elle méritait ; cependant *honneur* et *labeur* en sont restés masculins, et c'est depuis lors qu'*amour* a les deux genres [2].

Hymne était originairement masculin, et le genre féminin qu'on lui attribue en parlant des hymnes d'église n'a rien qui se justifie, soit dans l'étymologie, soit dans l'histoire du mot.

---

1. P. Meyer. *Étude sur l'hist. de la langue française*, p. 31, 32, Littré, p. 106.
2. Littré, I, 106.

Quant au mot *gens*, il est proprement féminin, et l'idée qu'il exprime (hommes, individus) est du genre masculin ; de là une lutte qui a amené ce mot à posséder les deux genres. Mais on peut dire en général que ces distinctions de mots masculins par devant, féminins par derrière (*automne*, *gens*, etc…), de mots masculins au singulier, féminins au pluriel (*amour*, *orgue*, *délices*, etc…) ne sont que des barbarismes et des subtilités oiseuses inventées par les grammairiens et que rien ne confirme dans l'histoire de la langue.

§. 3. Nombres.

Le français, comme le latin et le grec éolien[1], n'a que deux nombres : le singulier et le pluriel, — celui-ci distingué du premier par l'adjonction d'un s. Pourquoi cet s ? « Quand on considère le français moderne en soi, et sans se reporter à ses origines, il est impossible de comprendre pourquoi il a choisi cette lettre à l'effet de marquer la pluralité dans les noms. C'est, ce semble, quelque chose d'arbitraire : toute autre lettre aurait aussi bien convenu à un pareil office ; et l'on serait tenté de voir dans ce choix une convention des grammairiens qui s'entendirent pour établir ainsi une distinction entre le singulier et le pluriel ; distinction destinée aux yeux et nulle pour l'oreille, puisque dans la plupart des cas cet s ne sonne pas. Pourtant il

---

1. Le dialecte éolien ne connaissait point l'usage du duel, à la différence des trois autres dialectes de la langue grecque.

n'en est rien; et elle a sa raison d'être... Pour la justifier, il faut sortir du français moderne, et entrer dans le français ancien[1]. Là, nous trouvons, avant le quatorzième siècle, une déclinaison à deux cas :

SINGULIER : *murs* (murus).— *mur* (murum)
PLURIEL : *mur* (muri) — *murs* (muros).

Au quatorzième siècle on supprime, dans chaque nombre, le cas-sujet pour ne garder que le régime (*mur*-murum, *murs*-muros); le type du singulier étant *mur* (murum), celui du pluriel *murs* (muros), l's devient le signe caractéristique et la marque du pluriel. Si l'on avait au contraire pris pour type le cas-sujet, et abandonné le cas-régime, on aurait eu alors au singulier : murs (*murus*), au pluriel : mur (*muri*), et l's qui est aujourd'hui la marque du pluriel fût devenu la marque du singulier.

Certains substantifs tels que *vitrum*, *glacies*, etc., qui n'avaient point de pluriel en latin, l'ont en français : *verres*, *glaces*, etc.... D'autres, qui n'avaient point de singulier en latin, ont en français les deux nombres : *menace* (minaciæ), *noce* (nuptiæ), *relique* (reliquiæ), *gésier* (gigeria), *arme* (arma), *geste* (gesta), etc....

D'autres enfin qui possédaient en latin les deux nombres n'ont plus que le pluriel en français : *mœurs* (mores), *ancêtres* (antecéssor), *gens* (gens). Jusqu'au dix-septième siècle *gens* et *ancêtres* eurent un singulier, témoin ces vers de Malherbe :

> Oh! combien lors aura de veuves
> La *gent* qui porte le turban..

1. Littré, II, 357.

et La Fontaine: la *gent* trotte-menue. — *Ancêtre* a été employé au singulier pendant tout le moyen-âge, et plus tard par Voltaire, Montesquieu et Chateaubriand.

Il en est de même du mot *pleurs :* Bossuet disait encore, comme au dix-septième siècle: le *pleur* éternel.

SECTION II

Article

La langue latine n'avait point d'article, et bien que Quintilien ait prétendu qu'elle n'y perdait rien[1], il n'en est pas moins vrai que c'était là une imperfection réelle, et que, pour suppléer au manque d'article, les Romains employèrent souvent le pronom démonstratif *ille* pour la clarté du discours, dans les cas où nous employons aujourd'hui *le, la, les.* Les exemples abondent :

Annus ILLE *quo* (Cicéron). — ILLE *alter* (id.). — ILLE *rerum domina fortuna* (id.). *Quorsùm ducis asinum* ILLUM (Apulée). — *Funerata est par* ILLA *corporis mei quæ quondam Achilles eram* (Pétrone), etc... — *Væ autem homini* ILLI *per quem filius hominis tradetur* (St-Jérôme), etc...

Si de tels exemples ne sont pas rares dans la latinité classique, ils sont incomparablement plus fré-

---

[1] *Noster sermo articulos non desiderat* (De Institut. orator., 1, 4.) De tous les idiomes indo-européens, le grec et les langues germaniques emploient seuls l'article. Le latin et le slave n'eurent point d'article, et le sanscrit n'a qu'un article rudimentaire.

quents dans le latin vulgaire, surtout après la réduction à deux des six cas de la déclinaison, réduction qui s'opéra vers le cinquième siècle (comme je l'ai dit ailleurs)[1], et qui rendait nécessaire l'emploi d'un article ; le latin vulgaire appropria à cet usage le pronom *ille* : Dicebant ut *ille* teloneus de *illo* mercado ad *illos* necuciantes (*Charte du septième siècle*). Le pronom *ille* ainsi transformé, et réduit à deux cas, comme toute la déclinaison latine, devint en français :

SINGULIER.

	Masculin.	Féminin.
Sujet :	*Illi*—li.	*Illa*—la.
Régime :	*Illum*—le.	*Illam*—la.

PLURIEL.

	Masculin.	Féminin.
Sujet :	*Illi*—li.	*Illa* ⎫ les.
Régime :	*Illos*—les.	*Illas* ⎭

On disait, en distinguant soigneusement le régime du sujet :

Ille caballu-s fortis	Li cheval-s est fort
Vidi *illum* caballum	J'ai vu *le* cheval.

Lorsqu'au quatorzième siècle la déclinaison française disparut par la perte du cas-sujet et que le cas-régime subsista seul, on eut pour l'article masculin : *le* (illum), *les* (illos), et pour le féminin *la* (illam),

---

1. Page 34.

les (illas). Telle est l'origine de notre article moderne[1].

Combiné avec les prépositions *de, à, en,* l'article masculin a donné en vieux français :

Singulier : *del* (de le), — *al* (à lé), — *enl* (en le), qui sont devenus respectivement *del, deu, du,* — *al, au,* par l'adoucissement de *l* en *u* (voyez ci-dessus p. 99). — *Enl* a disparu du français moderne.

Pluriel : *dels* (de les), — *als* (à les), — *es* (en les), — *dels* et *als* sont devenus *des* et *aux*. Quant à la combinaison *es* (en les), elle a disparu de notre langue, non sans laisser quelques traces, telles que *maître-ès-arts, docteur-ès-sciences, ès-mains, Saint Pierre ès-liens,* etc...

---

1. Le lecteur a sans doute remarqué que l'article offre à la règle de persistance de l'accent latin en français une remarquable exception très bien expliquée par M. G. Paris. « Les comiques latins comptent la première syllabe de *ille, illa, illum,* comme une brève ; ces mots peuvent même être regardés tout à fait comme des enclitiques, comme le montre la composition *ellum, ellam* pour *en illum, en illam*. Si l'accent avait été marqué sur *ille,* jamais on n'aurait abrégé *il,* ni supprimé cette syllabe en composition. Aussi ne faut-il pas s'étonner, que par une exception unique, le français ait gardé de ce mot la syllabe de désinence *il-le* = le ; il-*la* = la ; il-*li* = lui ; il-*los* = les. »

SECTION III

Adjectif

CHAPITRE I

ADJECTIFS QUALIFICATIFS

§ 1. Cas et nombres.

Les adjectifs suivaient dans notre ancienne langue les mêmes règles de déclinaison que le substantif; comme lui ils eurent à l'origine deux cas distincts.

SINGULIER.

Sujet :   bon-*us*=bon-*s*
Régime :   bon-*um*=bon.

PLURIEL.

Sujet :   bon-*i*=bon
Régime :   bon-*os*=bon-*s*.

Comme lui aussi, ils abandonnèrent au quatorzième siècle le cas-sujet pour ne conserver que le régime. Il est donc inutile de reproduire ici les règles énoncées ci-dessus[1] et dont le lecteur pourra faire l'application aux adjectifs.

---

1. *Voy.* pages 146-153.

§ 2. Genres.

C'est un principe général qu'à l'origine la grammaire française n'est que la continuation et le prolongement de la grammaire latine ; par suite les adjectifs de l'ancien français suivent en tout point les adjectifs latins, c'est-à-dire que les adjectifs qui avaient chez les Romains une terminaison pour le masculin et une pour le féminin, *bonus-bona*, avaient aussi deux terminations en français ; et que ceux qui en avaient seulement une pour ces deux genres (homo *grandis*, femina *grandis*), n'en avaient qu'une en français : on disait au treizième siècle une *grand* femme, une âme *mortel* (mortalis), une coutume *cruel* (crudelis), une plaine *vert* (viridis), etc.... Le quatorzième siècle ne comprenant plus le motif de cette distinction, crut y voir une irrégularité, assimila à tort la seconde classe d'adjectifs à la première et contrairement à l'étymologie, il écrivit grande, crue*lle*, verte, morte*lle*, comme il écrivait *bonne*, etc... Cependant une trace de la formation correcte est restée dans les expressions *grand'mère, grand'route, grand'faim, grand'garde, grand'hâte, grand'chère*, etc..., qui sont des débris du parler ancien. Vaugelas et les grammairiens du dix-septième siècle, ignorant la raison historique de cet usage, décrétèrent étourdiment que la forme de ces mots résultait d'une suppression euphonique de l'*e* et qu'il fallait marquer cette suppression par une apostrophe (').

§ 3. Adjectifs pris substantivement.

Certains mots, substantifs en français moderne, mais provenant d'adjectifs latins, tels que *domestique* (domesticus), *sanglier* (singularius), *bouclier* (buccularius), *grenade* (granatum), *linge* (lineus), *coursier* (course), etc., étaient adjectifs dans notre ancienne langue, conformément à leur origine latine. On disait en vieux français :

Un serviteur domestique, c'est-à-dire un homme attaché au service de la maison (*domus*). L'ancienne langue, régulière dans sa formation, disait *domesche* (domésticus), respectant ainsi l'accent latin.

Un porc sanglier (porcus singuláris), c'est-à-dire un porc sauvage, qui vit solitairement ; on l'appelle de même en grec, μονίος (le *solitaire*).

Un écu bouclier (clypeus buccŭlărius), ce qui veut dire littéralement un écu bombé.

Une pomme grenade (pomum granatum), c'est-à-dire une pomme remplie de *pepins* (grana).

Un vêtement linge (vestimentum lineum), c'est-à-dire un habit de lin. — Sur le changement de *lineus* en *linge* ou de *eus* en *ge*, voir page 116.

Un cheval coursier, c'est-à-dire un cheval réservé à la course, par opposition aux chevaux de trait, etc.

Dans ces différentes expressions, l'épithète a fini par éliminer le substantif, et devenir le nom même de l'objet. C'est alors qu'on a dit : un *domestique*, un *sanglier*, un *linge*, un *coursier*, etc., comme nous disons aujourd'hui un *mort* au lieu d'un *homme mort*, un *mortel*, au lieu d'un *être mortel*, etc.

§ 4. Degrés de signification.

Ici, comme dans toute la déclinaison française, les particules ont chassé les flexions *or, imus*, qui marquaient en latin les degrés de signification, et ont pris leur place en français. En cela se reconnaît encore la tendance analytique des langues romanes :

Comparatif. Il se forme par l'addition des adverbes *plus, moins, aussi,* au positif, aussi bien dans l'ancienne langue que dans le français moderne. — Observons seulement qu'à côté de la forme *plus... que*, l'ancien français possédait, comme l'italien, la forme *de: Il est plus grand de moi*. On disait indifféremment: il est plus grand *de* moi, ou : il est plus grand *que* moi. De même en italien : *Plus grand que mon livre :* Piú grande *del* mio libro.

Quelques adjectifs ont conservé en français la forme synthétique du comparatif latin : *meilleur* (meliórem). L'accent se déplaçant au cas-régime (mélior-meliórem), il en résulte, comme nous l'avons vu, une double déclinaison, qui se résout, soit en un seul cas, soit dans la conservation des deux cas revêtus d'une signification différente.

Les cinq adjectifs *Bon, Mal, Grand, Petit, Moult* ont gardé leur comparatif :

Bon : mélior, vieux fr. *mieldre*—meliórem *meilleur*.

Mal : péjor, *pire* — pejórem, vieux fr. *pejeur*.
Grand : májor, *maire* — majórem, *majeur*.
Petit : mínor, *moindre* — minórem, *mineur*.
Moult (multus) : pluriôres, *plusieurs*.

Les formes neutres sont : *minus* (moins), *pejus* (pis), *plus* (plus), *mélius* (mieux, *vieux fr.* miels).

Ajoutons à cette liste la double forme sénior qui a donné le vieux fr. *sinre* [lequel est devenu *sire*, comme *prins* du latin *prensus* est devenu *pris*], et seniorem qui a donné *seigneur*.

Superlatif. Il se forme par l'addition de *le plus*, *très*, au positif. L'ancienne langue disait aussi bien *moult* (multum) *beau*, que *très-beau*.

Quelques superlatifs latins persistèrent en vieux français. On disait au douzième siècle : *saint-isme* (sanctíssimus), *altisme* (altíssimus), etc.[1]. Ils disparurent au quatorzième siècle. Quant à nos mots en *issime*, ils sont savants et ne remontent point au delà du seizième siècle : comme tous les mots qui ne datent point de la période populaire et spontanée, ils sont très mal formés, et violent la loi de l'accent : *Generalissime* (generalíssimus), *reverendissime*, *illustrissime*, etc.

---

1. Six siècles avant la naissance de notre langue, le latin vulgaire contractait déjà en *ismus*, les superlatifs en *issimus*, preuve de l'énergie croissante et de l'influence de l'accent latin. On trouve dans les *graffiti* de Pompéi, et les inscriptions des premiers temps de l'Épire *carismo, dulcisma, felicismus, splendidismus, pientismus vicésma*, etc., au lieu de *carissimo, dulcissima, felicissima, splendidissimus, pientissimus vicesima*, etc.

CHAPITRE II

NOMS DE NOMBRES

§ 1. Nombres cardinaux.

Unus et *Duo*, déclinables en latin, suivirent dans notre ancienne langue les mêmes vicissitudes que les substantifs et les adjectifs qualificatifs. Ils eurent, comme eux, deux cas jusqu'à la fin du treizième siècle

SUJET :   *Uns* (unus),   *Dui* (duo),
RÉGIME :   *Un* (unum),   *Deux* (duos),

On disait donc : *Uns* chevals et *dui* bœufs moururent (unus caballus et duo boves), — et : il tua *un* cheval et *deux* bœufs (unum caballum et duos boves).

Le sujet disparut au quatorzième siècle, et là comme partout, ce fut le cas-régime qui persista.

Les nombres *trois* (tres), *quatre* (quatuor), *cinq* (quinque), *six* (sex), *sept* (septem), *huit* (octo, veux fr. oit)[1], *neuf* (novem), *dix* (decem), n'offrent rien à remarquer.

Dans les mots *onze* (úndecim), *douze* (duódecim), *treize* (trédecim), *quatorze* (quatuórdecim), *quinze* (quíndecim), *seize* (sédecim), il est curieux de voir comment la position de l'accent tonique a fait com-

---

1. *Octo* = huit. Sur le changement du *ct* en *it*, voir page 95.

plétement disparaître le mot *decem*, qui donnait leur sens à *undecim*, *duodecim*, etc. [1].

Les noms qui servent à marquer les dizaines : *vingt* (vigínti), *trente* (trigínta), *quarante* (quadragínta), *cinquante* (quinquagínta), *soixante* (sexagínta), *septante* (septuagínta), *octante* (octagínta), *nonante* (nonagínta) dans lesquels le *g* latin a disparu, ont donné à l'origine *véint*, *tréante*, *quaréante*, etc., qui se sont plus tard contractés en *vingt*, *trente*, *quarante*, etc...

Au-dessus de cent, pour exprimer un nombre pair de dizaines (120, 140, 160, etc.), notre ancienne langue employait les multiples de vingt et disait *six-vingt* (120), *sept-vingt* (140), etc., c'est-à-dire six *fois* vingt, sept *fois* vingt, comme nous disons encore *quatre-vingts*, c'est-à-dire quatre *fois* vingt. Quelques traces de ce vieil usage ont persisté jusqu'à nous : ainsi l'hôpital des *Quinze-Vingts*, c'est-à-dire 15 × 20 ou 300 (il était fondé à la fin d'entretenir 300 aveugles) ; et les expressions de Bossuet et de Voltaire : *il y a six-vingts ans*.

Le latin *ambo* (les deux, tous les deux ensemble), donna en français l'adjectif *ambe* qui avait la même signification. On disait : *ambes mains*, *ambes parts*, etc., au lieu de *les deux mains*, *des deux parts*; ce mot est resté comme terme de jeu : *j'ai gagné un ambe à la loterie*, c'est-à-dire deux numéros.

---

[1] G. Paris. *Accent latin*, p. 61.

§ 2. Nombres ordinaux.

A l'exception de *premier* (primarius), *second* (secundus) tirés directement du latin, tous les nombres ordinaux sont formés par l'adjonction du suffixe *ième* (ésimus) aux nombres cardinaux correspondants : *deux*-ième, *trois*-ième, etc.

Notre ancienne langue avait adopté pour les dix premiers nombres ordinaux un système différent du nôtre : elle les tirait directement du latin, au lieu de les former du nombre cardinal français; c'est ainsi qu'elle disait : *tiers* (tértius), et non *trois-ième*, *quint* (quintus), et non *cinq-ième*. Ces dix nombres *prime* (primus), *second* (secundus), *tiers* (tertius), *quart* (quartus), *quint* (quintus), *sixte* (sextus), *setme* (séptimus), *oitave* (octavus), *none* (nonus), *disme* ou *dîme* (décimus), ont eu à partir du treizième siècle un sort intéressant :

PRIME (primus). — Remplacé dans la langue moderne par son diminutif *premier* (primárius), ce mot est resté dans les expressions : *prime*-abord, *prime*-saut, parer en *prime*, etc., c'est-à-dire : premier abord, premier saut, parer en première.

SECOND (secundus) — n'a pas été supplanté par *deux*-ième, et a persisté concurremment.

TIERS (tértius). — Resté dans *tiers-état*, *tiers-parti* et au féminin dans *tierce*-personne, parer en *tierce*, c'est-à-dire : troisième état, troisième parti, troisième personne, parer en troisième.

Quart (quartus). — Resté dans *fièvre-quarte*. La Fontaine disait encore au dix-septième siècle :

> Un *quart* voleur survint,

c'est-à-dire un quatrième voleur.

Quint (quintus). — Charles-*Quint*, c'est-à-dire Charles le *cinquième*, Sixte-*Quint*, etc... La *quinte* musicale. Le mot *quintessence* (quinta-essentia), qu'on écrivait autrefois *quinte-esssence*, est un terme d'alchimie indiquant le plus fort degré.

Sixte (sextus). — La *sixte* musicale, etc.

Setme (séptimus). — a disparu, laissant la place à *septième*. Il en est de même d'*oitave* (octavus) remplacé par *huit-ième*. Le mot *octave* est moderne, et d'origine italienne.

None. — On employait, au moyen âge, les nombres ordinaux pour désigner les heures : il est *prime*, il est *tierce*, il est *dîme*, c'est-à-dire : il est une heure, trois heures, dix heures. Des traces de cette manière de compter persistent dans le *Bréviaire* de l'Église catholique, où l'on indique les prières qu'on doit réciter à *prime* ou à *none*, c'est-à-dire à la *première*, à la *neuvième* heure du jour.

Dîme (décima). — La *dîme* jour, la *dîme* heure, disait-on au douzième siècle, pour le *dixième* jour, la *dixième* heure. — La *dîme* des récoltes, c'est-à-dire la *dixième* (partie) des récoltes.

SECTION IV

Pronoms.

Avant d'examiner en détail les six classes de pronoms *personnels, possessifs, démonstratifs, relatifs, interrogatifs* et *indéfinis,* notons qu'ici, — comme pour le substantif, l'article et l'adjectif, — notre ancienne langue possédait une déclinaison à deux cas, distinguait le sujet du régime jusqu'à la fin du treizième siècle, et qu'ici comme ailleurs, c'est le régime qui a seul persisté dans la langue moderne.

CHAPITRE I

PRONOMS PERSONNELS

Les pronoms personnels latins donnèrent à notre langue les formes suivantes :

	1re personne	2e personne	3e personne
SINGULIER.			
SUJET............	Ego — Je	tu — tu	Ille — il, Illa — elle
RÉGIME DIRECT...	Me — me	te — te	Illum — le, Illam — la
— INDIRECT.	Mî — moi[1]	tibi — toi	Illi — lui
PLURIEL.			
SUJET............	Nos — nous	vos — vous	Illi — ils
RÉGIME DIRECT...	Nos — nous	vos — vous	Illos. — ils[2], illasc — lles

Jusqu'à la fin du treizième siècle, la déclinaison à deux cas fut soigneusement observée ; *je* (ego), *tu* (tu), *il* (ille), servirent exclusivement à exprimer le sujet, — *me* (me), *te* (te), *le* (illum), le régime direct, — *moi* (mí), *toi* (tibí), *lui* (illi), le régime indirect. — Tandis

---

1. *Moi* (mí), *toi* (tibi), *soi* (sibi), étaient au onzième siècle *mi*, *ti*, *si*. C'est par l'adjonction du suffixe *en* à cette forme ancienne qu'ont été formés les pronoms possessifs *mi-en*, *ti-en*, *si-en*. — Tout au contraire de l'usage moderne, les pronoms possessifs étaient suivis, au moyen âge, de l'objet possédé ; on disait : le *mien* frère, la *mienne* terre, un *tien* vassal, etc. Cette règle disparut au quatorzième siècle ; il nous en reste quelques traces dans les expressions suivantes : un mien *cousin*, le tien *propre*, une sienne *tante*, etc.

2. *Illos* a aussi donné *eux*, qui était *els* au treizième siècle, et plus anciennement *ils*.

que nous disons, par une faute étrange, *moi qui lis, toi qui chantes, lui qui vient*, mettant ainsi le régime à la place du sujet, — l'ancien français disait correctement *je qui lis* (ego qui lego), *tu qui chantes* (tu qui cantas), *il qui vient* (ille qui venit), etc... C'est seulement à partir du quatorzième siècle que s'obscurcit la distinction du sujet et du régime et que la confusion commence; nous n'avons plus aujourd'hui de forme spéciale pour le sujet, puisque dans certains cas nous le rendons *je, tu, il*, dans d'autres par *moi, toi, lui*. — Un débris de l'ancien usage est resté dans la formule de pratique : *Je, soussigné, déclare...*

Bien que la formation des pronoms personnels n'offre aucune difficulté, nous dirons quelques mots de leur origine et de leur développement :

1° JE et *ego* qui semblent si fort éloignés l'un de l'autre, ne sont qu'un seul et même mot. Je est *jo* dans les textes du treizième siècle, Villehardouin, par exemple; — au dixième siècle, il est *io*, et nous ne trouvons plus que la forme *eo* dans les fameux serments de 842: *eo salvarai cest meon fradre Karlo* (ego salvabo eccistum meum fratrem Karolum). — *E(g)o* a perdu *g* et est devenu *eo*, comme *li(g)o* est devenu *lie*, *ne(g)o* nie, *ni(g)ella*, nielle, *gi(g)antem*, géant, etc... Quant au changement de *eo* en *io*, les exemples en sont fort nombreux [1] : — *io* est devenu *jo* comme *Dibionem* est devenu *Dijon*, et *gobionem*, goujon. Sur le changement très régulier de *i* en *j* (voir page 115).

---

1. Voir page 115.

2° En. Le latin *indè* avait reçu, dans la langue populaire, l'acception de *ex illo, ab illo* :

> Cadus erat vini ; *indè* implevi Cirneam.
> (Plaute, *Amphyt.*, i, 1.)

Cet emploi de *indè* fut très fréquent dans la basse latinité, et les textes mérovingiens en offrent de nombreux exemples : *Si potis* indè *manducare*, si tu peux *en* manger (dans une *Formule* du septième siècle), — *Ut mater nostra ecclesia Viennensis* indè *nostra hæres fiat* (dans un diplôme de 543), etc.... *Indè* devint en français *int* qu'on trouve dans les *Serments* de 842, — au dixième siècle il est *ent*[1], au douzième *en*.

3° Y était dans notre ancienne langue *i*, et à l'origine *iv*[2], qui n'est autre que le latin *ibi*, fréquemment employé dans la langue vulgaire pour *illi, illis* : « *Dono* ibi *terram.... tradimus* ibi *terram* »(Charte de 883). — Quant au changement de *b* en *v* (*iv* de *ibi*), il ne fait point difficulté, témoin *couver* de *cubare*, *livre* de *libra*, *fève* de *faba*, etc.

---

1. Cette forme *ent* est restée dans le mot *souvent*, qui vient du latin *subindè*.

2. Dans les *Serments* de 842 : « *in nulla adjudha contra Lodhuwig nun li iv er* », c'est-à-dire en latin du temps : « *in nullam adjutam contra Ludovicum non illi ibi ero.* »

CHAPITRE II

PRONOMS POSSESSIFS

Ils étaient dans l'ancienne déclinaison française :

SINGULIER.

Sujet :	Meus-*mis*,	mea-*ma*
Régime :	Meum-*mon*,	meam-*ma*.

PLURIEL.

Sujet :	Mei-*mi*,	meæ-*me*
Régime :	Meos-*mes*,	meas-*mes*[1].

Au quatorzième siècle la déclinaison s'effaça (pour des causes que nous avons exposées ailleurs), et les sujets *mis* (meus), *mi* (mei), *me* (meæ), disparurent, cédant la place au régime *mon* (meum), *ma* (meam), *mes* (meos).

A côté de ce changement nécessaire et régulier, se produisit au quatorzième siècle une perturbation grossière : l'ancien français, à l'imitation du latin, avait un pronom distinct pour chaque genre; *mon* (meum) était exclusivement réservé pour le masculin, *ma* (meam) pour le féminin; devant les substantifs féminins qui commençaient par une voyelle, *ma* devenait *m'*, comme l'article *la* devenait *l'*; on disait *m'espérance* pour *ma espérance*, comme on dit *l'espérance* pour *la*

---

1. Ce paradigme (*mon, ma, mes*), s'applique de même à *ton, ta, tes*, — *son, sa, ses*. *Leur* qui vient d'*illórum*, était invariable, et avec raison; on disait *leur terres* (illorum terræ), conformément à l'étymologie : *leurs* est une orthographe moderne et illogique.

espérance. *Ta* et *sa* devinrent de même *t'*, *s'* : *t'amie* et *l'âme* au lieu de *ta amie* et de *ta âme*. Cette distinction commode, claire, qui est étymologique et fondée sur une juste connaissance de la langue, disparut à la fin du quatorzième siècle. Au siècle suivant, on ne dit plus *m'âme*, *t'espérance*, *t'amie*, mais comme aujourd'hui *mon âme*, *ton espérance*, *ton amie*, accolant ainsi par une erreur détestable le pronom masculin *mon* (meum) à un substantif du genre féminin. Ce solécisme a persisté, et la construction de l'ancien français est tombée dans l'oubli[1]. « C'est ainsi que
« les choses se changent et aujourd'hui notre oreille
« serait aussi étonnée d'entendre *m'espérance* que
« l'oreille d'un homme du douzième siècle l'aurait été
« d'entendre *mon espérance*. Seulement remarquons
« que la logique grammaticale est pour lui, et que nous
« n'avons pour nous que la sanction brutale de l'usage.
« A qui remonte vers l'antiquité, la logique gram-
« maticale se montre de plus en plus sûre et exacte ;
« ce qui ne veut pas dire qu'une langue qui, en che-
« minant, fait nécessairement des pertes de ce côté,
« ne puisse les compenser et au delà par d'autres qua-
« lités. Ce qui ne veut pas dire non plus que je pro-
« teste contre l'usage actuel et qu'en grammairien
« inexorable je désire qu'on efface le solécisme et
« qu'on restitue l'ancienne régularité[2]. »

1. Elle est restée dans l'expression *m'amour* : *Allez*, m'amour, et dites à votre notaire qu'il expédie ce que vous savez. (Molière, *Malade imaginaire*, III, 2).
2. Littré, *Histoire de la langue française*, II, 415.

CHAPITRE III

PRONOMS DÉMONSTRATIFS

Les pronoms démonstratifs français sont au nombre de trois 1° *cet,* 2° *celui,* 3° *ce,* combinés l'un et l'autre aux deux adverbes *ci* et *là.*

I. CE. — Au treizième siècle, *ço;* au onzième, il devient *ico,* c'est-à-dire *ecce-hoc.*

II. CET. — Dans notre ancienne langue *cest,* plus anciennement *cist,* et au douzième siècle *icist,* c'est-à-dire *ecciste.*

III. CELUI. — En vieux français *celui* est le cas-régime de *cel* ou *cil,* qui est plus anciennement *icil,* c'est-à-dire *eccille.* Voilà pour l'étymologie[1].

Quant au sens, *cist* ou *cest* ou *cet* avaient celui du latin *hic,* et servaient à indiquer les objets les plus rapprochés; *cil, cel* ou *celui* avait le sens de *ille* et servaient à désigner les objets les plus éloignés: ainsi dans la fable de La Fontaine (III, 8), les vers

> Vivaient le cygne et l'oison,
> *Celui-là* destiné pour les regards du maître.
> *Celui-ci* pour son goût,

eussent été au treizième siècle :

> Vivaient le cygne et l'oison
> *Icil* (ou *cil*) destiné pour les regards du maître,
> *Icest* (ou *cest*) pour son goût

---

1. CEUX, vieux français *iceux,* représente *eccillos,* comme *eux* (nous l'avons vu p. 173), représente *illos.*

PRONOMS RELATIFS. 179

Disons en terminant que les expressions *celui-ci*, *celui-là*, qui remplacent *icist*, *icil*, ne remontent pas au delà du quinzième siècle[1].

CHAPITRE IV

PRONOMS RELATIFS

Les pronoms relatifs (et l'on comprend aussi sous ce chef les pronoms *interrogatifs*) sont au nombre de cinq : *qui, que, quoi, dont, quel* et leurs composés *le-quel, la-quelle*, etc.

I. QUI, QUE, QUOI viennent respectivement du latin *qui, quam, quid*.

II. DONT vient du latin *de-unde* : *unde* donna *ont* dans notre ancienne langue : « le chemin par *ont* (où) l'on va. » — *Unde*, joint à la préposition *de* (de unde) devint *dont*, qui veut dire littéralement *d'où* : « Il me demanda *dont* je venais. » — *Dont* fut encore employé dans ce sens jusqu'à la fin du dix-huitième siècle :

Le mont Aventin
Dont il l'aurait vu faire une horrible descente.
(Corneille, *Nic.*, V, 2.)

---

[1]. *Icelle* subsiste encore en style de procédure :
De ma cause et des faits renfermés en *icelle*.
(RACINE, *Plaideurs*).

Il en est de même de *cettui* (ce) qui n'est plus usité que dans le style marotique : *Cettui* Richard était juge dans Pise (LA FONTAINE). *Cettui* pays n'est pays de Cocagne (VOLTAIRE). — *Cettui* est le cas-régime du pronom dont *cet* (*cest* ou *cist*) est le nominatif, comme *celui* est le cas-régime de *cil*.

Rentre dans le néant *dont* je t'ai fait sortir.
(Racine, *Bajaz.*, II, 1.)

Ma vie est dans les camps *dont* vous m'avez tiré.
(Voltaire, *Fanat.*, II, 1.)

CHAPITRE V.

PRONOMS INDÉFINIS.

Les pronoms indéfinis sont au nombre de vingt :

AUCUN. Ce mot qui s'écrivait au treizième siècle *alcun*, et *alqun* au douzième, est un composé de *alques*, comme *chacun* est un composé de *chaque*, et *quelqu'un* de *quelque*. — ALIQUIS donna en vieux français *alque :* aliqui venerunt, *Alque vinrent*, disait notre ancienne langue. — *Alque* est donc l'équivalent de *quelque*, et *alqun* (alqu'un) l'équivalent de *quelqu'un*. L'histoire et l'étymologie d'*aucun* montrent que ce mot a un sens essentiellement affirmatif : Avez-vous entendu *aucun* discours qui vous fît croire. Allez au bord de la mer attendre les vaisseaux, et si vous en voyez *aucuns*, revenez me le dire. Phèdre était si succinct qu'*aucuns* l'en ont blamé (La Fontaine, *Fables,* VI, 1). — *Aucun* devient négatif quand il est accompagné de *ne* : J'en attendais trois, *aucun* ne vint. — Mais il ne faut pas perdre de vue qu'en lui-même et de sa nature *aucun* est positif et signifie *quelqu'un*.

AUTRE, en vieux français *altre* du latin *alter*. Nous avons vu (p. 178) que *cil* avait pour complément *celui*, — et *cet, cettui*; *autre* avait de même pour complément *autrui* qui veut dire proprement *de l'autre*, et qui par suite n'avait point d'article dans notre ancienne langue : on disait le *cheval autrui* ou mieux l'*autrui cheval* (alteri equus), pour : le cheval d'un autre.

CHAQUE. Les formes que ce mot a successivement revêtues sont, au treizième siècle, *chasque* et plus anciennement *chesque*, qui n'est autre que le latin *quisque*, lequel a donné *quesque* puis *chesque*. — Par l'addition du mot *un*, on obtient le composé *chasqu'un* qui dès le quatorzième siècle s'écrivait déjà *chacun*, et représente *quisque-unus*.

MAINT, qui veut dire *nombreux*, vient de l'Allemand *manch* [1] qui a le même sens.

MÊME. L'histoire de ce mot est un exemple fort curieux de la contraction qu'éprouve le latin dans son passage au français. *Même* qui s'écrivait au seizième siècle *mesme*, au treizième *meesme* et *meïsme*, était à l'origine *medisme*. Or *medisme* n'est autre chose que le latin vulgaire *metipsimus*, employé par Pétrone, contraction du superlatif *metipsissimus* qu'on trouve dans le latin classique sous la forme d'*ipsissimusmet*, ce qui veut dire *tout à fait le même*. On a vu au chapitre des superlatifs (page 167) comment les suffixes en *issimus* avaient été contractés en *ismus* par le latin vulgaire, et avaient fourni à notre ancienne langue des superlatifs en *isme*.

[1]. Les formes sont pour le gothique *manags*, pour le vieil haut allemand *manac*.

Nul, du latin *nullus*, avait pour accusatif *nullui*, comme *cel, cet, autre* étaient au cas-régime *celui, cetui, autrui*.

On, qui était au douzième siècle *om*, et plus anciennement *hom*, n'est point autre chose qu'*homo*, et veut dire proprement *un homme*. « On lui amène son destrier, » c'est-à-dire un homme lui amène son destrier.

A l'origine les deux sens (*homme* et *on*) étaient confondus, et le mot *om* servait pour les deux cas : on disait au sens de *homo* : li *om* que je vis hier, est mort, — et au sens de *dicitur* : li *om* dit que nous devons tous mourir. La traduction moderne dans le premier cas est : l'*homme* que je vis hier, etc., dans le second : l'*on* dit que, etc...

On, comme nous le voyons, était originairement substantif; dès lors rien d'étonnant à ce qu'il soit précédé de l'article (l'on).

Plusieurs, à côté duquel coexistait la forme *plurieurs* vient du latin *pluriores*.

Quant. Le latin *quantus, a*, donna au vieux français le pronom *quant, e*. Le féminin qui a disparu du courant de la langue moderne est resté dans l'expression *toutes et quantes fois*.

Quelque (du l. *qualisquam*). Quiconque vient de *quicumque*, et Quelconque de *qualiscumque*.

Au moyen âge l'expression *quelque... que* était inconnue, on employait dans ce sens, et avec plus de raison l'expression *quel... que* : « *A quelle heure que* je vienne, je ne puis vous rencontrer, » tandis que nous disons : à quelque heure que je vienne, je ne puis, etc... — La première tournure est logique, la seconde n'est qu'un pléonasme barbare.

TEL, du latin *talis*.

TOUT, en vieux français *tot* du latin *totum*.

UN. Dans le latin classique, le nom de nombre *unus* était déjà employé pléonastiquement pour signifier *un certain* :

> *Una* aderit mulier lepida. (Plaute.)
> *Unum* vidi mortuum afferri. (Id.)
> Forte *unam* adspicio adolescentulam. (Id.)

Dans tous ces exemples *unus* a le sens de *quidam*, et c'est aussi la signification de *un* en français.

Sur PERSONNE et RIEN, voir p. 213.

PARTIE II

CONJUGAISON

Préliminaires

« La conjugaison est peut-être la partie que les langues romanes ont traitée avec le plus d'originalité, qu'elles ont le plus profondément renouvelée. Des voix se sont perdues, des modes, des temps ont disparu, d'autres ont été créés que ne connaissait pas la langue-mère ; les conjugaisons ont été mêlées l'une avec l'autre et classées d'après d'autres principes ; enfin la décomposition a été complète, et c'est bien un édifice nouveau qui est sorti des débris de l'ancien[1]. »

Tout en nous réservant d'étudier dans les chapitres subséquents les changements qu'a subis la conjugaison latine dans ses voix, ses modes, ses temps et ses personnes, mentionnons dès à présent d'une manière sommaire toutes ses transformations.

I. Voix. Sans parler de la création des auxiliaires, le changement le plus important est la perte de la voix passive. Le passif latin a été supprimé et remplacé par

---

1. G. Paris, *Accent latin*, p. 63.

la combinaison du participe passé avec le verbe *être*. Au reste, cette transformation était déjà accomplie dans le latin vulgaire; les textes du sixième siècle abondent en expressions de ce genre : Ut ibi luminaria debeant *esse procurata* (au lieu de *procurari*). — Hoc volo *esse donatum* (pour *donari*). — Quod ei nostra largitate *est concessum* (pour *conceditur*)... Je prends ces exemples au hasard dans les chartes et les diplômes mérovingiens.

Les verbes déponents ont pris la forme active en passant en français, ou, pour parler plus exactément, ils avaient déjà perdu la forme déponente dans le latin vulgaire, et même dans les comiques latins qui reproduisent, comme on sait, beaucoup de formes de la langue populaire. On trouve dans Plaute *arbitrare, moderare, munerare, partire, venerare*, etc..., au lieu d'*arbitrari, moderari, munerari, partiri, venerari*. — Et dans les fragments des Atellanes: *Complectite, Frustrarent, Irascere* (irasci), *Mirabs, Ominas*, etc...

C'est pour cette raison que *suivent, naissent*, etc..., viennent de *séquunt, náscunt*, et non de *sequúntur, nascúntur* qui auraient donné *suivónt, naissont*.

II. Modes. Le supin et le gérondif ont disparu, un nouveau mode, le *conditionnel*, a été créé.

III. Temps. Les modifications introduites dans la conjugaison latine sont ici au nombre de deux. 1° Les temps passés cessent d'être exprimés par des désinences (*amavi, amaveram*), et deviennent des temps composés de l'auxiliaire *avoir* et du participe passé (j'ai aimé, habeo amatum)[1]. 2° La formation du futur a lieu à l'aide de l'auxiliaire *avoir*.

Le futur français ne vient point du temps latin correspondant (amabo), mais il est fourni par l'adjonction de *ai, as, a*, etc..., à l'infinitif du verbe : *aimer-ai, aimer-as, aimer-a*, etc....

Les Latins exprimaient fréquemment par *habeo* joint à l'infinitif du verbe le désir de faire quelque chose dans un temps futur. On trouve dans Cicéron : *Habeo etiam dicere*, — *Ad familiares habeo polliceri*, — *Habeo convenire*, — *Habeo ad te scribere*, — *Venire habet*, Il viendra (St-Augustin) ; cette tournure coexista chez les écrivains de l'Empire avec le futur ordinaire (*amabo*, etc.)..., et finit par le supplanter. Dès le sixième siècle, on trouve le plus souvent *partire habeo, amare habeo, venire habet in silvam*, et les formes régulières du futur,*amabo, partiar, veniet* semblent tombées dans l'oubli. Les langues romanes ou néo-latines en se détachant du latin, emportèrent ce futur nouveau, et conservant l'inversion latine *amare habeo* devint en français *aimer-ai*[2]. A l'origine les deux parties *aimer* et *ai* étaient séparables, et dans certaines langues néo-latines, le provençal par exemple, la réunion ne se fit pas forcément : *je vous dirai* y est indifféremment : *vos dirai* — ou — *dir vos ai*. En

---

1. Sauf pour l'indicatif imparfait, et parfait : *aimais* (amabam), *aimai* (amavi).

2. En italien, le latin *habeo* était *ho*, le futur *cantare-habeo* devient *canter-o* ; en espagnol *habeo=hè*, le futur est *cantar-è* ; en portugais *habeo=hey*, le futur est *canter-ey*.

français les deux thèmes verbaux ne tardèrent point à se souder l'un à l'autre, à devenir inséparables, et bientôt méconnaissables.

C'est un savant du siècle dernier, Lacurne de Sainte-Palaye, qui signala le premier ce mode de formation du temps futur, découverte confirmée par les travaux postérieurs de Raynouard et de Diez.

La conjugaison française s'est enrichie du conditionnel, mode ignoré de la conjugaison latine : tandis que le latin confondait dans *amarem, j'aimasse* et *j'aimerais*, nous avons séparé les deux sens pour attribuer à chacun d'eux une forme distincte : quel procédé avons-nous employé? Le conditionnel désigne un avenir au point de vue du passé, comme le futur désigne un avenir au point de vue du présent. Le français, pour exprimer cette nuance, a donc conçu le conditionnel sous la forme d'un infinitif (*aimer*) qui indique le futur et d'une finale qui indique le passé[1]. De là *aimer-ais, aimer-ais, aimer-ait*.

En un mot, le conditionnel a été construit sur le type du futur; celui-ci est formé avec le présent (aimer-ai), celui-là avec l'imparfait (aimer-ais).

III. Personnes. En français comme en latin s continue à caractériser la deuxième personne du singulier *amas-aimes, amabas-aimais,* etc.... — La première personne du singulier n'avait jamais d's en latin : *amo, credo, video, teneo,* et par suite, dans l'ancien français

---

1. *Ais, ais, ait, ions, iez, aient* représentent en français le latin *abam, as, at,* etc....

j'aime, je croi, je voi, je tien. Au quatorzième siècle s'introduisit l'habitude irrationnelle (puisqu'elle n'est point fondée sur l'étymologie) d'ajouter un *s* à la première personne et de dire je *viens*, je *tiens*, je *vois*. On trouve encore dans Corneille, dans Molière, dans La Fontaine, et dans Racine la forme correcte je *croi*, je *voi*, je *tien*, et Voltaire disait au dix-huitième siècle :

> La mort a respecté ces jours que je te *doi*
> (*Alzire*, II, 2.)

Mais ces locutions dont on ignorait la raison historique semblaient des licences poétiques.

Le *t* caractéristique de la 3ᵉ personne du singulier, ama*t*, vide*t*, legi*t*, audi*t*, persista dans l'ancien français : il aime*t*, il voi*t*, il li*t*, il ouï*t*, etc... Ce *t* étymologique disparut de la 1ʳᵉ conjugaison, tandis qu'il persistait dans il li*t*, il voi*t*, etc... C'est donc un vrai méfait grammatical que d'avoir ainsi brouillé les signes primordiaux et caractéristiques des personnes, signes que nous avait rapportés la tradition de la plus haute antiquité. On voit combien la régularité de l'ancienne grammaire ressort quand on prend pour point de comparaison les irrégularités survenues dans la grammaire moderne [1].

IV. Après avoir signalé les différences profondes qui séparent la conjugaison française des conjugaisons latines, il est difficile d'aborder l'étude des flexions

---

1. Littré, *Hist. de la langue française*, I, 17.

verbales en français sans dire quelques mots du rôle que joue l'accent latin dans notre conjugaison.

Considérés au point de vue de l'accent tonique, les verbes sont divisés en *forts* et en *faibles*, suivant que l'accent porte sur le radical (créscĕre), ou sur la terminaison (amáre) : ainsi *créscere, dicĭtis, ténui* en latin, — *croître, dîtes, tins,* en français, — sont des verbes *forts* parce qu'ils accentuent le radical ; *dormire, debétis, amavi* en latin, — *dormir, devez, aimai* en français, — sont des verbes faibles parce qu'ils accentuent la terminaison.

Cette division en verbes faibles et verbes forts — ou mieux en *formes* faibles et en *formes* fortes, car il n'y a pas à proprement parler de verbes qui soient complètement forts, c'est-à-dire qui accentuent le radical à tous les temps et à toutes les personnes, — cette division jette une vive lumière sur l'étude de la conjugaison française, comme nous le verrons au chapitre suivant.

La véritable classification naturelle des verbes français consisterait à les diviser en forts et en faibles ; c'est-à-dire suivant leur *forme* [1] ; pour ne point dérouter le lecteur, nous adopterons la classification artificielle des grammaires qui range les verbes suivant leur *fonction*, et les divise en auxiliaires, actifs, passifs, impersonnels, etc...

---

[1]. Elle ne serait point encore parfaite, puisqu'il n'y a pas de verbes complètement forts.

SECTION I

Verbes auxiliaires.

La différence la plus profonde qui sépare la conjugaison latine de la française, consiste en ce que le passif et plusieurs temps passés actifs sont exprimés en latin par des désinences (*amaveram, amor*), tandis qu'ils le sont en français par le participe du verbe, précédé d'*avoir* pour l'actif, et d'*être* pour le passif (j'avais aimé, je suis aimé).

Cette création des auxiliaires pour le service de la conjugaison, qui semble, au premier abord, étrangère au génie de la langue latine, ne fut point un fait isolé ou une innovation sans précédents; elle existait en germe dans l'idiome des Romains; Cicéron disait: De Cæsare satis *dictum habeo* (pour *dixi*). — *Habeas scriptum*... nomen (pour *scripseras*). — Quæ *habes instituta* perpolies (pour *instituti*); — et on trouve dans César: Vectigalia parvo pretio *redempta habet* (pour *redemit*) — copias quas *habebat paratas* (pour *paraverat*). On voit donc, au siècle d'Auguste, à côté de la forme synthétique[1] *dixi, scripseram, paravi,* etc..., poindre la forme analytique *habeo dictum, habebam scriptum, habeo paratum* qui sera un jour celle du latin vulgaire et des six langues romanes; cette seconde forme grandit à mesure que se développent les tendances analytiques

---

1. *Voy.* sur la différence des formes *synthétiques* et des formes *analytiques*, Egger, *Grammaire comparée*, p. 91.

de la langue, et à partir du sixième siècle, les textes latins en offrent de nombreux exemples. Il en est de même pour les flexions de la voix passive : le latin vulgaire les remplace par le verbe *sum* joint au participe du thème (*sum amatus* au lieu d'*amor*). Dans les recueils de diplômes mérovingiens, on trouve à chaque page ces formes nouvelles : Omnia quœ ibi *sunt aspecta* (pour *aspectam*), — sicut à nobis præsente tempore *est possessum* (pour *posseditur*), — hoc volo *esse donatum* (pour *donari*). — Quod ei nostra largitate *est concessum* (pour *conceditur*), etc...

De même qu'elles avaient abandonné dans la déclinaison les désinences casuelles pour les remplacer par des prépositions (caball-*i*, *du* cheval), — les langues nouvelles abandonnèrent dans la conjugaison les formes verbales des temps composés pour les remplacer par des auxiliaires, conséquence naturelle du besoin qui poussait la langue latine à passer de l'état synthétique à l'état analytique.

CHAPITRE I

ÊTRE

Le verbe *Esse* était défectif en latin, et il empruntait six temps (*fui, fueram, fuero, fuerim, fuissem, forem*) à l'inusité *fuere*. En français, le verbe *Être* est composé de trois verbes différents : 1° *Fuo* qui a donné le prétérit *fus* (*fui*), et le subjonctif *fusse* (*fuissem*). 2° *Stare* qui a donné le participe passé *été*, vieux fr.

esté (status). 3° *Esse* qui a fourni tous les autres temps.

I. Infinitif présent. *Être*, en vieux français *estre*.

Aux verbes défectifs tels que *velle, posse, offerre, inferre, esse*, qui étaient trop courts pour donner des infinitifs romans, le latin vulgaire ajouta la désinence *re* et les assimila faussement aux verbes de la deuxième conjugaison. — C'est ainsi que dès le sixième siècle on trouve dans les textes mérovingiens *volére* (pour *velle*), *potere* (pour *posse*), *offerrere* (pour *offerre*), *inferrere* (pour *inferre*), *essere* (pour *esse*).

Essere, étant accentué *éssere*, devint *éss're* ou *estre*, qui est notre infinitif français. Cette étymologie est d'ailleurs confirmée par la forme du verbe *être* dans les autres langues romanes, qui est *éssere* en italien, *ser* en espagnol, *ser* en portugais, *esser* en provençal.

A ceux d'ailleurs qui douteraient qu'*essere* ait jamais existé, il est aisé de répondre par des textes positifs :

Dans le Recueil d'inscriptions romaines de Gruter (n° 1062, 1), on lit cette épitaphe trouvée à Rome dans une église du septième siècle : *Cod estis fui et quod sum, essere abetis*, c'est-à-dire *quod estis, fui; et quod sum, esse habetis*. (Ce que vous êtes, je le fus, et ce que je suis, vous aurez à l'être.) Nous trouvons dans une série de diplômes carlovingiens[1], à l'année 820 : « *quod essere debuissent...* » — A

---

1. Pérard. *Recueil de pièces relatives à l'histoire de Bourgogne*, Paris, 1664, p. 34-36.

l'année 821 : « *essere* de beniflcio, » à l'année 836 : « quod de ista ecclesia Vulfaldo episcopus *essere* debuisset. » On trouve même cet allongement en *re* appliqué aux composés d'*esse* (tels qu'*adesse*, etc...), comme par exemple dans cette charte de 818 : « quom ingenuus *adessere*[1]. »

II. Participe présent : *Étant*. Il a été formé régulièrement de *être*, comme *mettant* de *mettre*.

III. Participe passé : *Été*, en ancien français, *esté*, du latin *stătus*.

IV. Indicatif présent : Du temps correspondant en latin.

Sui (sum). Le vieux français disait *sui* qui est) plus correct, l's final n'existant point en latin). — *Es* (es). — *Est* (est). — *Sommes* (súmus). — *Êtes*, en ancien français *Estes* (estis). — *Sont* (sunt).

V. Imparfait. *Étais* ne vient point du latin, mais il a été formé directement sur *être* comme *mettais* sur *mettre*[2]. — A côté de cet imparfait d'origine française,

---

[1]. On trouvera peut-être que j'ai trop insisté et trop cité pour prouver qu'*être* et *essere* sont un seul et même mot. J'ai voulu réfuter définitivement une erreur très-répandue et qu'on trouve reproduite partout, à savoir qu'*être* vient du latin *stare*. Comment *stare* eût-il pu devenir *être* puisqu'en latin l'accent est sur *sta* (stăre). D'ailleurs comment *stare* s'accorderait-il avec le provençal *esser*, l'italien *essere*, l'espagnol et le portugais *ser* ? Enfin on sait d'une manière précise que *stare* a donné en français *ester*, et il n'a pu donner autre chose. On dit *ester* en justice (stare in justitia). *Ester* est encore demeuré dans quelques composés, tels que *rester* (re-stare) ; *arrêter*, en vieux français *arrester* (adre-stare).

[2]. M. Littré (*Hist. de la langue française*, II, 201), et après lui

l'ancien français en possédait un second, tiré directement du latin : *j'ère* (eram), *tu ères* (eras), *il ert* (erat), etc... Cette forme disparut au quatorzième siècle.

VI. Passé défini. Du temps correspondant en latin.

Fus, en ancien français *fui* (fui), — *fus*, vieux français *fuis* (fuisti), — *fût* (fuit), — *fûmes* (fuimus : l'accent circonflexe dans ce mot est une erreur du seizième siècle et une faute contre l'étymologie), *fûtes*, ancien français *fustes* (fuistis), — *furent* (fuerunt).

VII. Futur et Conditionnel.

Serai, ancien français *esserai*. Notre futur étant une composition de l'infinitif du verbe et de l'auxiliaire *avoir* (aimerai, amare habeo), *Esserai* représente *essere-habeo* (esser-ai).

Il en est de même du conditionnel *serais* qui, au douzième siècle, était *esserais*. Sur la formation du conditionnel, voyez p. 187.

VIII. Subjonctif présent. Du temps correspondant en latin.

Sois, ancien français *soi* (sim), — *sois* (sis), — *soit* (sit), — *soient* (sint). — Les formes *soyons*, *soyez*, viennent de *siámus*, *siátis*, et non de *simus*, *sitis* (qui n'auraient pu donner que *soins*, *soiz*).

M. G. Paris (*Accent latin*, p. 79 et 132), ont démontré qu'*étais* ou *estois* ne pouvant venir de *stabam*. C'est par une erreur typographique que dans son *Dict. hist. de la langue française*, M. Littré (v° *Être* dit que « *étais* vient de *stabam*. »

IX. Imparfait. Du plus-que-parfait latin.

Fussé (fuíssem), — *fusses* (fuisses), — *fût*, ancien français *fuist* (fuísset), — *fuissons* (fuissémus), — *fussiez* (fuissetis), — *fussent* (fuissent).

X. Impératif.

Ce temps ne se compose que de formes empruntées au subjonctif (*sois, qu'il soit, soyons, soyez, qu'ils soient*) et ci-dessus étudiées.

CHAPITRE II

AVOIR

Observations générales. L'*h* initial d'*habere* (avoir) a disparu dans la conjugaison française, comme dans *orge* de *hordeum*, *on* de *homo*[1], *or* de *hora*, etc....

Le *b* latin est devenu *v* : habere = avoir, habebam = avais, comme dans : prouver (probare), couver (cubare), fève (faba), cheval (caballus), livre (libra), lèvre (labrum)[2], etc....

I. Infinitif présent.

Avoir, vieux français *aver*, du latin *habére*.

Participe présent.

Ayant, du latin *habéntem*. Le *b* médian a disparu en français, comme dans *viorne* (vi[b]urnum), taon (ta[b]anus)[3], etc....

---

1. Voyez, p. 136. — 2. Voyez, p. 108. — 3. Voyez, p. 138.

III. Participe passé.

Eu. Dans l'ancien français *eü, aü* ou *aüt*, et au onzième siècle *avut*, du latin *habitum*. A l'origine de notre langue, le *b* latin persistait, comme on le voit, par la forme *avut*.

IV. Indicatif présent. Du temps correspondant en latin.

Ai (hábeo), — *as* (hábes), — *a*, ancien français *ai* (hábet : le *t* de l'ancien français est étymologique), — *avons*, ancien français *avomes* (habémus), — *avez* (habétis), — *ont* (hábent).

V. Imparfait. Du temps correspondant en latin.

Avais, vieux français *avoi* ou *aveie* (habébam : l'ancienne langue, toujours correcte, et fidèle à l'étymologie latine, n'avait point d's à la première personne), — *avais* (habébas), — *avait* (habébat), — *avions*, ancien français *aviomes* (habebámus), — *aviez* (habebátis), — *avaient* (habebant).

VI. Prétérit. Du temps correspondant en latin.

Eus, ancien français *eu* (hábui), — *eus* (habuisti), — *eut* (habuit), — *eûmes* (ha[b]uimus), — *eûtes*, ancien français *eüstes* (ha[b]uistis), — *eurent* (ha[b]uerunt).

VII. Futur et Conditionnel.

Aurai en vieux français *avrai*, au douzième siècle *averai* — qui est composé de l'infinitif *aver* (voyez p. 186) et de l'auxiliaire *ai*, — reproduit *habere-habeo* et confirme une fois de plus la théorie de Raynouard sur la formation du futur[1]. On voit combien il est utile de citer les formes du vieux français (intermédiaire du latin et du français moderne); ces formes éclairent la transition et montrent comment s'est opéré le passage du latin à la langue moderne.

Le conditionnel *aurais*, ancien français *avrais*, se trouve dans les plus anciens textes sous la forme *averais*. Sur la formation du conditionnel (aver-ais), voyez page 187.

VIII. Subjonctif présent. Du temps correspondant en latin.

Aie (habeam), — *aies* (habeas), — *ait* (habeat), *ayons*, ancien français *aiomes* (ha[b]eamus), — *ayez* (ha[b]eatis), — *aient* (habeant).

IX. Imparfait. Du plus-que-parfait latin.

Eusse (ha[b]úissem), — *eussent* (ha[b]uisses), — *eût*, ancien français *eust, aüst* (ha[b]uisset), — *eussions* (ha-[b]uissémus), — *eussiez* (habuissetis), — *eussent* (ha-[b]uissent).

Remarque. Nous avons vu au § III, que le participe passé *eu* était anciennement dissyllabique *eü*, conformément à son étymologie. — Il est de même de notre imparfait. Le *b* médian ayant disparu, en français *ha(b)úissem* donna *aüsse*, qui devint au douzième siècle *eüsse*. C'est ainsi qu'on prononçait et qu'on comptait dans la versification *eüssions, eüssiez, eüssent*, etc....

---

1. Voyez p. 186.

X. Impératif.

L'impératif (*aie, ayons, ayez*), est composé de formes appartenant au subjonctif (voyez § VIII).

SECTION II

Classification des Verbes. Conjugaisons

Les verbes français, au nombre de 4060[1], sont répartis en quatre conjugaisons, suivant la terminaison de l'infinitif. La première terminée en *er*, comprend 3620 verbes. — La seconde comprend 350 verbes terminés en *ir*. — La troisième, terminée en *oir*, ne compte que 30 verbes seulement. — 60 verbes, terminés en *re*, forment la quatrième conjugaison.

On voit que la première conjugaison comprend à elle seule les neuf dixièmes des verbes français.

I. *Première conjugaison* (ER).

Notre conjugaison en *er* correspond à la conjugaison latine en *āre*. Comme on l'a vu ailleurs[2], a long devient *e* en français : *nāsus* (nez), *mòrtālis* (mortel), d'où *āre* = *er*, et *port-are* devient *port-er*.

A l'origine de la langue, cette conjugaison ne comprenait que des verbes latins en *are*, ayant par suite l'infinitif faible (*amāre, aimé*). Plus tard, les savants y ajoutèrent des verbes latins en *ere* tout à fait étran-

---

1. Je prends pour base de ce calcul le *Dictionnaire de l'Académie*. édition de 1835.
2. Cf. p. 118.

gers à la conjugaison française en *er*, dans laquelle ils font tache.

Les verbes en *ere* introduits dans la langue par les savants à partir du quatorzième siècle sont de deux sortes :

1° Ou bien ils ont l'infinitif faible (*ēre*), comme *persuadēre, exercēre, absorbēre, reverēre;* dans ce cas leur place était à la troisième conjugaison française, où ils auraient fait *persuadoir, exerçoir, absorboir, revéroir,* comme *habēre, debēre* font *avoir, devoir,* etc....

Nous avons, au lieu de cette formation régulière, les verbes bâtards *persuader, exercer, absorber, révérer,* etc.

2° Ou bien ils ont l'infinitif fort (*ĕre*), comme *affligĕre, imprimĕre, tĕxĕre;* ces verbes répondent à notre quatrième conjugaison en *re* (*véndĕre* = vendre); c'est dire qu'ils devaient être en français, non point *affliger, imprimer, tisser,* mais bien *afflire* (affligĕre), *empreindre* (imprimĕre), *tistre* (tĕxĕre), comme *pĕndĕre, vendĕre, tĕndĕre,* sont devenus *péndre, véndre, téndre* et non point *pender, vender, tender*[1].

Quant aux verbes en *īre*, il n'en existe qu'un seul dans notre conjugaison, c'est *tousser* (tussire), encore cette forme est-elle moderne, et le vieux français disait

---

[1]. Je n'invente point les verbes *afflire, empreindre, tistre* que je donne comme étant la forme régulière de *affligiere, imprimere, téxere* on les trouve employés dans les textes français du douzième siècle, au lieu de *affliger, imprimer, tisser.* Le dictionnaire de l'Académie donne ncore *empreindre* et *tistre.*

correctement *tussir*. — *Mouiller* et *chatouiller* qu'on serait tenté de ranger dans la même catégorie, ne viennent point de *mollīre, catulīre*, mais du latin vulgaire *molliáre, catulliáre*.

II. *Deuxième conjugaison* (IR).

La conjugaison française en *ir* correspond à la conjugaison latine en *īre*.

Elle comprend des verbes latins en *īre* (*finīre*-finir) en *ēre* (florére-fleurir), en *ĕre* (colligĕre-cueillir).

Les verbes de la seconde conjugaison française sont au nombre de 350, qu'on peut diviser en deux catégories bien distinctes :

1º Les verbes qui suivent à tous les temps, et à toutes les personnes, la conjugaison latine. Ainsi *venir* (venire) qui fait au présent *viens* (venio), à l'imparfait *venais* (veniebam), etc..., en un mot qui provient directement des formes correspondantes en latin.

2º Les verbes qui ajoutent *is* au radical, au lieu de se borner à reproduire les formes latines. Ainsi *fleurir* qui fait au présent *fleur-is*, à l'imparfait *fleur-iss-ais*, au lieu de *fleur* (floréo), *fleurais* (florebam), comme *venio, veniebam*, font *viens, venais*. — Quelle est l'origine de ces verbes si bizarrement construits, et quel procédé la langue française a-t-elle employé pour les créer ? — Il existe en latin des verbes tels que *du*rESCERE, *flor*ESCERE, *impl*ESCERE, *gemi*SCERE, qui marquent une augmentation graduelle de l'action exprimée par le radical (*durescere*, durcir de plus en plus), et que Priscien a nommés, pour cette raison, verbes inchoatifs. Ces verbes sont caractérisés par la forme *esc* qui est devenue *is* en français : *flor-esc-o* (fleur-is), *flor-esc-ebam* (fleur-iss-ais). — La langue française s'empara de cette particule, et l'ajouta aux verbes latins qui n'auraient pu donner en français que des formes trop écourtées. En même temps que notre langue adoptait la forme inchoative en *iss*, pour l'indicatif présent *empl-is* (impl-esc-o), l'imparfait *empl-iss-ais* (impl-esc-ebam), le participe présent *empl-iss-ant* (impl-esc-entem), le subjonctif *empl-isse* (impl-esc-am), et l'impératif *empl-is* (impl-esc-e), — elle la rejetait pour l'infinitif : *emplir* vient d'*implere; implescere* n'eût point donné *emplir*, mais *emplêtre*, comme *pascere* a donné *paître*. Par suite le futur et le conditionnel, formés comme nous l'avons dit p. 186, de l'infinitif du verbe et de l'auxiliaire *avoir* (emplir-ai), n'ont point reçu la forme inchoative, ainsi que le parfait de l'indicatif et celui du subjonctif qui viennent directement du latin.

En résumé, les verbes de la seconde conjugaison française se partagent en deux classes : I. Une série de verbes *inchoatifs,* qui sont de véritables verbes irréguliers, puisqu'ils sont inchoatifs dans cinq de leurs temps, et non inchoatifs dans cinq autres. — II. Un petit nombre de verbes *non inchoatifs* (*partir, venir*, etc...) qui sont le calque fidèle et la reproduction de la conjugaison latine, à tous les temps. Il semble au premier abord qu'on devait prendre ces derniers comme types de la deuxième conjugaison française —

et classer les verbes inchoatifs parmi les verbes irréguliers. C'est le contraire que les grammairiens ont fait; ils ont décidé que les verbes *non inchoatifs* seraient à l'avenir des verbes irréguliers — et que le type de la deuxième conjugaison et de la régularité se trouvait dans les verbes inchoatifs. Il est vrai qu'ils avaient pour eux le nombre. On compte seulement 22 verbes non inchoatifs, pour 329 inchoatifs[1].

III. *Troisième conjugaison* (OIR).

Notre conjugaison en *oir* répond à la conjugaison latine en ēre : *Hab-ēre* (Avoir), *Deb-ēre* (Devoir). Cette conjugaison compte en français trente verbes qu'on peut réduire à dix-sept, treize d'entre eux étant des composés.

A côté de ces infinitifs faibles en ēre, notre conjugaison renferme des infinitifs latins forts tels que *recevoir* (recipĕre), *savoir* (săpĕre), *falloir* (fállĕre), *concevoir* (concipĕre), etc....

IV. *Quatrième conjugaison* (RE).

Cette conjugaison qui correspond à la conjugaison forte des latins (*lég-ĕre*) comprend en français soixante verbes. Elle ne devrait contenir que des verbes forts

---

1. Les verbes non inchoatifs de la 2ᵉ conjugaison sont les suivants: *bouillir, courir, couvrir, cueillir, dormir, faillir, fuir, mentir, mourir, offrir, ouvrir, partir, guérir, repentir, sentir, sortir, souffrir, tenir, tressaillir, venir, vêtir*. Plusieurs verbes qui n'ont aujourd'hui que les formes inchoatives, nous offrent dans l'ancienne langue des formes simples qu'ils ont perdues depuis. C'est ainsi qu'on trouve *ils emplent* (implunt) au lieu d'*ils emplissent* (implescunt), *ils gèment* (gemunt) au lieu d'*ils gémissent* (gemescunt), *gémant* (gementem), au lieu de *gém-iss-ant* (gemescentem), etc...

en latin (*lire*-légĕre, deféndĕre-*défendre*); par suite d'un déplacement fautif de l'accent, elle comprend des verbes faibles tels que *ridēre, respondēre, tondēre, mordēre, placēre, tacēre*, qui auraient dû donner *ridoir, repondoir, tondoir*, etc..., tandis qu'ils ont été accentués à tort sur le radical (ridĕre), etc..., et sous cette forme, ils sont devenus *rire, répondre, tondre, mordre, plaire, taire*, etc....

Avant d'aborder l'étude des conjugaisons, il est bon de prévenir le lecteur que les conjugaisons en *oir* et en *re* ne diffèrent entre elles que par la forme de leur infinitif :

Recev-*oir* — Recev-*ant* — Rec-*u* — Rec-*ois* — Rec-*us*
Croi-*re* — Croy-*ant* — Cr-*u* — Cr-*ois* — Cr-*us*

Les différences que ces deux conjugaisons peuvent présenter, proviennent d'une altération du radical, et non point d'un changement dans la flexion. On peut donc très-légitimement fondre ces deux conjugaisons en une seule, et dire qu'il existe en français trois conjugaisons, la première en *er*, la seconde en *ir*, la troisième en *oir* ou *re*. C'est dans cet ordre que je me propose d'étudier en détail chacune d'elles.

SECTION III

Formation des Temps

Pour éclairer le lecteur sur la formation de nos trois conjugaisons françaises (*er-ir-oir-re*), le tableau suivant réunit ces conjugaisons à tous les temps et à

TABLEAU DE FORMATION DES TROIS CONJUGAISONS FRANÇAISES.

PREMIÈRE CONJUGAISON.		DEUXIÈME CONJUGAISON.				TROISIÈME CONJUGAISON.	
		I. Non inchoative.		II. Inchoative.			
LATIN.	FRANÇAIS.	LATIN.	FRANÇAIS.	LATIN.	FRANÇAIS.	LATIN.	FRANÇAIS.

INDICATIF PRÉSENT.

— o	— e	— io	— s	—.isc-o, ésc-o	— is	— eo	— s
— as	— es	— is	— s		— is	— es	— s
— at	— et, e	— it	— t		— it	— et	— t
— ámus	— omes, ons	— imus	— ons		— issons	— émus	— ons
— atis	— ez	— itis	— ez		— issez	— étis	— ez
— ant	— ent	— iunt	— ent		— issent	— ent	— ent

IMPARFAIT.

— abam	— ève, oie, ais	— iébam	— oie, ais	— isc-ébam	— iss-ais	— ébam	— ois, ais
— abas	— ais	— iébas	— ais		— iss-ais	— ébas	— ais
— abat	— ait	— iébat	— ait		— iss-ait	— ébat	— ait
— abámus	— ions	— iebámus	— ions		— iss-ions	— ébamus	— ions
— abátis	— iez	— iebátis	— iez		— iss-iez	— ébatis	— iez
— abant	— aient	— iébant	— aient		— iss-aient	— ébant	— aient

PARFAIT.

— avi	— ai	— ivi	— i, is		»	— evi	— i, is
— avisti	— as	— ivisti	— is		»	— evisti	— is
— avit	— at, a	— ivit	— it		»	— evit	— it
— avimus	— âmes	— ivimus	— imes		»	— evimus	— imes
— avistis	— astes, âtes	— ivistis	— îtes		»	— evistis	— îtes
— averunt.	— èrent	— iverunt	— irent		»	— everunt	— irent

SUBJONCTIF PRÉSENT.

— em	— e	— iam	— e	— isc-am	— isse	— eam	— e
— es	— es	— ias	— es		— isses	— eas	— es
— et	— et, e	— iat	— et, e		— isse	— eat	— et, e
— emus	— ions	— iamus	— ions		— issions	— eamus	— ions
— etis	— iez	— iatis	— iez		— issiez	— eatis	— iez
— ent	— ent	— iant	— ent		— issent	— eant	— ent

IMPARFAIT.

— avissem	— aisse, as	— ivissem	— isse	»	»	— evissem	— isse
— avisses	— asses	— ivisses	— isses	»	»	— evisses	— isses
— avisset	— aîst, at	— ivisset	— ist, it	»	»	— evisset	— it
— avissémus	— assions	— ivissémus	— issions	»	»	— evissémus	— issions
— avissétis	— assiez	— ivissétis	— issiez	»	»	— evissétis	— issiez
— avissent	— assent	— ivissent	— issent	»	»	— evissent	— issent

IMPÉRATIF.

— a	— e	— i	— s		— is	— e	— s

INFINITIF

— are	— er	— ire	— ir	»	»	— ere	— re (oir)

PARTICIPE.

— antem	— ant	— iéntem	— ant	— isc-entem	— iss-ant	— entem	— ant
— atus	— et, é	— itus	— it, i	»	»	— etus, utus	— uit, ut, u

toutes les personnes de chaque mode. En face de la forme latine, est placée la forme française qui en est dérivée, — et quand cela a été nécessaire, nous avons mis, entre les deux (pour marquer la transition), la forme du vieux français.

Ainsi, quand on lit à la première personne du pluriel de l'indicatif présent,

Amus — *omes*, ons,

cela signifie que ámus a donné en ancien français *omes*, qui est devenu *ons* en français moderne. Toutes les désinences latines qui figurent dans ce tableau sans être surmontées d'un accent, sont muettes en français

Remarques.

I. INDICATIF PRÉSENT.

C'est à tort qu'on ajoute *s* à la première personne (dans la deuxième et la troisième conjugaison), pars, rends. Cette lettre, contraire à l'étymologie (video, réddo), n'existait point dans l'ancien français, qui disait : *je rend, je voi,* conservant avec raison la lettre *s* pour caractériser la deuxième personne du singulier, tu rends (reddis), tu vois (vides).

Sur l'origine de cet *s* à la première personne du singulier, voir ce qui a été dit plus haut (p. 188).

Le *t* caractéristique de la troisième personne du singulier, — ama*t*, vide*t*, legi*t*, audi*t*, — persista dans l'ancien français, *il aimeT*[1], il voi*t*, il li*t*, il ouï*t*. Par une de ces inconséquences dont notre langue n'offre que trop d'exemples, ce *t* étymologique disparut de la première conjugaison (il aime), tandis qu'il persistait dans les autres (il li*t*, voi*t*, ouï*t*).

La première personne du pluriel *amămus* était à l'origine non pas aim-*ons*, mais *aim-omes*. Plus tard, toutes ces désinences en *omes* s'assourdirent en *ons*, et le seul débris qui en soit resté dans la langue moderne est *sommes* (sumus), qui aurait dû faire *sons*, comme aim-*omes* fait aim-*ons*.

La troisième conjugaison latine (légěre), avait fortes la première et la deuxième personne du pluriel *légĭmus*, *légĭtis*, qui auraient dû donner *limes*, *lites*, et non *lisóns*, *liséz*, qui sont des formes faibles. C'est à tort qu'on a accentué la terminaison et prononcé *legīmus*, *legītis*, qui dès lors ont donné *lisons*, *lisez*. *Dites* (dícĭtis), et *faites* (fácĭtis), qui apparaissent comme des exceptions dans notre conjugaison moderne, sont au contraire très régulièrement formés. Notre ancienne langue avait aussi forte la première personne du pluriel de ces mêmes verbes, *dîmes* (dícimus), au lieu de *disons*, et *faimes* (facimus), au lieu de *faisons*.

II. Imparfait.

Abam devint en français suivant les dialectes (et en allant du midi au nord) *ève*, *oie*, *eie*, *oue*. C'est ainsi qu'*amabam* était en dialecte bourguignon *am-ève*, en dialecte de l'Ile-de-France ou français *am-oie*, en dia-

---

1. Dans il *aimet*, *et* est muet, comme *ent* dans ils *aiment*.

lecte normand *amoue* [1], Le dialecte de l'Ile-de-France ayant peu à peu supplanté tous les autres [2], son imparfait *oie* (abam) prévalut et devint le type de notre imparfait actuel.—Au quatorzième siècle, on ajouta fautivement une s à la première personne du singulier, et on eut ainsi la forme *ois* (am*ois*) qui prévalut jusqu'à la fin du dix-huitième siècle, époque où Voltaire lui substitua la forme actuelle en *ais* (aim*ais*). Un siècle avant Voltaire, en 1675, un avocat obscur, Nicolas Bérain, avait déjà demandé cette réforme.

Notons que les deux premières personnes du pluriel *chantions, chantiez*, dissyllabiques en français moderne, étaient trissyllabiques dans notre ancienne langue, chant-i-óns, cant-a[b]-ámus, chant-i-ez (cant-a[b]-átis), ce qui marque mieux la force originaire de l'accent latin.

III. Parfait.

Cantávi, cantávit, cantávimus, ont donné régulièrement *chantai, chanta, chantâmes. Chantas,* chan-

---

1. On remarquera combien la forme *amève* qui garde la consonne latine (v = b) se rapproche d'*am-abam*. On peut d'ailleurs faire à ce sujet la remarque générale : que les formes romanes, claires et sonores au midi comme le latin lui-même, vont en se contractant et par suite en s'assourdissant graduellement, à mesure qu'elles montent vers le nord : ainsi *cantabam* est en Espagne *cantaba*, en Italie et en Provence *cantava*, en Bourgogne *chantève*, en Ile-de-France *chantois*, en Normandie *chantoue*. On peut comparer ici le mot latin à un thermomètre très-sensible qui s'abaisse de plus en plus quand on monte vers le nord ; mais ces changements ont lieu par dégradations continues et successives, non par de brusques changements. *Natura non facit saltum.*

2. Voir l'explication de ce fait, p. 43.

tâtes, *chantèrent* ne viennent point de *cantavisti, cantavistis, cantavérunt*[1], mais des formes contractes *cantasti, cantastis, cantarunt*. Pour la même raison, *dormis, dormîtes, dormirent* viennent de même de *dormisti, dormistis, dormirunt*, et non de *dormivisti, dormivistis, dormivérunt*.

On remarquera aussi que les parfaits de nos trois premières conjugaisons sont faibles : *chant-ai* (cantávi), *dormis* (dorm-ivi), *rend-is* (redd-idi)[2]. Les parfaits forts (*véni*-vins, *féci*-fis) appartiennent aux verbes irréguliers.

IV. Futur et conditionnel.

Le futur et le conditionnel ne figurent point dans le tableau de formation. C'est que leur place n'est point là : ce tableau comparatif donne les temps qui viennent directement du latin, les temps simples en un mot : le futur et le conditionnel sont des temps composés, par l'adjonction de l'infinitif du verbe à l'auxiliaire *avoir* (aimer-*ai*, aimer-*ais*). Sur cette formation du futur et du conditionnel, voyez p. 187.

V. Subjonctif présent.

Le *t* qui existait en latin à la troisième personne du singulier, *am-et, dórm-iat, rédd-at*, etc..., et qui a disparu en français *aime, dorme, rende*, etc..., exis-

---

1. Qui, d'après la loi de persistance de l'accent latin, eussent donné en français *chantets, chantetstes, chanteirent*, et non *chantas, chantastes, chantèrent*.
2. Sur le parfait de la troisième conjugaison, voir au chapitre des *Verbes irréguliers*, p. 214.

tait dans notre ancienne langue *aimet, dórmet, réndet :* il a persisté dans les deux formes *ait* (habeat), et *soit* (sit).

Dans la langue moderne, il est impossible de différencier l'imparfait indicatif *chantions, chantiez,* du subjonctif *chantions, chantiez*. Le vieux français les distinguait fort bien, le subjonctif ne comptant que pour deux syllabes, tandis que l'indicatif imparfait comptait pour trois; la raison en est dans la place de l'accent latin :

Imparfait indicatif : *Chant-i-ons* (cant-[ab]-ámus), *chant-i-ez* (cant-a[b]-átis).

Subjonctif présent : *Chant-ions* (cant-émus), *chantiez* (cant-étis).

VI. Imparfait.

Ici, comme au parfait de l'indicatif (§ III), la forme française vient de la forme contracte latine : *aim-asse* ne vient point d'*am-avissem,* mais d'*am-assem*.

VII. Impératif.

La deuxième personne du singulier est formée sur l'impératif latin, *ama* (aim-e), *fin-i* (fini-s), etc...

Les autres personnes sont ordinairement empruntées à l'indicatif.

VIII. Infinitif présent.

Aux détails donnés dans la section II, ajoutons que quelques infinitifs latins en ĕre (forts par conséquent), ont donné en ancien français des infinitifs forts, et en français moderne ces infinitifs faibles. Ainsi *cŭrrĕre, quærĕre, frĕmĕre, gĕmĕre, imprĭmĕre*, ont donné en vieux français *courre*[1], *querre, freindre, geindre, empreindre*, et en français moderne *courir, quérir, frémir, gémir, imprimer* ; les formes modernes proviennent comme on le voit d'un déplacement fautif de l'accent latin.

IX. Participe présent.

Le français n'a point adopté la forme du cas-sujet (*ám-ans*), mais celle du cas-régime (*am-ántem, aimant*).

X. Participe passé.

Tous les participes passés des verbes dits réguliers sont faibles : *aim-é* (*am-átus*), *fin-i* (*fin-itus*), etc... Le petit nombre de participes forts qui existe en français moderne appartient exclusivement aux verbes irréguliers.

A l'origine, tous les participes passés qui étaient forts en latin, avaient conservé chez nous la forme forte ; ainsi *vendre* (*vénd-ĕre*) avait pour participe *vent* (*vénditus*), et non pas *vend-u*. Plus tard on affaiblit ces participes forts en leur adjoignant la finale *u* qui était la marque du participe faible dans la troisième conjugaison.—Ces formes fortes disparurent alors de la conjugaison, en tant que participes passés, mais

---

[1] Resté dans la locution : *courre le cerf ; courre* pour courir est encore très employé au dix-huitième siècle. *Aller courre fortune*, dans Mme de Sévigné, Bossuet, Descartes, Voltaire, etc...

bon nombre d'entre elles sont restées en qualité de substantifs.

Avant de quitter le participe passé, observons que les langues romanes et le français en particulier possèdent la faculté remarquable de former des substantifs entre les participes passés : c'est ainsi que nous disons un *reçu*, un *fait*, un *dû*, qui sont les participes passés de *recevoir*, *faire*, *devoir*. Mais c'est surtout avec les participes féminins, *issue*, *vue*, *étouffée*, *venue*, *avenue*, etc..., que s'exerce cette propriété. Le nombre de substantifs obtenus par ce procédé est considérable, car notre langue forme des substantifs avec les deux classes de participes, les forts aussi bien que les faibles :

1° Avec les participes *faibles* (ou réguliers) : *chevauchée*, *accouchée*, *fauchée*, *tranchée*, *avenue*, *battue*, *crue*, *déconvenue*, *entrevue*, *étendue*, *issue*, *revue*, *tenue*, etc.

2° Avec les participes *forts* (ou irréguliers) : un *dit*, un *joint*, un *réduit*, un *trait* (tractum), etc... La plupart des participes forts de l'ancien français, tels que *vente* (véndita), prirent en français moderne la forme faible (vend-ue), — disparurent en tant que participes passés, mais persistèrent en français, sous la forme de substantifs.

Voici la liste de ces participes forts, hors d'usage comme participes, et conservés encore comme substantifs[1] « liste intéressante surtout au point de vue

---

1. Ou de tous ceux qui présentent quelque intérêt.

de l'histoire de l'accent latin, dont ils démontrent la puissance au temps de formation de la langue. »

En regard de l'ancien participe fort devenu substantif, et de son radical latin, nous placerons la forme moderne, c'est-à-dire le participe faible correspondant.

1. Première conjugaison : EMPLETTE, implícita (*employée*), — EXPLOIT, explicitum (*éployé*).

2. Troisième conjugaison. — MEUTE, mota (*mûe*), et son composé ÉMEUTE, emota (*émue*). — POINTE, puncta (*poindre* au sens de piquer, *púngĕre*). Ce mot est resté comme participe dans l'expression *courtepointe*, vieux français, *coulte-pointe*, du latin *cúlcita puncto*. — COURSE, cursa (*courue*). — ENTORSE, intorta (*tordue*). — TRAIT, tractum, et les composés *por-trait*, *retrait*, *traite*, etc... — SOURCE (*surgie*), et son composé *ressource*. Le verbe est *sourdre* (súrgĕre). — ROUTE, rupta (*rompue*), et ses composés *déroute*, *banqueroute*, c'est-à-dire *banque rompue*. — DÉFENSE, defensa (*défendue*), et les congénères *offense*, etc. — TENTE, tenta (*tendue*), et les composés *attente*, *détente*, *entente*, etc..,—RENTE, réddita (*rendue*). — PENTE, * pendita (*pendue*), et les composés SOUPENTE,* suspendita (*suspendue*).—VENTE, véndïta (*vendue*).—PERTE, pérdita (*perdue*).—QUÊTE, quæsita et les composés *conquête*, *requête*, *enquête*. — RECETTE, recepta (*reçue*). — DETTE, débita (*dûe*). — RÉPONSE, responsa (*répondue*). — ÉLITE, electa (*élue*).

SECTION IV

Verbes dits irréguliers

Tandis que les grammairiens nomment irréguliers les verbes qui suivent, et réguliers les verbes étudiés dans la section III, prenant en considération la place de l'accent latin, nous avons appelé *forts* les prétendus verbes irréguliers, et *faibles* les verbes réguliers. Tandis que la notion d'irrégularité et de régularité ne fait que constater un fait, cette distinction en *forts* et *faibles* pénètre plus avant et est une théorie. A ce point de vue, l'ancienne notion d'irrégularité disparaît pour ne plus être attachée qu'aux verbes anomaux et défectifs, et dès lors le verbe fort est considéré comme une autre manière de conjuguer. L'idée d'irrégularité fait supposer des formations qui, pour une cause quelconque, ont été déviées de leur type; or, ce ne serait ici nullement le cas. Le verbe fort est aussi régulier que tout autre; seulement il obéit à une loi différente[1].

Les verbes dits réguliers ont le parfait faible, ou accentué sur la terminaison, am-ávi aim-(ái) *dorm*-ívi (*dorm*-ís), redd-ídi (*rend*-ír), — et tous les verbes réguliers ont le parfait fort ou accentué sur le radical, *tins* (tén-ui), *dis* (díx-i), *fis* (féc-i).

Les verbes irréguliers de la seconde conjugai-

---

1. Cf. Littré. *Hist. de la langue française*, I, 121.

sont¹ sont au nombre de deux : *tenir* (tenére), et *venir* (veníre), qui ont pour parfait *tins* (tén-ui), et *vins* (vén-i).

Les dix-sept verbes qu'on a réunis sous le nom de troisième conjugaison, et qui tourmentent les grammairiens philosophes depuis Vaugelas jusqu'à Girault-Duvivier, sont pour la plupart d'anciens verbes forts, tels que *recevoir* (repípere), *concevoir* (concípere), *décevoir* (decípere), qui étaient au moyen âge *reçoivre, conçoivre, déçoivre*, conformément à l'étymologie. Ils ont tous le parfait fort *reçus* (recépi), *conçus* (concépi), *déçus* (decépi).

La quatrième conjugaison comprend neuf verbes irréguliers : — *dire* (dícere), *plaire* (plácere), *taire*) (tácere), *faire* (fácere), *mettre* (míttere), *prendre* (préndere), *rire* (rídere), *lire* (légere), *croire* (crédere). — qui ont pour parfait les formes fortes *dis* (dixi), *fis* (féci), *mis* (mísi), *pris* (prendi), *plus* (plácui), *tus* (tácui), *ris* (rísi), *lis* (légi).

SECTION II

Dérivation

On appelle verbe défectif celui qui n'a point tous ses temps, tous ses modes ou toutes ses personnes; ainsi *faillir* est un verbe défectif.

Les verbes anomaux sont ceux dont les irrégularités

---

1. La première conjugaison n'a point de verbes proprement irréguliers; *aller* et *envoyer* sont plutôt des verbes anomaux.

ne peuvent se ranger dans aucune classification. Ce sont là les véritables verbes irréguliers.

CHAPITRE I

DE L'ACCENTUATION DES DÉRIVÉS

Ils sont au nombre de deux pour la première conjugaison (*Ester, Tisser*), — six pour la deuxième (*Faillir, Férir, Issir, Ouïr, Quérir, Gésir*), — treize pour la troisième (*Braire, Frire, Tistre, Clore, Soudre, Sourdre, Traire, Paître, Souloir, Falloir, Chaloir, Choir, Seoir*)[1].

1. ESTER.

Usité seulement à l'infinitif, dans quelques formules judiciaires : *ester en jugement* (poursuivre un procès, intenter une action). « La femme ne peut *ester* en jugement sans l'autorisation de son mari (article 215 du code Napoléon. » Ce verbe qui vient du latin *stare* (cf. ci-dessus, p. 193), est resté en composition dans *Contra-stare* (contraster), *Re-stare* (rester), *Adre-stare* (arrêter, vieux français *arrester*), et dans les participes *constant* (con-stare), *distant* (di-stare), *instant*, *non-obstant* (in-stare), ob-stare). Le participe passé *esté* (status) a été emprunté par le verbe être et contracté en *été*. (Voyez ci-dessus, p. 192.)

---

1. Les verbes qui sont aujourd'hui défectifs, avaient dans l'ancienne langue tous leurs temps et toutes leurs personnes : aussi la qualité de défectif n'est-elle pas un véritable élément de classification ; c'est là un accident *historique* qui frappe des verbes de toutes les conjugaisons.

2. Tisser et Tistre.

Ces deux mots viennent l'un et l'autre de *texĕre :* la forme forte *tistre* (téxĕre), qui était celle de l'ancien français, a disparu, mais en laissant son participe *tissu* (qui vient de *tistre*), comme *rendu* de *rendre*. La forme faible *tisser* (téxĕre), qui est une violation à la loi de l'accent latin, et un mot moderne, a prévalu, tout en adoptant le participe passé de la forme forte.

3. Faillir.

Les trois premières personnes du singulier, *je faux, tu faux, il faut,* sont presque tombées en désuétude, et nous devons le regretter : elles sont restées dans les expressions *le cœur me faut,* — *au bout de l'aune faut le drap,* c'est-à-dire au bout de l'aune finit, manque le drap (toutes choses ont leur fin).

Le futur et le conditionnel *faudrai, faudrais,* sont également oubliés, et tendent à être remplacés par les composés *faillir-ai faillir-ais.* C'est ainsi qu'on commence à dire : « je ne *faillirai* point à mon devoir, » pour « je ne *faudrai* point à mon devoir ».

4. Férir.

Du latin *ferire,* frapper. Il est resté dans l'expression *sans coup férir :* « d'Harcourt prit Turin *sans coup férir.* » — L'ancienne langue conjuguait complétement *férir,* et disait à l'indicatif présent je *fier* (fério), tu *fiers* (féris), il *fiert* (férit[1]), etc..., à l'imparfait *férais*

---

[1]. Resté dans quelques devises héraldiques. Ainsi la maison de Solar avait pour devise « Tel *fiert* qui ne tue pas. (Tel *frappe*, qui souvent manque son coup.)

(fériebam), au participe *férant* (férientem), *férus* (feritus), etc....

5. Issir.

Du latin *ex-ire*. (Sur le changement de *e* en *i*, voir page 94, et sur celui de *x* en *ss* page 127. La conjugaison était dans notre ancienne langue : *is* (éx-eo), *is* (éxis), *ist* (éxit), *issons* (eximus), *issez* (exitis), *issent* (exeunt). — Imparfait *issais*, futur *istrai*, participes *issant*, *issu* (et *issi*).

6. Ouir.

Du latin *au(d)ire*. Il se conjuguait complétement dans notre ancienne langue : j'*ouïs* (audio), j'*oyais* (au[d]iébam), futur j'*orrai*, participes *oyant* (au[d]iéntem) *ouï* (au[d]itus).

Le futur *orra* oublié aujourd'hui existait encore au dix-septième siècle :

> Et le peuple lassé des fureurs de la guerre.
> Si ce n'est pour danser, n'*orra* plus de tambours.
> (Malherbe).

L'imparfait *oyais* est encore employé plaisamment par J. B. Rousseau dans une épigramme :

> Par passe-temps un cardinal *oyait*
> Lire les vers de Psyché, comédie,
> Et les *oyant*, pleurait et larmoyait.

Le participe passé subsiste en termes de palais (*Ouïe la lecture de l'arrêt...*, la lecture de l'arrêt entendue...).

Quérir.

Sur ce mot dont les composés sont *acquérir, requérir* et *conquérir*, voyez p. 211. La conjugaison forte était à l'infinitif : *querre* (qu'on trouve encore dans La Fontaine); indicatif présent, *quiers, quérons*, futur *querrai*, prétérit *quis*, participe passé *quis* (requis, conquis, etc...).

8. Gésir, Gisir.

Du latin *jacere*; de *Gisir* reste le participe *gisant*, l'indicatif présent il *gît*, etc. De ce verbe vient aussi le mot *gésine*. *La laie était en gésine* (La Fontaine, Fables, III, 6).

9. Braire.

N'est usité (dit l'Académie) qu'à l'infinitif, et aux troisièmes personnes du présent de l'indicatif (*brait, braient*), du (futur *braira, brairont*), du conditionnel (*brairait, brairaient*). M. Littré trouve avec raison que cet arrêt de l'Académie est trop sévère, et propose d'employer toutes les formes du verbe, qui existaient en vieux français (il *brayait*, il a *brait*, etc...). *Braire*, qui vient du bas-latin *bragire* (dont l'origine est obscure), avait dans notre ancienne langue le sens général de *crier*, s'appliquant aussi bien à l'homme qu'aux animaux, et c'est tardivement que ce sens s'est limité au cri de l'âne.

10. Frire.

Du latin *frigere*. Ce verbe possède encore tous ses temps (*fris, frirai, frit*, etc...), sauf l'imparfait *friais*, le participe *friant*, le subjonctif *frie*, et les trois personnes du pluriel de l'indicatif présent, *frions, friez, friaient* (comme *rire* fait *rions, riez*, etc...). Toutes ces formes existaient en vieux français.

11. CLORE.

Du latin *caludĕre;* le vieux français *clorre*, possédait encore le *d* (sur le changement *dr=rr* voyez p. 127). *Clos, clorai :* vieux français : *closais, closant.* — Les composés sont *éclore* (vieux français, *es-clore* de *ex-claudere*), *enclore* (inclaudere), et l'ancien français *fors-clore* (foris claudere). Le latin *claudere* devenu *cludere* dans *excludere, concludere, recludere*, a donné sous cette forme le français *exclure, conclure, reclure* (dont nous avons conservé le participe passé *reclus, recluse*).

12. SOUDRE.

Ancien français *soldre*, du latin *sólvere,* comme *moudre* du latin *mólere. Le* participe p. était *sous.* Les composés *absoudre* (ab-solvere), *dissoudre* (dis-solvere), *résoudre* (re-solvere), font de même au participe *ab-sous, dis-sous; résous* a fait place à *résolu,* mais il est resté dans l'expression *brouillard résous en pluie.* (Acad.).

13. SOURDRE.

Du latin *súrgere.* Le participe fort, *source* (nous l'avons vu p. 213), est resté comme substantif, et a pour composé *ressource.*

14. TRAIRE.

Du latin *tráhere.* Ce mot avait dans notre ancienne

langue le sens du mot latin, et ce n'est que tardivement qu'on en a restreint l'usage à l'action de tirer le lait. Composés : *abstraire* (abs-t.), *extraire* (ex-t.), *soustraire* (subtus-tr.). L'ancienne langue avait en outre *portraire* (pro-tr.), *retraire* (re-t.), *attraire* (ad-t.), dont les participes nous ont donné les substantifs *portrait, retrait, retraite*, et l'adjectif *attrayant*.

15. PAITRE.

Vieux français *paistre*, du latin *páscere*. Le participe *pu* est resté en langage de fauconnerie (un faucon qui a *pu*), et dans le composé *repu* (*repaître*).

16. SOULOIR.

Du latin *solére*. Ce verbe qui avait tous ses temps dans notre ancienne langue, est usité seulement à la troisième personne de l'imparfait de l'indicatif : il *soulait*, c'est-à-dire *il avait coutume*. La Fontaine disait dans son épitaphe :

> Jean s'en alla comme il était venu,
> Mangea le fonds avec son revenu,
> Tint les trésors chose peu nécessaire :
> Quant à son temps bien sut le dispenser :
> Deux parts en fit, dont il *soulait* passer
> L'une à dormir, et l'autre à ne rien faire.

14. FALLOIR.

Sur ce mot venant de *fallere*, et ayant la même origine que *faillir* dont il ne diffère que par la conjugaison, voyez p. 217.

18. CHALOIR.

Du latin *calére*. Il n'est plus employé qu'à la troisième personne du singulier du présent de l'indicatif : il *ne m'en chaut*, il ne m'importe pas, cela ne me soucie pas : on le trouve encore dans La Fontaine, Molière et Pascal : « Soit de bond, soit de volée *que nous en chaut-il*, pourvu que nous prenions la ville de gloire (le paradis). » [*Provinciales*. Lettre IX.][1] Dans l'ancienne langue, *chaloir* avait tous ses temps (*chalait, chalut, chaudrai, chaille, chalu*).

19. CHOIR.

En vieux français *chéoir*, et plus anciennement *chaer, caer* et *cader*, du latin *cadere*, faussement accentué en *cadére* (comme nous l'avons vu p. 202). Il n'est guère employé qu'à l'infinitif. L'ancienne langue le conjuguait en entier (*chois, chéais, cherrai, chut, chéant, chu*). Le dix-septième siècle employait encore le futur *cherrai* : Tirez la chevillette, et la bobinette *cherra* » (PERRAULT), — le prétérit *chut* : « Cet insolent *chut* du ciel en terre » (BOSSUET. *Démon*. II, 2), — le participe passé *chu* :

> Nous l'avons en dormant, madame, échappé belle,
> Un monde près de nous a passé tout du long,
> Est *chu* tout au travers de notre tourbillon,
>   (Molière, *Femmes savantes*, IV, 3.)

Composés : *déchoir*, et *échoir* (ex-cadere). Il y avait aussi en vieux français, le verbe *méchoir* (*mescheoir*,

---

[1]. Voltaire disait encore : *Peu m'en chaut* (peu m'importe).

de minus-cad., voy. p. 270), dont nous n'avons gardé que le participe présent *méchant* (vieux français *meschant, meschéant*) sous forme d'adjectif.

20. SEOIR.

Vieux français *seoir*, et plus anciennement *sedeir* latin *sedere*. Les participes *séant* (sedentem), *sissise* (situs, sita), sont encore employés. — Composés : *asseoir* (ad-sedere), *rasseoir* et *surseoir* (super-sedere). *Bien-séant, mal-séant*.

CHAPITRE II

VERBES ANOMAUX

Nous avons dit que les verbes anomaux sont les véritables verbes irréguliers, puisqu'ils ne peuvent être ramenés à une classification commune.

Ces verbes sont au nombre de quatorze :

1. ALLER.

La conjugaison de ce verbe a emprunté ses temps à trois verbes latins différents : — I. Les trois premières personnes de l'indicatif présent ont été empruntées au verbe *vadère*. Je *vais* (vádo), tu *vas* (vadis), il *va* (ancien français *il vat*[1]) *vadit*. — II. Le futur et le conditionnel (j'*ir-ai*, j'*ir-ais*, proviennent du latin *ire* par la formation ordinaire du futur (voyez p. 187). — III. Tous les autres temps (*allais, allai, allasse, aille*, etc...),

---

[1]. Le *t* de l'ancien français *vat* est étymologique.

proviennent du même radical que l'infinitif *aller*. Reste maintenant à savoir d'où vient *aller*, qui était en vieux français *aler*, et *aner*. Cette forme *aner* nous amène au bas-latin *anare*, qui est le latin *adnare*[1]; quant au changement de *n* en *l* (anare-aler), c'est un fait qui n'est pas rare, témoin les formes telles qu'orphelin (orphaninum), etc..., citées à la page 103.

2. CONVOYER, DÉVOYER, ENVOYER, FOURVOYER.

Le substantif *via* qui nous a donné *voie*, formait dans le latin vulgaire un verbe *viare* qui a donné en vieux français *véier*, forme ancienne du mot actuel *voyer* demeuré dans les composés *con-voyer*, de *cum-viare* littéralement escorter, faire route ensemble : c'est ainsi qu'on dit encore : Un galion chargé d'argent, revenait du Mexique, *convoyé* par deux vaisseaux de guerre. — *Dé-voyer* ancien français *desvéier*, du latin *de-ex-viare*. Une autre forme de *dévoyer* est *dévier*. — *En-voyer*, ancien français *entveier*, vient de *indè-viare*. — *Four-voyer*, ancien français *forveier*), du latin *foris-viare*, aller hors de la voie.

---

1. *Adnare* et *Enare* qui signifient proprement *venir par eau*, ne tardèrent pas à exprimer l'action de *venir* n'importe par quel moyen, soit en volant : *Dædalus... gelidas enavit ad Arctos*, dit Virgile (*Æneid.* VI, 16), soit en marchant : Nous avons parcouru ces allées : *Enavimus has valles* (Silius Italicus). Il est curieux que la même métaphore de la navigation à la marche, ait aussi lieu dans le mot *adripare* qui signifiait à l'origine *aborder à la rive* (ripa), et qui a fini par prendre le sens général de *toucher au but*, et nous a donné notre verbe *arriver* (adripare).

2. C'est par une erreur typographique que Littré dérive *dévier* de *deviare*, et *envoyer* de *in-viare*; il sait mieux que nous que les formes du vieux français *desvier*, *entvoyer*, s'y opposent.

3. BÉNIR.

Dicere ayant donné en français *dire*, *Benedicere* devint *bene(d)ir* ou *beneïr*. Cette forme qui est celle du vieux français et qui montre mieux la persistance de l'accent tonique, disparut par la contraction, et fut remplacé par le français moderne *bénir*.

Ajoutons que la prétendue différence établie par nos grammairiens entre *bénit* et *bénie* est illusoire, et qu'elle ne repose point sur l'histoire de la langue. Les participes en *it* (bén*it*, fin*it*, réuss*it*), abandonnèrent leur *t* au quatorzième siècle, et *bénit* devint *béni*, comme *finit*, *réussit*, devinrent *fini*, *réussi*. La forme *bénit* a persisté dans les locutions *pain bénit*, *eau bénite*.

4. COURIR. Sur ce mot, voyez page 211.

5. MOURIR.

Du latin *morire*, qui de verbe déponent, a pris la forme active pour passer en français, comme nous l'avons vu page 185.

5. VIVRE.

Du latin *vivere*. Le parfait *vécus*, vieux français *vescus, vesqui* est singulièrement anormal.

7. BOIRE.

Vieux français *boivre*, du latin *bibere*.

8. VOIR.

Ancien français *véoir* (vi[d]ére), forme qui montre mieux la puissance de l'accent latin, et la chute de la consonne médiane d. On trouve même dans les textes français du onzième siècle la forme *vedeir*.

Le futur était en vieux français *voir-ai*, et cette forme préférable à *verrai* est restée dans les composés *pour-voirai, pré-voirai*, etc.... — Il semble de prime abord que *vis* (vidisti), *vîmes* (vidimus), *vîtes* (vidistis), *visse* (vidissem), violent la loi de persistance de l'accent latin; il n'en est rien, comme le prouvent les formes de l'ancien français *véis* vi(d)isti, *véimes* vi(d)imus, *véistes* vi(d)istis, *véisse* vi(d)issem, etc... Il en est de même de *tins* (tenuisti), *vins* (venisti), *tinsse, vinsse*, qui ne sont point des exceptions à la règle de l'accent tonique, mais les contractions des formes régulières du vieux français *tenis* (tenuísti), *venis* (venísti), *tenisse* (tenuissem), *venisse* (venissem).

9. Mouvoir.

Le latin *movére* avait donné à l'origine la forme *mouver*, encore usité dans les provinces du centre de la France, au lieu de *mouvoir*.

10. Savoir.

Ancien français *saver*, du latin *sapére*. Cette forme *saver* donna le futur *saver-ai* qui, contracté plus tard en *savrai*, devint au quatorzième siècle *saurai*, comme *habere* a donné *aver-ai*, puis *avrai*, et *aurai*.

11. Valoir.

Du latin *valere*. Le participe présent *vaillant* est resté comme adjectif.

VERBES ANOMAUX.

12. Écrire.

Le vieux français *escrivre* conservait le *b* final du latin scribere. Toutes les formes anomales, telles qu'*écrivons* (scribemus), *écrivais* (scribébam), sont étymologiques et proviennent des formes correspondantes en latin. Les composés sont *décrire, circonscrire, prescrire, proscrire, souscrire, transcrire.*

13. Naître.

Le latin vulgaire tranforma, comme on l'a vu, p. 185, les verbes déponents en verbes actifs; *nasci* devint *náscere*, qui donna *naître*, comme *páscere* avait donné *paître*. La forme barbare *nascivi* donna l'ancien français *nasquis*, aujourd'hui *naquis*.

14. Verbes en *uire*[1].

Duire (dúcere). Sur ce modèle, il faut compter : *conduire, déduire, induire, réduire, traduire, produire, introduire, cuire* (cóquere), *nuire* (nócere), *luire* (lúcĕre), et les composés de *struire* (struere) : *construire, instruire, détruire* (destruere).

15. Verbes en *ndre*.

Les verbes en *ndre* et dans lesquels le *d* n'appartient point au radical latin[2], par exemple *ceindre* (cingere), rejettent ce *d* au présent de l'indicatif (*ceins, ceint, ceignons,* etc...), et ont un participe passé fort,

---

1. Tous ces verbes ont le parfait faible, ce qui nous empêche de les ranger parmi les verbes irréguliers.
2. Ainsi le *d* de *rendre* (réddĕre), appartient au latin ; celui de *ceindre* (cingĕre), ne lui appartient point.

ceint (cinctus), qui garde le *t* latin. Sur ce modèle se conjuguent : *éteindre* (extinguere), *étreindre* (stringere), *contraindre* (constringere), *astreindre* (astringere), *restreindre* (restringere), *feindre* (fingere), *enfreindre* (infringere), *peindre* (pingere), *plaindre* (plangere), *teindre* (tingere), *atteindre* (attingere), *joindre* (jungere), — *conjoindre, disjoindre, enjoindre*, — *oindre* (ungere), *poindre* (pungere), *épreindre* (exprimere), *empreindre* (imprimere), *geindre* (gemere).

PARTIE III

PARTICULES

Nous étudierons sous ce titre les quatre classes de mots invariables qui nous ont été transmises par les Latins : *Adverbes, Prépositions, Conjonctions, Interjections.*

Avant de passer en revue la liste des particules, mentionnons ces deux faits singuliers : d'une part, l'addition d'un *s* (voyez page 135) à la plupart des mots invariables qui n'en avaient point en latin : *tandis* (tam diù), *jadis* (jam diù), *sans* (sinè), *certes* (certè), etc., vieux français, *oncques* (unquam), *sempres* (semper); d'autre part la suppression de l'*e* final dans les deux substantifs *casa* (chez) et *hora* (or), qui auraient dû donner *chèse*, et *ore*, comme *rosa* a donné *rose*. Ajoutons que sauf les deux adverbes *guères* et *trop*, qui viennent de l'allemand, toutes les particules tirent leur origine du latin.

SECTION I

Adverbes

Les suffixes latins *e, ter,* qui servaient à former les adverbes (prudent*er*, dóct*e*, sán*e*), disparurent parce qu'ils n'étaient pas accentués, et pour créer une classe de mots, portant grammaticalement le signe de l'adverbe, la langue française dut avoir recours à d'autres suffixes : elle adopta pour cet usage le substantif *mens* qui avait pris chez les écrivains de l'Empire le sens de *manière*, de *façon*, etc. : *Bona mente* factum (Quintilien), *Devota mente* tuentur (Claudien), *iniqua mente* concupiscit (Grégoire de Tours), etc. Cet ablatif *mente* joint à un adjectif *au féminin*, donna l'adverbe français en *ment* : Bona, cara, dévotamente, — Bonne, chère, dévote-ment.

Mais les adjectifs qui avaient chez les Romains, une terminaison pour le masculin et une pour le féminin (*bonus, bona*), en avaient aussi en français une pour chaque genre (*bon-bonne*), ceux qui avaient en latin une seule terminaison pour les deux genres, n'en avaient aussi qu'une en français : ainsi de *grandis, legalis, prudens, regalis, viridis, fortis*, etc., et en français, des adjectifs *grand, loyal, prudent, royal, vert, fort*, etc., qui étaient de genre invariable dans notre ancienne langue. Il en résulte dans le cas particulier qui nous occupe, que les adverbes formés avec les adjectifs de la première catégorie (tels que *bon, bonne*) eurent toujours l'e féminin au radical : bonne-ment, chère-ment, dévote-ment, et que les adverbes formés avec les adjectifs de la deuxième catégorie (tels que *grand, loyal*, etc.) n'eurent *jamais* d'e au radical : au treizième siècle, on disait conformément à l'étymologie *loyal-ment, grand-ment, fort-ment*, etc. Le quatorzième siècle ne comprenant plus l'origine de cette distinction, et ne voyant plus pourquoi, dans certains adverbes, l'adjectif était au féminin, tandis qu'il restait (apparemment) au masculin dans d'autres, écrivit loyal*E*ment, vil*E*ment, grand*E*ment, etc., barbarismes en contradiction avec l'histoire du mot et la logique.

CHAPITRE I

ADVERBES DE LIEU

Ou (du latin *ùbi*, vieux français *u*). — AILLEURS *Aliórsum*). — ÇA (*Ecce hac*), LA (*illac*), déjà étudié p. 178. Composés : *de çà, de là.* — ICI (*Ecce hic*); voyez p. 178. — PARTOUT (*per totum*). — DONT (voyez p. 180). — LOIN (*longè*). — DANS, vieux français, *Dens*. En vieux français *intus* donna *ens* et DE-INTUS donna *de-ins* ou *dens*. Composé : *de dans.* — EN, vieux français *ent*, du latin *indè*, comme on l'a vu p. 175.

CÉANS, en vieux français *caiens*, ou *ca-ens*, c'est-à-dire *ecce-hac-intus*. L'opposé était LÉANS ou *Laiens* (La-ens, *illac-intus*. — ALENTOUR, qui s'écrivait anciennement *à l'entour*, ce qui indique assez son étymologie. — AMONT (*ad-montem*), c'est-à-dire en se dirigeant vers la montagne, en remontant le cours du fleuve : l'opposé est AVAL (*ad-vallem*), en suivant la vallée, en descendant le fleuve. Le verbe *avaler* signifiait *descendre*, à l'origine de notre langue; ce n'est que tardivement qu'il se restreignit au sens de *faire descendre les aliments.* Quelques traces du sens originaire ont persisté dans le français moderne : on dit encore que *les bateaux avalent le fleuve.*

Quant aux adverbes *avant, devant, derrière, dessus, dessous, dehors,* voir p. 244.

A ces adverbes simples il faut ajouter les expressions adverbiales telles que *nulle part, là-haut, là-bas, en dedans, jusque-là,* etc., elles-mêmes composées d'adverbes simples ; enfin l'adverbe ENVIRON, composé de *en* et du mot *viron* qui est dans l'ancien français, le substantif du verbe *virer* : environ est donc littéralement *alentour.* Ce vieux mot se retrouve encore dans *a-viron,* c'est-à-dire l'instrument avec lequel on tourne ou l'on *vire.*

CHAPITRE II

ADVERBES DE TEMPS

A PRÉSENT (*Ad præsentem*). — OR (*hora,* sur la suppression de l'*h,* cf. p. 136). — MAINTENANT (en vieux français *Maintenant* signifie *tout-de-suite,* la *main tenant* encore l'objet). — HUI (*hodiè.* Resté dans le terme de palais *d'hui en un an. Aujourd'hui* que le vieux français écrivait plus correctement *au jour d'hui,* est un pléonasme, puisqu'il signifie littéralement *au jour d'aujourd'hui*). — HIER (*heri*). — JADIS (*Jam-diu*).

FOIS (ancien français, *feis, fes, ves,* du latin *vice* ; sur la permutation de *v* en *f,* cf. p. 107). Les composés sont *autre-par-quelque-toute*-fois. — NAGUÈRES qui s'écrivait en vieux français *n'a guères*, est un composé de *avoir*, et de *guères*, qui à l'origine signifiait *beaucoup* : *je l'ai vu n'a guères*, c'est-à-dire je l'ai vu il n'y a pas longtemps. En vieux français, le verbe était naturellement variable; on disait au douzième siècle : *La ville était assiégée, n'avait guères, quand elle se rendit*, c'est-à-dire : il n'y avait pas longtemps que la ville était assiégée quand elle se rendit. On remarquera que le vieux français emploie *n'a guère, n'avait guère* où nous dirions *n'y a guère, n'y avait guère :* c'est que notre ancienne langue disait non pas *il y a*, mais *il a*, (illud habet), ce qui voulait le cas-régime du substantif (voyez p. 152). Ex. : *il y a un roi qui...* (Illud habet regem), *il n'avait aucuns arbres dans ce pays* (illud non habebat aliquas arbores). *Roi, arbres* sont ici au cas-régime ; au cas-sujet le vieux français eût dit *rois* (rex), etc. Dès le treizième siècle, l'adverbe *y* (ibi) se montre dans cette locution. Mais la forme ancienne *il a*, se retrouve encore au dix-septième siècle, dans ce qu'on est convenu d'appeler le *style marotique :*

> Entre Leclerc et son ami Coras
> *N'a pas longtemps*, s'émurent grands débats.
> (Racine.)

Pour l'étymologie de *guères* (voyez p. 239). — QUAND (*quando*). — DEMAIN (*de-manè*). Le latin *mane* donne en français le substantif *main* : *Il joue du main au soir* (du matin au soir). *De-manè* forma l'adverbe *demain*, qui à l'origine signifiait : de bon matin.

TOT (vieux français *tost*. Origine obscure. Par l'adjonction de *tôt* aux adverbes *aussi*, *bien*, *plus*, *tant*, on a formé les composés *aussi-tôt*, *bien-tôt*, *plus-tôt*, *tant-tôt*. — LONGTEMPS (*long* et *temps*). — TOUJOURS, qui s'écrivait anciennement *tous jours*, n'est autre chose que la locution *tous les jours*. (SEMPER avait donné *sempre* en vieux français, mais ce mot disparut au quinzième siècle).

ENCORE (vieux français *anc ore*, du latin *hanc horam*, à cette heure). C'était le sens primitif d'*encore*, comme dans cet exemple : J'ai vu Paris, et j'y retournerai *encore*, quand je reviendrai en France (c'est-à-dire à *cette heure* à laquelle je reviendrai en France).

DÉSORMAIS (vieux français *des ore mais*), voir aux prépositions, p. 245, l'origine du mot *dès* : *ore* n'est autre que *hora*, et *mais* de *magis* signifie *davantage* : *dès ore mais*, mot à mot : dès l'heure en avant, dès l'heure présente à plus tard, c'est-à-dire à dater de l'heure présente.

DORÉNAVANT (vieux français *d'ore en avant*, de l'heure présente en avant, à partir de cette heure [1]).

JAMAIS (*Ja mais*. *Jà* vient de *jam* (dès à présent), comme nous l'avons vu page 229, et *mais* de *magis* (plus). Ces deux mots étaient séparables en vieux

---

1. On voit combien le mot *hora* sous la forme *ore*, *or*, est fréquent dans nos locutions adverbiables : *or*, *lors* (l'ore), *alors* (à l'ore), *désormais* (des ore mais), *dorénavant* (d'ore en avant), *encore* (anc ore), etc...

français : *Jà ne le ferai mais*, c'est-à-dire : Dès à présent, je ne le ferai plus.

Souvent (de *subinde*, qui avait le même sens dans le latin populaire : sur le changement de *indè* (ent) cf. p. 175.

Tandis (*tam-diù*) signifiait anciennement *pendant ce temps*. On disait au treizième siècle : Le chasseur s'apprête à tirer, bande son arc; mais la corde se rompt, et *tandis* le lièvre s'enfuit.

Corneille disait encore (*Horace*, IV, 2) :

Et *tandis*, il m'envoie
Faire office vers vous de douleur et de joie.

C'est à tort que Vaugelas et Volaire (ignorant la raison historique de cette locution) l'ont blâmée comme fautive. Elle est fort correcte.

Lors (vieux français *l'ore*) *hora*, à cette heure; le composé est *alors* (ancien français à *l'ore*).

Puis, Depuis, voir aux prépositions, p. 244.

Ensuite (de *en* et *suite*). — Enfin (de *en* et *fin*).

Donc (*tunc*). — Auparavant, de *au* et de *par-avant*. L'article *au* ne fut ajouté à cette locution qu'au quinzième siècle. Le vieux français employait *par-avant* : « Je ne voulus point être ingrat, quand je considérai la bonté qu'il me montra *par avant*. » (Froissard.)

Déja (*de* et *jà*). — Tard (*lardè*).

Soudain (v. f. *soubdain*, subĭtáneus).

Les adverbes de temps forment aussi un grand nombre de locutions adverbiales, telles que *tout à coup, d'ordinaire, de bonne heure, l'autre jour*, etc...

CHAPITRE III

ADVERBES DE MANIÈRE

Sur la formation de nos adverbes de manière, pour la plupart terminés en *ment*, voir p. 230. C'est aussi aux adverbes de manière que se rattache toute une classe d'adjectifs, tels que *vrai, bon, fort, juste*, faisant fonction d'adverbes (sentir *bon*, dire *vrai*, voir *juste*, courir *fort*), comme les adjectifs neutres des Latins (*benè, brevè, doctè*, etc...). Nous n'insisterons pas sur cette classe d'adjectifs, nous bornant à constater que le nombre en était bien plus considérable dans l'ancienne langue que dans la moderne : c'est ainsi qu'on disait au treizième siècle : *aller lent, agir laid, aimer grand, faire seul*, pour : *aller lentement, agir laidement, aimer grandement, faire seulement*, etc.

CHAPITRE IV

ADVERBES D'INTENSITÉ

Ils sont au nombre de vingt-cinq.

Si (*Sic*). Composés : *aussi* (vieux français *alsi*, du latin *aliud sic*), *ainsi* (vieux franç. *asi*, du latin *hāc sic*).

Assez (du l. *Adsátis*), signifiait à l'origine beaucoup et se plaçait après le substantif. On trouve à chaque page dans la *Chanson de Roland*: *Je vous donnerai or et argent assez* (pour beaucoup d'or et d'argent), *trop assez* (pour beaucoup trop), *plus assez* (pour beaucoup plus), etc... — De même *assai* en italien : *presto* ASSAI (prestus adsatis), signifie *très vite* et non *assez vite*.

Tant (*Tantum*). Les composés sont : Autant (vieux fr. *Al-tant*, de *Aliud tantum*), — Atant (*Ad tantum*. Ce mot qui signifiait *alors*, se trouve encore dans La Fontaine).

Partant (*Per tantum*, — par suite, par ce motif) :

> Les tourterelles se fuyaient
> Plus d'amour, *partant* plus de joie.
> (La Fontaine.)

Pourtant (*pour* et *tant*). Ce mot, aujourd'hui synonyme de *néanmoins*, signifiait dans notre ancienne langue : *pour cette cause*. Montaigne parle d'un soldat qui ne faisait jamais de quartier à ses ennemis

et les tuait impitoyablement, et il ajoute : « *Pour tant,
il ne combattoit que de masse,* » c'est-à-dire : *Pour
cette cause,* il ne combattait qu'armé d'une masse
d'armes.

Ensemble (vieux français *ensemle,* du latin *in-simul.* Sur le changement de *ml* en *mbl,* cf. p. 125).

Pis (*péjus*).

Mieux (vieux français *melz, mielz, mclz,* du latin *mélius*).

Peu, du latin *paucum,* comme *Eu* de *Aucum, feu*
de *focum, jeu* de *jocum,* etc...

Tellement (*telle* et *ment;* sur *telle,* voyez p. 170,
et sur *ment,* voyez p. 130).

Beaucoup (*beau* et *coup*). Cette locution est relativement récente dans notre langue et ne remonte qu'au quatorzième siècle. On disait plus souvent *grand coup* (pour *beau coup*), et surtout on employait l'adverbe *moult* (múltum), qui nous est resté dans *multitude* (multitúdinem). Quant au mot *coup,* il est *colp* en vieux français, et *colp* n'est autre que *colpus* qu'on trouve dans le latin vulgaire avec le même sens. « Si quis alterum voluerit occidere, et *colpus* præter fallierit, et ei fuerit adprobatum 2000 dinarios... culpabilis indicetur. » (*Loi salique,* xvii, 1.) — *Colpus*
qu'on trouve aussi écrit *colphus,* est le latin *cŏlăphus,* qui signifie *coup de poing, soufflet,* et qui est

le même mot que le grec χόλαφος. (Sur le changement de *cŏlăphus* en *cŏlphus*, *cŏlpus*, voyez p. 74.)

Moins (mĭnus). — Plus (plus).

Bien (benè). — Mal (malè), *mal-séant*, *mal-veillant*, etc.

Combien (comme bien). *Comme* est *cum*, *com*, dans notre vieille langue.

Comment, de *commé* vieux fr. *cóm*, qui est *quomodo* et du suffixe adverbial *ment* étudié ci-dessus).

Davantage (vieux fr. *d'avantage*, *de* ayant ici le sens de *par*).

Guère (vieux fr. *gaires* qui signifie *beaucoup* dans notre ancienne langue), et qui est en provençal *gaigre*, vient de l'ancien haut-allemand *wéigaro* qui est *weiger* dans le moyen haut-allemand [1]. Cette étymologie est d'ailleurs très fondée, le *w* allemand se changeant en *g* : *werra* (guerre), etc..., et le provençal *gaigre* conservant le *g* original de *wéiger*.

Trop (bas-latin *troppus*, de l'ancien haut-allemand *drupo*).

Presque (*pres* et *que*).

1. Dans la locution *un Weiger* (pas beaucoup).

CHAPITRE V

ADVERBES D'AFFIRMATION ET DE NÉGATION

Ils sont au nombre de six.

Oui (vieux français *oïl*). Dans notre ancienne langue *hoc* (c'est cela), avait donné *o*, l'*h* tombant comme dans *orge* (hordeum), *or* (hora), *avoir* (habere), etc.

Au treizième siècle, *dire ni o, ni non* était l'équivalent de notre locution moderne *ne dire ni oui ni non*. — Le composé *hoc-illud* (c'est cela même), donna *o-il*, la consonne médiane *c* disparaissant d'*ho[c] illud* comme elle avait disparu de *jo[c]are* (jouer), *pli-[c]áre* (plier), *pre[c]are* (prier), etc... — Ce *o-il* (hoc illud), avait pour correspondant *nen-il* (non illud), devenu en français moderne *nenni*, comme *oïl* est devenu *oui* [1].

Non (latin *non*).

Ne (vieux français *nen*), du latin *non*.

Avant d'aborder l'étude des prépositions, notons ici un certain nombre de locutions adverbiales qui

---

[1]. Quelques étymologistes attardés ont voulu dériver *oui* (ou mieux *oïl*) du verbe *ouïr* (audire), qui fait aujourd'hui *ouï* au p. passé : mais ils n'ont pas vu que d'un côté le participe passé de *ouïr* était toujours *oït* (auditus), au moyen âge, — et que notre adverbe d'affirmation était toujours *oïl*. Le changement de *t* en *l* serait un fait sans exemple dans l'histoire de notre langue : or toute étymologie qui ne rend pas compte des lettres conservées, changées ou disparues est à rejeter. — D'ailleurs l'analogie de *oïl* (hoc illud), et *nennil* (non illud) suffirait seule pour appuyer l'étymologie que nous avons présentée, et que justifient les règles de permutation.

expriment la négation [1]. Pour donner plus de force à l'expression de nos jugements, nous les accompagnons volontiers d'une comparaison (*pauvre* comme Job, *fort* comme un lion, *féroce* comme un tigre, etc...), ou d'une estimation : « cet objet ne vaut pas un *sou*. » Les Latins disaient de même : ne pas valoir un as, une plume, une noix, un *hilum* (point noir de la fève). De là l'expression *ne-hilum*, qui est devenu *ni-hil* :

> Nil igitur mors est, ad nos neque pertinet *hilum*.
> (Lucrèce, De nat. rer., III. 483.)

Les locutions adverbiales qui servent en français à exprimer la négation sont au nombre de six : *pas, point, mie, goutte, personne, rien* :

Pas (du latin *passus*. « Ne point faire un *pas*. »

Point (du latin *punctum*). « Je ne vois *point*. »

Mie : de latin *mica* qui avait le sens de *miette*; *mica* est devenue *mie* en français, comme *urtica* (ortie), *vesica* (vessie), *pica* (pie), etc... *Mie* fut employé comme négation jusqu'à la fin du seizième siècle (je ne le vois *mie*); et déjà chez les Latins, *mica* servait au même usage :

> *Nullaque* mica salis.
> (Martial, VII, 25,)

Goutte. Du latin *gutta*, employé aussi au sens négatif par les Latins :

> Quoi neque parata *gutta* certi consilii.
> (Plaute.)

---

[1]. *Voyez* Schweighäuser. *De la négation dans les langues romanes*, et *Chev.* III, 330-340.

Cette locution adverbiale qui était autrefois d'un usage général (ne *craindre* goutte, n'*aimer* goutte, etc.), est restreinte depuis le dix-septième siècle aux deux verbes *voir* et *entendre* (n'y voir, n'y entendre goutte).

PERSONNE (du latin *persona*), joint à la locution *ne*, prend le sens de *nemo*.

RIEN (du latin *rem*) était substantif dans l'ancien français et gardait le sens originaire de *chose* : la *riens* (res) que j'ai vue est fort belle. Une très belle *riens* (res). — Joint à une négation, il signifie *nihil*, comme *ne... personne* signifie *nemo* : Je *ne* fais *rien*. — Cet emploi de *rien* est très judicieux, et il ne perdit son sens naturel de *chose*, pour prendre celui de *nihil* [comme dans la locution : « on m'a donné cela pour *rien* »], que par l'habitude que l'on avait de construire ce substantif avec *ne* pour former une expression négative. C'est aussi par l'histoire du mot *rien* que s'explique ce passage de Molière dans lequel *rien* est à la fois négatif et positif :

> Dans le siècle où nous sommes
> On ne donne *rien* pour *rien*.
> (*École des femmes*, II, 2.)

Terminons par l'observation générale qu'à l'origine les locutions adverbiales *pas, mie, goutte, point*, etc..., furent employées d'une manière sensible, c'est-à-dire placées dans une comparaison où elles avaient une valeur propre : Je ne marche *pas*, je ne vois *point*, je ne mange *mie*, je ne bois *goutte*, etc...

SECTION II

Prépositions

Les prépositions latines ont pour la plupart persisté en français ; cependant *ab, cis, ex, ergo, ob, præ, propter* et quelques autres de moindre importance ont disparu.

Les prépositions nouvelles créées par la langue française sont où des compositions de prépositions simples : *envers* (in-versus), *encontre* (in-contra), *dans* (de intus), etc..., ou des substantifs : *chez* (casa), ou bien aussi des participes présents : *durant, pendant, moyennant, nonobstant*, etc.

On peut diviser les prépositions en huit catégories.

CHAPITRE I

PRÉPOSITIONS QUI EXISTAIENT EN LATIN

Elles sont au nombre de dix :

A (ad), — ENTRE (inter), — CONTRE (contra), — EN (in), qui a formé *en-droit, en-vers, en-contre*, etc..., — OUTRE (ultra), — PAR (per), — POUR, vieux français *por* (du latin *pro* ; sur la transposition de l'*r*, voyez p. 131), SANS (sine), VERS (versus), — SUR (vieux français *sour* du latin *super*). La forme *sour* est restée dans *sour-cil* (supercilium).

CHAPITRE II

PRÉPOSITIONS FORMÉES DE PLUSIEURS PRÉPOSITIONS LATINES

Ces prépositions sont au nombre de quatre :

Avant (du latin *ab-ante*). *Abante* n'est pas rare dans les inscriptions[1]. Sur le changement de *b* en *v* cf. p. 108.

Devant (vieux français *davant*), est composé de *avant* et *de*.

Puis (post) composé : *de-puis*. Le latin *post-natus* devint en vieux français *puis-né*, aujourd'hui *puîné*.

Vers (versus), composés *vers*, *en-vers*.

CHAPITRE III

PRÉPOSITIONS COMPOSÉES DE PRÉPOSITIONS LATINES COMBINÉES A DES ADVERBES, PRONOMS OU ADJECTIFS

Dans (vieux français *dens*). Le latin *intus* qui donna *ens* en vieux français, devint en composition *de intus*, vieux français *dens*, aujourd'hui *dans*.

---

1. Nous avons conservé un témoignage curieux sur ce point : le peuple disait *ab-antè*, au lieu d'*antè*, et un vieux grammairien romain blâme vivement cette forme, et engage ses lecteurs à l'éviter. « *Antè me fugit* dicimus, non *Ab-ante me fugit* ; nam præpositio præpositioni « adjungitur imprudenter : quia *antè* et *ab* sunt duæ præpositiones. » *Gloses de Placidus* dans Mai, III, 431.

Derrière. — *Retro*, en vieux français *rière* (*rière-fief*, etc.), donna en composition *arrière* (ad-retro), *derrière* (de-retro).

Sus (du latin *súsum*, que les Latins employaient fréquemment pour *sursum* et qu'on trouve dans Plaute, Caton, Tertullien). Saint Augustin dit : *Jusum vis facere Deum et te susum* (Tu veux abaisser Dieu et t'élever). — *De-susum* a donné le français *dessus*. Le simple *sus* est resté dans les locutions *courir sus*, *en sus*, etc.

Dessous, c'est-à-dire *de* et *sous* (*sous* — vient du latin *subtus*).

Deçà (*de* et *çà*). — Dela (*de* et *là*).

Parmi, vieux français *par-mi* de *par* (per) et *mi* (medium).

Selon (du latin *sublongum*). En vieux français *sullonc*, *selonc*.

Dès, du latin *de-ex*.

CHAPITRE IV

PRÉPOSITIONS FORMÉES A L'AIDE DES PARTICIPES

Les principales sont : *durant, pendant, suivant, touchant, nonobstant, joignant, moyennant*, etc.

Nos pères plaçaient souvent le participe avant le nom auquel il se rapporte dans certaines tournures équivalentes à l'ablatif absolu des Latins : « *L'esclave fut jeté au feu, voyant le roi*, c'est-à-dire, en présence du roi, le roi le voyant, *vidente rege.* » — « Une des parties vient à mourir *pendant le procès*, c'est-à-dire le procès *étant pendant* (pendente re)[1].

Ces inversions ne furent plus comprises après le seizième siècle, et faute de connaître l'histoire de notre langue, l'Académie considéra ces participes comme des prépositions.

Durant (du verbe *durer*). Durant le jour, *eunte die*. — C'est à tort que l'Académie voit une inversion dans sa *vie durant; durant sa vie* est au contraire l'inversion véritable.

Moyennant, participe présent de l'ancien verbe *moyenner*, donner les moyens : — « Il échappa *moyennant* votre aide » (votre aide lui donnant les moyens).

Nonobstant (non obstante), c'est-à-dire n'empêchant pas.

Pendant (du verbe *pendre*), pendant l'affaire — pendente re.

CHAPITRE V

PRÉPOSITIONS FORMÉES A L'AIDE DE SUBSTANTIFS

Les prépositions formées à l'aide de substantifs sont au nombre de sept.

---

1. Chev., III, 335

Chez, vieux français *chez*. La locution latine *in casa* devint dans notre ancienne langue *en chez;* on disait au treizième siècle *il est chez Gautier* (est in casa Walterii). La préposition *en* disparut au quatorzième siècle, et l'on dit comme aujourd'hui : il est *chez* Gautier.

Faute, du substantif de même forme.

Vis-a-vis (visus ad visum). — *Vis* veut dire *visage* dans notre ancienne langue : *vis-à-vis* signifie littéralement *face à face*.

Malgré, vieux français *mal gré*, — de *mal* (malum), et de *gré* (gratum). — *Mal-gré* est donc synonyme de *mauvais gré*.

A cause de, a côté de, formés à l'aide des substantifs *cause* et *côté*.

CHAPITRE VI

PRÉPOSITIONS FORMÉES A L'AIDE D'ADJECTIFS ET D'ADVERBES

Hors (sur ce mot voyez p. 117).

Hormis (vieux français *hors-mis*, c'est-à-dire *mis hors*). Dans cette locution, le participe *mis* (missus) était variable ; on disait au treizième siècle : « Cet homme a perdu tous ses enfants, hors *mise* sa fille. » Au quinzième siècle, le participe *mis* s'est soudé à la particule *hors*, et la locution *hors mis* est devenue à son tour une préposition.

Rez (du latin *rasus*). En vieux français *rez* ou *ras* (rasus) signifiait *rasé*. Avoir les cheveux *ras* ; à *ras* de terre, ce qui rase la terre, *rez* de chaussée, l'appartement qui est au *ras*, au niveau de la chaussée.

Lèz (du latin *latus*). Dans la basse latinité, *latus* fut employé pour *juxta*, et signifiait *auprès*. *Plexitium latus Turonem* — le Plessis-lèz-Tours, c'est-à-dire *auprès de* Tours). Passy-*lèz*-Paris, Champigny-*lèz*-Langres. — En vieux français, *lèz* était substantif : le roi est sur son trône, et son fils à *son lèz* (c'est-à-dire à son côté).

Jusque (sur l'origine de ce mot, voyez p. 116).

Voici, voila, vieux français *voi-ci, voi-là*. Cette locution est composée de l'impératif du verbe *voir*, et des adverbes *ci, là*. Par suite, elle était séparable dans notre ancienne langue : *Voi-me là* (pour *me voilà*). Au seizième siècle Rabelais dit encore : « *Voy* me *ci* prêt, » (pour *me voici* prêt). Ne comprenant plus le sens de cette locution, l'Académie décréta en 1660 que *voici, voilà* étaient prépositions, et comme telles, désormais inséparables.

CHAPITRE VII

PRÉPOSITIONS COMPOSÉES D'UN ARTICLE ET D'UNE PRÉPOSITION JOUANT LE ROLE DE SUBSTANTIF

Au dedans, au dehors, au delà, au-dessous, auprès, au-devant, au travers.

CHAPITRE VIII

PRÉPOSITIONS FORMÉES D'UN SUBSTANTIF ET D'UN ADJECTIF PRÉCÉDÉS DE L'ARTICLE

Au lieu, au milieu, au moyen, le long, autour, au bas, du haut, etc.

SECTION III

Conjonctions

Nous étudierons successivement les conjonctions *simples*, qui existaient déjà en latin, *car* (quare), etc..., — les conjonctions composées de particules latines, *aussi* (aliud sic), etc., — Enfin les locutions *conjonctives* formées par l'addition de la conjonction *que* à certaines particules, *tandis* (que), *quoi* (que), etc...

CHAPITRE I

CONJONCTIONS SIMPLES

Les conjonctions simples sont au nombre de onze.

Car (quare). Il avait conservé en vieux français son sens originaire de *pourquoi* « Je ne sais ni *car* ni comment, » disait-on au treizième siècle.

Comme, vieux français *cume*, du latin *quómodo*. Donc, du latin *tunc* — et (latin *et*) — ou (vieux français *o*, du latin *aut*). Sur le changement de *au* en *o*, voir p. 96.

Quand (quando) — que, vieux français *qued*, du latin *quod*.

Mais (du latin *magis*) avait autrefois le sens de *plus*. Cette signification a persisté dans la locution *n'en pouvoir mais* (n'en pouvoir plus), et dans l'ancien adverbe *désormais* (voyez p. 234).

Ni (latin *nec*, vieux français *ne*). On trouve encore dans Molière *ne plus, ne moins.*

Or (hora) signifiait en vieux français *maintenant* : or, dites-moi, etc...

Si (latin *si*). Composé : *si-non*. En vieux français les deux particules étaient séparables : « Je verrai, *si* lui-même, *non*, au moins son frère. »

CHAPITRE II

CONJONCTIONS COMPOSÉES

Elles sont au nombre de dix.

Ainsi (vieux français *asi*, dont l'origine est obscure).

Aussi (vieux français *alsi*, du latin *aliud-sic*).

Cependant, de *ce* et *pendant*, littéralement *pendant cela* : « Nous nous amusons, et *ce pendant* la nuit vient. »

Encore (vieux français *ancore*, du latin *hanc horam*). Sur ce mot, voir p. 234.

Lorsque (de *lors* et *que*); sur *lors*, voir p. 235. Cette locution est encore séparable : *lors* même *que*.

Néanmoins, vieux français *néantmoins* de *néant* et de *moins*. — *Néant* (latin *ne[c]éntem*) signifie littéralement *rien, non*. C'est dans ce sens que La Fontaine l'a encore employé :

> Car j'ai maints chapitres vus
> Qui pour *néant* se sont tenus.

Néant-moins est l'équivalent de *ne pas moins* : « Il est fort jeune et *néanmoins* sérieux, » c'est-à-dire, il n'en est pas moins sérieux.

Plutôt (*plus* et *tôt*), voyez p. 244.

Puisque (*puis* et *que*), voyez p. 244.

Quoique (*quoi* et *que*), voyez p. 179.
Toutefois, voyez p. 170.

CHAPITRE III

LOCUTIONS CONJONCTIVES

Elles sont formées à l'aide : 1° d'*adverbes* (*tandis, alors, sitôt, aussitôt, tant, bien, encore, afin*), combinés à la conjonction *que : tandis que, alors que,* etc.; 2° de *prépositions* (*sans, dès, jusqu'à ce, après, avant*), également suivies de *que : sans que, dès que,* etc.... On trouvera l'étymologie de ces locutions aux prépositions et aux adverbes correspondants.

SECTION IV

Interjections

Si nous laissons de côté les locutions telles que *paix! courage!* etc..., qui sont plutôt des propositions elliptiques, (*faites*) *paix,* etc..., que des interjections proprement dites, il reste peu de chose à dire des interjections françaises, puisque les véritables interjections sont, quant au fond, communes aux idiomes de tous les peuples (*oh! ah!* etc...). Deux seulement, *hélas!* et *dame!* offrent au point de vue de la forme un réel intérêt philologique :

Hélas, que nos aïeux écrivaient *hé! las!* se compose de l'interjection *hé!* et de l'adjectif *las* (lassus, malheureux). On disait au treizième siècle : Cette mère est *lasse* de la mort de son fils. — Hé! *las!* — que je suis! — Ce n'est qu'au quinzième siècle que les deux mots se soudèrent, et qu'*hélas* devint inséparable. — En même temps, *las* perdait toute son énergie primitive, et passait du sens de *douleur* à celui de *fatigue* comme cela est arrivé pour les mots *gêne* et *ennui*, qui signifiaient à l'origine *tourment* et *haine*.

DAME! Le latin *Dómĭne-Deus*, ou *Domne-Deus*, devint en français *Dame-Dieu*; on trouve à chaque instant dans les textes du moyen âge : « *Dame-Dieu* nous aide. » *Dame-Dieu* et simplement *dame* (c'est-à-dire Seigneur-Dieu), s'employait comme interjection. En sorte que l'exclamation *Ah! dame* qui pour nous a perdu aujourd'hui toute signification, revient à dire *ah! Seigneur*.

LIVRE III

FORMATION DES MOTS

LIVRE III

FORMATION DES MOTS

On sait que les parties ajoutées à une racine pour en modifier la signification se nomment *affixes*. Étant donnée la racine *forme*, nous créons les mots *information*, *réformation*, etc...; IN, RÉ, TION sont des affixes (du l. *affigere*, accoler). On les nomme *préfixes*, quand ils précèdent le radical, comme *ré* dans *ré-forme; suffixes* quand ils le suivent, comme *tion* dans *réforma-tion*.

Les préfixes s'ajoutent aux radicaux pour former des mots *composés;* les suffixes, pour former des mots *dérivés*. Nous étudierons successivement la *composition* et la *dérivation*, ce qui revient à passer en revue les préfixes et les suffixes.

SECTION I

Composition

Il faut distinguer la composition des noms, celle des adjectifs, celle des verbes, enfin celle des particules, la plus nombreuse, et la plus importante de toutes. —

On doit, en outre, considérer les préfixes au double point de l'origine et de la forme :

1° *De l'origine* : Ils peuvent être — soit d'origine latine (p. ex. *Re-nier, Dé-lier* qui viennent de *Re-negare, De-ligare*), — soit d'origine française, c'est-à-dire créés sur le modèle des préfixes latins (p. ex. *Re-change*), mais n'ayant pas de correspondants chez les Latins.

2° *De la forme* : C'est surtout dans l'étude des composés (comme dans celle des dérivés) qu'il importe de bien distinguer les deux classes de mots dont se compose la langue française, et sur lesquelles nous avons insisté dans l'*Introduction;* — les composés tels que Sourcil (*super*cilium), Survenir (*super*venire, qui ont été formés par le peuple, — et les composés tels que Supériorité, Superfétation, qui nous viennent des savants.

CHAPITRE I

DE L'ACCENTUATION DES COMPOSÉS

Dans la composition des noms, des adjectifs et des verbes, le composé suit l'accentuation ordinaire : *orfèvre* (auri-faber), *aubé-pine* (alba-spina), *main-tenir* (manu-tenere), parce que ces mots sont tellement soudés l'un à l'autre, qu'ils n'ont plus d'existence distincte.

Dans la composition des particules (*de-re-putare, députer, réputer*, il est nécessaire, pour se rendre compte du rôle qu'y a joué l'accent latin, de séparer les mots latins composés qui ont passé en français, des composés créés de première main par notre langue.

§ 1. Composés latins qui ont passé en français.

« Dans la plupart des mots composés que le français a empruntés au latin, la composition primitive ne se faisait plus sentir et le français les a traités comme des mots simples. Il en est résulté que l'accent portant souvent sur la particule déterminante, le mot déterminé qui la suivait a été anéanti ou contracté de façon à être complètement méconnaissable et la particule a perdu elle-même son sens originaire : *sarcóphagus* (v. fr. *sarqueu*, puis *cercueil*), *trifolium* (trèfle), *cólloco* (couche), *cónsuo* (couds). Mais dans certains autres mots, le français a voulu faire sentir la force de la particule déterminante, et le sens du mot déterminé. Pour y parvenir dans le cas où, par suite de l'accentuation de la particule, le mot aurait été défiguré comme ceux que nous venons de citer, il avança l'accent d'une syllabe, et accentua le mot déterminé de la même manière que s'il n'eût pas été composé : *é-levo* (élève), *ré-nego* (renie), *cóm-pater* (compère), etc.... Ce déplacement dû à la force du sens se fit sans doute dans le latin rustique, antérieurement à la constitution du français. C'était un procédé excellent pour faire ressortir la force des simples, qui s'était à peu près perdue dans les composés, et dont les mots régulièrement accentués ne conservèrent pas la trace[1]. »

---

1. G. Paris, *Accent latin*, p 82.

§ 2. Mots composés de première main par le français.

« On n'appliqua naturellement à ces mots que la seconde méthode d'accentuation, et on ne songea pas à faire reculer sur la particule déterminante l'accent du mot déterminé dans le cas où il aurait été reculé en latin si les mêmes mots s'étaient agglomérés. On forma donc des mots composés soit en unissant les particules de composition latine, à des mots auxquels elles n'avaient pas été jointes en latin, soit en préposant à des mots latins ou français, des particules latines ou françaises, qui n'avaient pas été employées en composition par le latin : *archi-duc*, *vi-comte* (vice-comes), — *en* (de *indè*) : *en-lève*, *en-fuis*, *en-voie*, etc., — *sous* (de *subtus*) : *sou-lève*, *sous-trais*, etc...[1]. »

CHAPITRE II

COMPOSITION DES NOMS

Dans les composés formés au moyen d'un substantif, il faut distinguer l'union de deux substantifs entre eux, celle d'un nom et d'un adjectif, enfin celle d'un nom et d'un verbe :

I. Composition de deux substantifs :
Oripeau (auri-pellem), *orfèvre* (auri-faber), *oriflamme* (auri-flamme), *usufruit* (usus-fructus), *bette-*

---

1. G. Paris, *Accent latin*, p. 83.

rave (betta-rapa), *pierre-ponce* (petra-pumex), *connétable* (comes stabuli), sa*lpêtre* (sal petræ), *ban-lieu*. Les noms des jours : *Lun* (lunæ) — *mar* (martis) — *mercre* (mércurii) — *jeu* (jóvis) — *vendre* (véneris) — *same* (sábbati). — Di (dies). — *Mappemonde* (mappa mundi).
— Noms propres : *Port-Vendres* (Portus-Véneris), *Dampierre* (Dominus Petrus), *Abbeville* (Abbatis-villa), *Châtelleraull* (castellum Eraldi), *Château-Thierry* (Castellum-Theodorici), *Finistère* (Finis-terræ), *Montmartre* (Mons-Martyrum), *Fontevrault* (Fontem Evraldi).

II. Composition d'un substantif et d'un adjectif :

Soit que le substantif précède l'adjectif :

Banqueroute (banca-rupta)[1], *courte-pointe* (culcita-puncta), *raifort* (radix-fortis), *vinaigre* (vinum acre), *romarin* (ros-marinus), *république* (res-publica), *dimanche* (dies dominica). Ajoutons-y le composé *embonpoint* (en-bon-point), qui avait en vieux français son correspondant *enmalpoint* (en-mal-point), ainsi que les noms propres : *Roquefort* et *Rochefort* (Rocca-fortis), *Château-Roux*, *Forcalquier* (Forum-Calcarium), *Vaucluse* (Vallis-Clusa), etc....

Soit que l'adjectif précède :

Aubépine (alba spina), *bonheur* (bonum-augurium)[2]

---

1. Sur ce mot, voyez page 213.
2. *Bon-heur mal-heur* s'écrivaient en vieux français *Bon-eür*, *mal-eür*. *Eür* qui signifiait *chance, présage*, et était toujours dissyllabique, vient de *au(g)ŭrĭŭm* qui a donné *aür* qu'on trouve au douzième siècle, puis *eür*. Les savants qui ont tiré *heur* de *hora*, ont commis une erreur, parce que *hora* ne pouvait donner et n'a donné qu'un mono-

malheur (malum-augurium), *chauve-souris, mal-aise-bien-aise* (mal-bien-aise). — *Mi* (de *médius* dans les mots suivants : *mi-di* (media-dies), *mi-nuit* (media-nocte), *milieu* (medius-locus), *mi-*septembre, etc..., *printemps* (primum-tempus), *prud'homme* (prudens homo), *vif-argent* (vivum argentum), *sauf-conduit* (salvum conductum), *quintessence* (quinta essentia), *primevère* (prima vera). — Noms propres : *Courbevoie* (Curvavia), *Clermont* (Clarus-mons), *Chaumont* (Calvus-mons), *Haute-feuille, Haute-rive*.

III. Composition d'un substantif et d'un verbe.

Maintenir (main-tenir), *colporter* (col-porter). — *Saupoudrer* (sau-poudrer); le vieux français *sau* (sel), nous est resté dans *saunier* (salinarius). — *Vermoulu* (ver-moulu); *bouleverser* (boule-verser); *licou* (lie-cou), *fainéant* (fait-néant), *crucifier* (cruci-ficare).

CHAPITRE III

COMPOSITION DES ADJECTIFS

I. Composition de deux adjectifs : *clair-voyant, mort-né, nouveau-né, aigre-doux, clair-obscur,* etc...

II. Composition d'un adjectif et d'un verbe :

Le latin *ficare* devient en français *fier*, et donne lieu à de nombreux composés, — les uns venant directe-

---

syllabe *heure*, terminé par un *e* correspondant à l'*a* final du mot latin; le mot *eûr, aûr* ne peut venir de *hora*, puisqu'il est dissyllabique, et terminé par une consonne.

ment du latin tels que *purificare* (purifier), — les autres, créés sur ce modèle, et n'ayant pas de correspondants en latin : tels que : *ramifier, ratifier, bonifier*, etc....

CHAPITRE IV

COMPOSITION DES VERBES

Il faut distinguer : 1° la composition de deux verbes ou de deux radicaux verbaux : *chauffer* (cale-ficare), *liquéfier* (lique-ficare), *stupéfier* (stupe-ficare), etc. — 2° La composition d'un adjectif et d'un verbe (voyez page 262). — 3° La composition d'un verbe et d'un nom : — aux exemples donnés ci-dessus ajoutons les suivants : *édifier* (ædi-ficare), *pacifier* (paci-ficare), *versifier* (versi-ficare), etc....

CHAPITRE V

COMPOSITION DE PHRASES

Dans les composés formés de phrases, l'accent est sur la dernière syllabe (il y a quelquefois un demi-accent, mais ordinairement peu prononcé) : *vaurien* (vau-rien), *fainéant* (fait-néant), *couvre-chef, va-et-vient, hochequeue, licou* (lie-cou), *tourne-sol, vole-au-vent, passe-avant*, etc... — Le mot *bégueule* (en vieux français *bée-gueule*) est formée de *bée* (ouvert), participe passé de l'ancien verbe *béer* ou *bayer* (qui subsiste dans la locution : *bayer* aux corneilles : *bégueule* veut donc dire qui tient la bouche ouverte, attitude de l'étonnement et de la sottise. On appelle encore aujourd'hui *bée*, l'ouverture par laquelle coule l'eau qui donne le mouvement à un moulin.

CHAPITRE VI

COMPOSITION DES PARTICULES

Nous étudierons successivement les particules prépositionnelles, les particules qualitatives, les particules quantitatives, les particules négatives, au point de vue de la composition.

§ 1. Particules prépositionnelles

Elles sont au nombre de trente :

AB. — fr. *A, Av*) :
Cette particule, qui marque l'idée d'éloignement, a fourni de nombreux composés en français : *a-battre, avant* (ab-antè), *avorter* (ab-ortare), etc... [1].

AD. — (fr. *A, Av*) :
En latin *ad* ajoute à la racine l'idée de rapprochement et par suite d'augmentation : *avertir* (ad-vertere), *arriver* (ad-ripare), etc... [2]. — Composés nouveaux *achever* (de *à chef*, c'est-à-dire *à bout*. L'ancien fran-

---

1. Forme savante : *abjuration, abject, ablatif*, etc.
2. Forme savante : *adjudication, administration, adorer*, etc.

çais disait *venir à chef* pour *venir à bout*), *accoucher, abaisser, avérer, affût* (de *à* et *fût*, latin *fustis*), *appât, affaire* (à faire), etc....

ANTE ou ANTI. — (fr. *ans, ains*) :

Le latin *antè-natus* devint en français *ains-né* au douzième siècle, *ais-né* au quinzième, *aîné* au dix-septième siècle. La locution correspondante est *post-natus*, anciennement *puis-né*, aujourd'hui *puîné* [1].

Le composé *ab-antè*, français *avant*, sert de préfixe dans un grand nombre de mots : *avant-bras, scène-garde*, etc... Voyez page 244.

Ἀντί. — (fr. *anti*) :

Ce préfixe, qu'il ne faut point confondre avec le précédent, marque l'opposition [2], *antipode, antipathie*, etc... *Antéchrist* est une faute pour *Antichrist*.

CUM. — (fr. *co, com, con*) :

Cailler (vieux fr. *coaillier, coagulare*), sur ce mot voyez p. 124, *couvrir* (*cooperire*), *correspondre* (*cum-respondere*).

Composés nouveaux : *complot*, — *compagnon* (de *cum* et de *panis*, celui qui mange le même pain. La

---

1. Forme savante : *antédiluvien, antidater, anticiper*, etc.

2. Je passe sous silence les préfixes modernes des mots savants tirés du grec, tels que : *ana* (ἀνά, analogie), *épi* (ἐπί, épigraphie), *hyper* (ὑπέρ, hypertrophie), etc..., dont l'étymologie n'offre aucune difficulté. J'en excepte ἀντί à cause du préfixe latin *antè*, qui aurait pu donner lieu à une confusion.

forme de basse latinité avait donné au nominatif *companio*, le vieux français *compain*, et à l'accusatif *companionem*, la forme *compagnon*).

Contra. — (fr. *contre*) :
Contreseing (contra-signum), *contre-poids*, *contre-faire*, *contre-bande*, *contrôle* (contre-rôle) [1].

De. — (fr. *de, dé*) :
Dé-choir, déclarer, de-mander, de-venir, de-gré, dé-laisser, dessiner (de-signare), etc....

Dis, Di. — (fr. *dé, dés*) :
Déluge (di-luvium), *dépendre* (dis-pendere), *déplaire* (dis-plicere) [2]. — Composés nouveaux : *dés-agréable, dés-honneur*, etc....

E, Ex. — (fr. *e, es*) :
Essouffler (ex-sufflare), *essuyer* (ex-succare), *essaim* (ex-amen), etc... [3].
Composés nouveaux : *effacer, ébahir, échapper,* etc.

Foris, Foras. — (fr. *for, four*) :
Forfait (foris-factum), *fourvoyer* (foris-viare).
Foris ayant aussi donné *hors*, foris-missum a donné *hor-mis* (hormis). Voyez sur ce mot, p. 117.

In (fr. *en, em*) :
Ensemble (vieux français *ensemle*, latin *in-simul*),

---

1. Forme savante : ***Contra-diction***, etc.
2. Forme savante : ***Dis-cerner, dis-crédit***, etc.
3. Forme savante : ***Ex-cursion, ex-ténuer***, etc.

enfler (in-flare), *encourir* (in-currere), *emplir* (im-plere), *empreindre* (imprimere).

Composés nouveaux : *en-gager, en-richir, em-busquer, empirer*, etc...[1].

INDÈ. — (fr. *en, em*) :

Envoyer (vieux français *entvoyer*, latin *indè-viare*). Sur le rapport du latin *indè* au français *ent*, voyez p. 175.

INTER (fr. *entre*) :

Entre-voir, entre-sol, entre-mets, entre-tien[2], etc...

PER. — (fr. *par*) :

Par-fait (per-fectus), *par-venir* (per-venire), *parmi* (per-medio).

Composés nouveaux : *par-fumer, par-donner*, etc...

Les Latins employaient la particule *per*, à marquer le plus haut degré d'intensité : *per*horridus, *per*gratus, *per*gracilis, etc.... De même en français *par*achever, *par*faire...[3].

POST. — (fr. *puis*) :

Puîné (vieux français *puisné*, latin *post-natus*). Sur ce mot voyez ci-dessus au préfixe *ante*. Les mots tels que *postdater, posthume*, etc..., sont modernes.

---

1. Forme savante: *In*exact, *in*utile, *in*cursion, etc.
2. Forme savante: *Inter*préter, *inter*venir, etc.
3. Cette particule était séparable, dans notre ancienne langue: *parsage* pour *très-sage*, se scindait par une tmèse en deux parties : *tant par est sage*, pour *tant il est parsage*. On dit encore : « *C'est par trop fort.* »

Præ. — (fr. *Pré*) :
*Pré*cher (*præ*dicare), *pré*voir, *pré*server, *pré*tendre, etc....

Pro. — (fr. *por, pour*) :
*Pour*suivre, *pour*chasser, *por*trait (*pro*tractus).

Re. — (fr. *ré, re, r'*) :
*Ré*duire (*re*ducere), *ré*pondre (*re*spondere), *re*cueillir (*re*colligere), etc.... — Composés nouveaux : *re*buter (but), *r*chausser (haut), *ré*unir (un), *ra*jeunir (jeune), *r*enverser (envers), de *re*-chef, etc....

Retro. — (fr. *rière*) :
Dans notre ancienne langue, *retro* donna *rière* (comme *petra* a donné *pierre*); cette forme a persisté dans *arrière* (ad-retro), préfixe qu'on retrouve dans les composés tels qu'*arrière-ban, arrière-boutique, arrière-neveu*, etc.... — *Rétroactif, rétrocession*, etc..., sont tous des mots modernes.

Se. — (fr. *sé*) :
*Sé*duire (*se*ducere), *sé*vrer (*sepărăre*), etc....

Sub. — (fr. *se, su, sou, sous*) :
*Sou*rire (*sub*ridere), *se*courir (*suc*currere), *sou*venir (*sub*venire), etc....
Composés nouveaux : *sé*journer (jour).

Subtus. — (fr. *sou, sous*) :
Sous-traire, *sous*-entendre (*subtus*-trahere, intendere).

Composés nouveaux : *sous*-diacre, *sous*-lieutenant, *sou*terrain.

SUPER. — (fr. *sur, sour*).

*Sur*venir (*super*venire), *sour*cil (*super*cilium), *sur*nommer (*super*nominare).

Composés nouveaux : *sur*saut, *sur*humain, *sur*face, *sur*tout.

Quant aux mots *soubresaut* (super saltum), *subrécargue* (supercarrica), — dont la forme française est *sursaut, surcharge*, — ils sont d'origine espagnole.

TRANS. — (fr. *tré, tra*) :

*Tra*verser (*trans*versare), *tra*duire (*trans*ducere), etc....

Composés nouveaux : *tré*pas (trans-passus), *tres*saillir (trans-salire), etc...[1].

ULTRA. — (fr. *outre*) :

Outre-passer, *outre*cuidance, *outre*mer, etc....

Les mots tels qu'*ultramontain*, etc..., sont modernes.

VICE. — (fr. *vi*) :

*Vi*comte (*vice*-comitem), *vi*dame (*vice*-dominus). — Mots modernes : *vice*-roi, *vice*-consul, etc....

---

1. Mots modernes : *transcription, transport*, etc.

§ 2. Particules qualitatives.

Les particules de qualité sont au nombre de quatre :

BENÈ. — (fr. *bien*) :
*Bien*fait (*bene*factum), *bien*heureux, *bien*venu, etc....

MALE. — (fr. *mal, mau*) :
*Mal*mener (*male*-minare) *mal*traiter (*male*-tractare), *mau*dire (*male*dicere), *mau*ssade (*male*-sapidus)[1], *mal*ade (*male*-aptus). Sur ce mot, voyez ci-dessus page 130), *mal*sain (*male* sanus).

MINUS. — (fr. *mes, mé*) :
Mé-dire, *mé*-faire, *mé*-prendre, *mé*-fier, *mé*sestimer, etc...[2].

MAGIS. — (fr. *mais*) :
Il a donné la conjonction *mais* : *magis* dans son sens originaire a été remplacé dans notre langue, par le latin *plus*. — Ce mot a gardé cependant son sens primitif dans la locution *n'en pouvoir mais...*

---

1. *Sápidus* donna en vieux français *sade*, d'où *male-sápidus, maussade*.

2. Ce préfixe *més, mé* ne vient point de l'allemand *miss*, comme plusieurs l'ont prétendu, mais du latin *minus*, étymologie qui est confirmée par la forme ancienne du préfixe français, et par sa forme dans les autres langues romanes : le latin *minus-pretiare* devient en espagnol *menos-preciar*, en portugais *menos-prezar*, en provençal *mens-prezar*, en français *mespriser* ou *mépriser*

§ 3. Particules quantitatives.

Bis. — (fr. *bé, bi*) :
*Bé*vue (le sens originaire de ce mot est *double-vue*). — La forme savante est *bis* : *bis*cuit (*bis*-coctus), *bis*-aïeul (*bis* aviolus), *bis*cornu (*bis*-cornu), etc....

Medius. — (fr. *mi*) :
*Mi*di (*media* dies), *mi*nuit (*media* nocte), *mi*-lieu (*medio*-loco), *mi*-janvier, *mi*-carême, etc....
Dimidium a donné *demi*....
Semi. Par*mi* (Per-medio).

§ 4. Particules négatives.

Non. — (fr. *non*).
*Non*pareil, *non*chaloir (ce verbe qui nous est resté dans le participe présent, *non*chalant, est un composé du verbe *chaloir* que nous avons étudié ailleurs[1]).

In. — (fr. *en*) :
*En*fant (*in*-fantem). La forme savante est *in* : *in*utile, *in*décis.

---

1. Voyez page 222.

SECTION II

Dérivation

Comme les préfixes, les suffixes eux aussi doivent être considérés au double point de vue de l'*origine* et de la *forme*.

1° de l'*origine* : les suffixes peuvent être soit d'*origine latine* (prem*ier* — du latin prim*arius*); soit d'*origine française*, c'est-à-dire créés sur le modèle des suffixes latins (enc*rier* du français *encre*), mais n'ayant pas de correspondants en latin.

2° De la *forme*. Il faut soigneusement distinguer les suffixes de formation savante des suffixes de formation populaire, les dérivés tels que prem*ier* (prim*arius*), sécul*ier* (sæcul*aris*), écol*ier* (scol*aris*), qui ont été formés par le peuple, — et les dérivés tels que prim*aire*, sécul*aire*, scol*aire*, qui nous viennent des savants.

CHAPITRE I

DE L'ACCENTUATION DES DÉRIVÉS.

Les suffixes latins peuvent être rangés en deux catégories : les suffixes *accentués* : mort-ális, hum-ánus, vulg-áris, etc., — les suffixes inaccentués ou *atones* : ás-ĭnus, pórt-ĭcus, mób-ĭlis.

Les suffixes latins accentués persistent en français : mort-el, hum-ain, vulg-aire. Une fois en possession ed ces suffixes (*el, ain, aire*), notre langue les emploie à former des dérivés nouveaux, en les ajoutant à des mots qui ne les avaient point en latin : c'est par des additions de cette nature qu'ont été formés les mots tels que *visu-el, loint-ain, visionn-aire*, dérivés créés de première main par la langue française.

Les suffixes atones latins, tels que *as-inus, port-icus, jud-icem*, s'éteignent tous en passant en français[1], par une conséquence naturelle de la loi de l'accent (voyez l'explication de ce fait, p. 121); *as-inus* donna *âne; port-icus, porche; jud-icem*, juge. — Ces suffixes n'avaient donc plus la force de servir à la création de nouveaux dérivés; ce ne fut que plus tard que les savants ne comprenant plus le rôle de l'accent latin dans ces désinences, calquèrent niaisement la forme latine, en l'accentuant à faux, et en déplaçant l'accent. On eut alors des mots tels que *portique* (porticus), *mobile* (mobilis), *fragile* (fragilis)[2], mots formés contrairement au génie de notre langue, mots barbares qui ne sont ni latins, ni français, et qui violent les lois d'accentuation de l'un et de l'autre idiome.

On distingue les suffixes français en *nominaux* (substantifs et adjectifs) et en *verbaux*. Dans chacune de ces catégories, nous étudierons successivement les

---

1. Par *français* j'entends toujours l'ensemble des mots de formation spontanée et populaire, par opposition aux mots savants introduits positivement dans la langue.

2. Notre ancienne langue, qui observait toujours la loi de persistance de l'accent, disait au lieu de *portique, mobile, fragile*, porche (*pórticus*), meuble (*móbilis*), frêle (*frágilis*).

suffixes accentués en latin, et les suffixes atones, ayant soin de rejeter sévèrement tout mot introduit dans notre langue postérieurement à son époque de formation.

CHAPITRE II

SUFFIXES NOMINAUX

§ 1. Suffixes accentués en latin.

ALIS. — (fr. *el, al*).

Mort*el* (mort*alis*), chept*el* (capit*ale*), hôt*el* (hospit*ale*), roy*al* (re[g]*alis*), loy*al* (le[g]*alis*)[1].

AMEN. — (fr. *aim, ain, en*).

Air*ain* (ær*amen*), lev*ain* (lev*amen*), ess*aim* (ex*amen*), li*en* (li[g]*amen*).

I-MEN. — Ce suffixe n'a rien donné au français populaire.

U-MEN.— Fr. *on* : bét*on* (bit*umen*)[2].

ANTIA. — (fr. *ance*).

Enf*ance* (inf*antia*). Dérivés français[3] : nu*ance*, sé*ance*, etc.

---

1. Les savants ont gardé pour ce suffixe la forme *al* : *hôpital, natal, capital*.

2. Forme savante : *amen*, examen (*examen*); imen — *ime*, *régime* (*regimen*), *crime* (*crimen*); úmen — *ume*, *bitume* (*bitúmen*). *légume* (*legúmen*), *volume* (*volumen*).

3. Pour abréger, j'appelle *dérivés français*, les dérivés créés de première main par notre langue, et qui n'ont point de correspondants en latin.

ANDUS, ENDUS. — (fr. *ande, ende*).

Viande (vivénda), provende (providénda), légende, (legénda). — Dérivés français : offrande, réprimande, jurande, etc.

ANTEM. — (fr. *ant*) ; — ENTEM (fr. *ent*).

Enfant (infantem), marchand (mercantem), amant (amantem), méchant (vieux fr. *meschéant*, du verbe *meschéoir*, voy. p. 222) formé de *més* = *minus*, comme nous l'avons vu, p. 270, et du verbe *chéeir*, latin ca[d]ere. En sorte que *méchant* représente le latin *minus-cadéntem*).

Sergent (serviéntem), échéant (ex-cadéntem).

ANUS. — (fr. *ain*).

Aubain (albanus), certain (certanus), romain (romanus), plain-chant (planum-cantum), humain (humanus). = *Anus* devient *en*, *ien*, après une voyelle, ou lorsque tombe la consonne médiane : chrétien (christianus), ancien (ancianus), païen (pa[g]anus), doyen (de[c]anus).

Dérivés français : hautain (haut), chapelain (chapelle), etc... [1].

ENUS, ENA. — (fr. *in, ene*).

Plein (plénus), venin (venénum), avoine (avéna), chaîne (vieux fr. *chaëne*, latin ca[t]éna).

---

[1]. Forme savante *an* : plan (planus) vétéran, (veteranus), etc. — Quant aux mots tels que courtisan, etc..., ils viennent de l'italien (cortigiano), et ne remontent qu'au seizième siècle.

Ardus. — (fr. *ard*).

Le suffixe germanique *hart* (bas-latin, *ardus*), qui sert à marquer l'intensité, a fourni à notre langue un nombre très-considérable de dérivés (pleur*ard*, fuy*ard*, bât*ard*, etc...).

Aris, Arius. — (fr. *er, ier*).

Prem*ier* (prim*arius*), sécul*ier* (sæcul*aris*), gren*ier* (gran*arium*), écuy*er* (scut*arius*), rivi*ère* (rip*aria*), écol*ier* (scol*aris*), sangl*ier* (singul*aris* [porcus]), fum*ier* (fim*arium*). Dérivés nouveaux : plén*ier* (plein), barr*ière* (barre), etc.

Le suffixe *ier*, le plus productif, peut-être, des suffixes français, a formé un nombre considérable de dérivés qui n'existaient point en latin. Il sert à désigner le plus souvent : 1° les noms de *métiers* [boutiqu*ier*, pot*ier*, batel*ier*, écuy*er*, berg*er*, arch*er*, vigu*ier*, etc...], 2° les *objets d'usage journalier* [sabl*ier*, encr*ier*, foy*er*, etc...], 3° les noms *des végétaux* [poir*ier*, pomm*ier*, peupl*ier*, laur*ier*, figu*ier*, grenad*ier*, etc.] [1]....

Atus. — (fr. *é*); — Ata (fr. *ée*).

Aim*é* (am*atus*), avou*é* (advo[c]*atus*), duch*é* (duc*atus*), évêch*é* (episcop*atus*), — chevauch*ée* (caballic*ata*), aim*ée* (am*ata*), etc....

Certains dérivés en *ade*, tels qu'estrap*ade*, cavalc*ade*, estr*ade*, estac*ade*, etc..., nous viennent de l'italien. La

---

[1] Forme savante *aire* : scol*aire* (scol*aris*), sécul*aire* (sæcul*aris*) calc*aire*, calc*arium*, etc...

forme française eût été ée, comme on le voit par *cavalcade* (caballicata) et *chevauchée*, — *estrade* et *estrée* (strata) — *escapade* (de l'ital. *scappata*) et *échappée*[1].

ASTER. — (fr. *âtre*).

Ce suffixe qui ajoute à la racine une idée de dépréciation, a donné en français de nombreux dérivés inconnus à la langue latine : bell*âtre*, douce*âtre*, gentill*âtre*, opini*âtre*, mar*âtre*, par*âtre*, etc.

ACEM. — (fr. *ai*).

Ver*acem* (vr*ai*), ni[d]*acem* (ni*ais*), etc... La forme savante est *ace* : tenace, rapace, vivace, etc....

ELA. — (fr. *elle*).

Chand*elle* (candéla), quer*elle* (queréla), tut*elle* (tutéla), etc...

ELIS. — (fr. *el, al*).

Cru*el* (cru[d]élis), fé*al* (fi[d]élis).

ELLUS. — (fr. *el, eau*).

Jum*eau* (gemellus), b*eau* (bellus), etc...

ENSIS. — (fr. *ois, ais, is*).

Les dérivés latins tels que *forensis, hortensis, nemorensis*, etc..., n'ont rien donné au français, et notre langue n'a employé ce suffixe que pour les mots de formation nouvelle : court*ois*, bourge*ois*, mat*ois*, harn*ois*, marqu*is*, etc... Noms propres : Orléan*ais*, (Aurelianénsis), Carthagin*ois* (Carthaginiénsis), etc...

---

1. Forme savante *at* : *avocat* (advocatus), *consulat*, *épiscopat*, etc...

Ecem. — [de *ex*] (fr. *is*).
Brebis (ver*vécem*).

Icem. — (fr. *is*).
Perdr*ix* (perd*icem*), gén*isse* (jun*icem*).

Estus. — (fr. *ete*).
Honnête (hon*éstus*), etc....

Ista. — (fr. *iste*).
Suffixe très répandu en français : drogu*iste*, éb*éniste*, psalm*iste*, etc....

Erna. — (fr. *erne*).
Cit*erne* (cist*érna*), lant*erne* (lat*érna*), tav*erne* (ta*bérna*), etc....

Etum. — (fr. *ay*, *aie*).
Les dérivés ainsi formés désignaient en latin un terrain planté d'arbres. Masculin en latin, ils devinrent tous féminins en français : aun*aie*, (aln*étum*), orm*aie* (ulm*étum*), sauss*aie* (salic*étum*). De là les noms propres tels que Chaten*ay* (Castan*étum*), Rouvr*ay* (Rob*orétum*), Auln*ay* (Aln*étum*), Sauss*aie*, etc.... — Dérivés français : chên*aie* (chêne), houss*aie* (houx), châtaigner*aie* (châtaignier), oser*aie* (osier), roser*aie* (rosier), etc.

Ilis. — (fr. *il*).
Puér*il*, gent*il*, etc... Ce suffixe *ilis* ne se joint qu'aux noms et aux adverbes, tandis qu'*ilis* ne se joint qu'aux verbes.

SUFFIXES ACCENTUÉS.

IGNUS. — (fr. *in*).

Bén*in* (ben*ignus*), mal*in* (mal*ignus*), déda*in* (dis-d*ignum*), etc....

INUS. — (fr. *in*).

Dev*in* (div*inus*), pèler*in* (peregr*inus*), vois*in* (vic*inus*), etc... Dérivés français : *mutin, badin, cristallin.*

ISSA. — (fr. *esse*).

Abb*esse* (abba[t]*issa*), proph*étesse* (prophe[t]*issa*), — vengeresse, traîtresse, etc....

IVUS. — (fr. *if*).

V*if* (v*ivus*), chét*if* (capt*ivus*), naï*f* (na[t]*ivus*). Les dérivés français sont très nombreux : pens*if*, hât*if*, craint*if*, ois*if*, etc....

LENTUS. — (fr. *lent, lant*).

Viol*ent*(us), sangl*ant*, etc....

MENTUM. — (fr. *ment*).

Vête*ment* (vesti*méntum*), fro*ment* (fru*méntum*), etc.... — Dérivés français : *ménagement, changement, chargement,* etc...

OREM. — (fr. *eur*).

Chant*eur* (cant*órem*), sauv*eur* (salva[t]*órem*), su*eur* (su[d]*órem*), past*eur* (past*órem*), péch*eur* (pecca[t]*órem*), etc.

OSUS. — (fr. *eux*).

Épin*eux* (spin*ósus*), pierr*eux*,)petr*ósus*), envi*eux* (individi*ósus*), etc.... — Dérivés français : heu*re* (vieux fr. *heur*, voyez page 261), hid*eux* hont*eux*, etc....

ONEM. — (fr. *on*).

Charb*on* (carb*ónem*), pa*on* (pa[v]*ónem*), larr*on* (latr*ónem*), etc....

IONEM. — (fr. *on*).

Soupç*on* (suspici*ónem*), pige*on* (pipi*ónem*), poiss*on* (bas-latin pesci*ónem*), moiss*on* (messi*ónem*), mais*on* (mansi*ónem*), etc....

T-IONEM. — (fr. *son*).

Rais*on* (rati*ónem*), pois*on* (poti*ónem*), venais*on* (venati*ónem*), liais*on* (li[g]ati*ónem*), sais*on* (sati*ónem*), faç*on* (facti*ónem*), leç*on* lecti*ónem*), etc.... — La forme *tion* est d'origine savante : ra*tion* (po*tion*, li-ga*tion*, fac*tion*, etc....

T-ATEM. — (fr: *té*).

Ci*té* (cita*tem*[1]), sure*té* (se[c]urita*tem*), pauvre*té* (pauperta*tem*), etc.... Dérivés français : nouveau*té*, opiniâtre*té*, etc....

ICUS. — (fr. *i*) ; ICA. — (fr. *ie*).

Am*i* (am*icus*), ennem*i* (inim*icus*), fourm*i* (form*ica*), ort*ie* (urt*ica*), vess*ie* (vess*ica*), m*ie* (m*ica*), p*ie* (p*ica*). — La forme savante est *ique* ; ant*ique*, pud*ique*, etc....

UCA. — (fr. *ue*).

Verr*ue* (verr*uca*), lait*ue* (lact*uca*), charr*ue* (càrr*uca*), fét*u* (fest*uca*).

---

1. Forme du latin vulgaire, pour *civitatem*.

SUFFIXES ATONES.

ORIUS. — (fr. *oir*).

Dortoir (dormitórium), pressoir (pressórium), doloire (dola[t]órium), etc.... — Dérivés français : parloir, abattoir, brunissoir, mâchoire, balançoire.

UNDUS. — (fr. *ond*).

Rond (vieux français *Rooud*, du latin *Ro[t]undus*).

UNUS. — (fr. *un*).

Jeun (vieux fr. *jeün*, du latin je[j]*unus*. Verdun (Virodunum). — Dérivés français : opportun, importun, etc....

URA. — (fr. *ure*).

Mesure (mensura), peinture (pictura). — Dérivés français : froidure, verdure, etc....

URNUS. — (fr. *our*).

Four (furnus), jour (diurnum), aubour (alburnum), etc....

UTUS. — (fr. *u*).

Cornu (cornutus), chenu (canutus). — Nombreux dérivés français : barbu, joufflu, ventru, membru, chevelu, etc....

§ 2. Suffixes atones en latin.

« Tous ces suffixes s'éteignent en français, et sont par conséquent hors d'état de servir à former de nouveaux dérivés ; ils n'en ont repris la force que quand on eut tout à fait perdu de vue le génie de la langue et qu'on ne connut plus la règle de l'accent[1]. » On dit alors *portique, fragile, rigide* au lieu de porche (pórticus), frêle (frágĭlis), roide (rigĭdus). — C'est surtout dans l'étude des suffixes atones latins qu'il faut rejeter sévèrement tout mot introduit dans notre langue postérieurement à son époque de formation.

Eus, Ius. — (fr. *ge, che*).

Étran*ge* (extráne*us*), lan*ge* (láne*us*), délu*ge* (dilúvi*um*), lin*ge* (line*us*), pro*che* (própi*us*), sa*ge* (sápi*us*), sin*ge* (sími*um*), or*ge* (hórde*um*), ra*ge* (rábi*es*), rou*ge* (rube*us*), au*ge* (álve*a*), son*ge* (somni*um*), Lié*ge* (Leodi*um*), Maubeu*ge* (Malbódi*um*), cier*ge* (céreus[2]). Sur la permutation de *eus, ius* en *ge, che*, voyez page 116.

Ea. — (fr. *ge, gne*).

Ca*ge* (cáv*ea*), gran*ge* (grán*ea*), vi*gne* (vín*ea*), li*gne* (lín*ea*), tei*gne* (tín*ea*). Sur le changement de *ea* en *ge*, voyez page 116.

Ia. — (fr. devient *ge, che, se*, ou disparaît).

Vendan*ge* (vendémi*a*), angoisse (angusti*a*), cigo*gne* (cicóni*a*), ti*ge* (tíbi*a*), sè*che* (sépi*a*), sau*ge* (sálvi*a*), envie (invídi*a*), grâce (gráti*a*), histoire (histori*a*), Bourgo*gne* (Burgúndi*a*), France (Fránci*a*), Grèce (Græci*a*) Breta*gne* (Británni*a*)[3]. Sur la permutation de *ia*, en *ge*, voyez page 116.

---

1. G. Paris, *Accent latin*, p. 92.
2. Forme savante *é* : igné (igneus).
3. Forme savante *ie* : *chimie, philosophie, symphonie, Australie.* — Il

It-ia. — (fr. *esse*).

Justesse (just*itia*), mollesse (moll*itia*), paresse (pigr*itia*), tristesse (trist*itia*). — Dérivés français : *Ivresse, politesse, tendresse.*

Icem. — (de *ex, ix*).

Ce suffixe n'est représenté en français que par *ce, se, ge* : herse (hérp*icem*), puce (púl*icem*), juge (jud*icem*), pouce (póll*icem*), ponce (púm*icem*), écorce (córt*icem*)[1].

Icus, a, um. — (Fr. *che, ge*).

Por*che* (pórt*ĭca*), man*che* (mán*ĭca*), ser*ge* (ser*ĭca*), pié*ge* (péd*ĭca*), diman*che* (domin*ĭca*), Saintonge (santon*ĭca*), for*ge* (vieux fr. *faurge*, fabrica, voyez p. 130), per*che* (pért*ĭca*), pié*ge* (péd*ĭca*)[2].

Suffixes composés de *ĭcus*.

At-*icus* = *age* (at'cus) : voy*age* (vieux fr. *viatge*, viát*ĭcum*), from*age* (formát*ĭcum*), vol*age* (volát*ĭcum*), ombr*age* (umbrát*ĭcum*), ram*age* (ramát*ĭcum*), mess*age* (missát*ĭcum*), sauv*age* (sylvát*ĭcus*)[3].

---

ne faut point la confondre avec les dérivés français en *ie*, félo-*nie* (félon), tromper*ie* (tromper) etc., qui sont populaires et fort nombreux.

1. Forme savante *ice* : cal*ice* (cál*ĭcem*).
2. Forme savante *ique* : port*ique* (pórt*ĭcus*), fabr*ique* (fábrica), viat*ique* (viát*ĭcum*).
3. *Silva* était en vieux français *selve, sauve*, qui a disparu comme nom commun, mais a persisté dans quelques noms de lieu. *Sauve Saint-Benoit* (silva S. Benedicti), etc., d'où *silvátĭcus* = sauv*áge* (vieux français *selvátge*). Ce n'est donc qu'en méconnaissant complètement les lois de formation de notre langue qu'on a pu tirer *sauvage* de *solivagus*. Ce mot n'eut jamais donné en français que *seulige* (solivagus).

De là les dérivés nouveaux : *mesurage, labourage, alliage, arrosage*, etc.... — On a prétendu que ces mots viennent d'un suffixe bas-latin en *agium* (par exemple *message* de *messagium*). *Messagium* existe en effet, mais loin d'avoir donné naissance à *message*, il n'est autre chose que le mot *message* latinisé par les clercs, alors que personne ne connaissait plus l'origine du mot (*missaticum*), ni le suffixe formateur.

Idus. — (Disparaît en français.)

Froid (frígĭdus), pâle (pálĭdus), net (nítĭdus), chaud (calĭdus, bas-latin caldus)[1], tiède (tépĭdus), roide (régĭdus), sade (sapĭdus, d'où *maussade* : malè sapidus. Cf. p. 270)[1].

Ilis. — (fr. *le*).

Humble (humĭlis), faible (flébĭlis, vieux fr. *floible*), douille (dúctĭlis), meuble (móbĭlis), immeuble (immobĭlis), frêle (fragĭlis), grêle (gracĭlis)[2].

Inus. — (Disparaît en français.)

Page (págĭna), âne (ásĭnus), jaune (gálbĭnus), femme (fémĭna), frêne (fraxĭnus), dame (dómĭna), charme (cárpĭnus), coffre (cóphĭnus)[3].

Ius. — (fr. *te*).

Vente (véndĭta), rente (réddĭta), dette (débĭta), perte (pérdĭta), quête (quæsĭta).

---

1. Forme savante *ide*, rigide (rigidus), sapide (sápĭdus), aride (árĭdus), etc...

2. Forme savante *ile* : mobile (mobĭlis), ductile (ductĭlis), fragile (fragĭlis), etc...

3. Forme savante *ine* : machine (máchĭna), etc...

Olus. — (fr. *le*).

Diable (diábŏlus), apôtre (vieux fr. *apostle*, du latin *Apóstŏlus*).

Les suffixes composés *iolus, eolus*, qui étaient en latin *iŏlus, eŏlus*, subirent vers le septième siècle une diphthongaison qui en fit une seule syllabe longue *io, eo*; dès lors, accentués *éolus, iólus*, ils ont pu donner IEUL, EUIL, IOL : fill*eul* (fili*olus*), chèvr*euil* (capreolus), linc*euil* (linteolum), gla*ïeul* (gladiolus), rossign*ol* (lusciniolus), aï*eul* (aviolus).

Ulul. — (fr. *le*).

Tab*le* (tábŭla), fab*le* (fabŭla), amb*le* (ámbŭla), peup*le* (pópŭlus), hièb*le* (ébulŭm), seil*le* (sítŭla), sang*le* (cíngŭlum), ong*le* (úngŭla), chapit*re* (capítŭlum)[1]. mer*le* (mérŭla), éping*le* (spínŭla), ensoup*le* (insúbŭlum).

Les suffixes composés de ULUS, *ac-ulus, ec-ulus, ic-ulus, uc-ulus*) ont donné en français :

1º Ac-ulus. — (fr. *ail*).

Gouvern*ail* (gubernácŭlum), ten*aille* (tenácŭlum). soupir*ail* (suspirácŭlum). — Dérivés français : *travail, fermail, éventail*, etc.

2º Ec-ulus. — (fr. *il*).

Goup*il* (vulpécula). Ce mot qui en vieux fr. signifiait *renard*, est resté dans le diminutif *goupillon*, aspersoir qui à l'origine était fait d'une queue de renard.

---

1. Forme *ule* : cellule (cell*ula*), calcul (calc*ulus*), funambule (funumambu*lus*).

3° Iculus. — (fr. *eil*).

Ab*eille* (ap*icu*la), ort*eil* (vieux fr. art*eil*, latin art*i-culum*), somm*eil* (*somn*icŭlŭs*), sol*eil* (*sol*icŭlus*), pér*il* (per*icŭ*lum), or*eille* (aur*icŭ*la), corn*eille* (corn*i-cŭ*la), ou*aille* (ov*icŭ*la), verm*eil* (verm*icŭlus*), aig*uille* (ac*icŭ*la).

4° Uculus. — (fr. *ouil*).

Fen*ouil* (fan*ucŭlum*), gren*ouille* (ran*ucŭ*la), verr*ou* (vieux fr. verr*ouil* [resté dans *verrouiller*], latin ver*u-cŭlum*), gen*ou* (vieux fr. gen*ouil* [resté dans *age-nouiller*], latin gĕn*ucŭlum*).

Nous avons vu (p. 121), que les voyelles placées après la tonique disparaissent en français ; les suffixes atones (frag-*ĭ*l*is*, mob-*ĭ*l*is*) sont tous faux en français sous leur forme savante (fragile, mobile), puisque tous ces suffixes conservent les voyelles placées après la tonique et déplacent l'accent latin ; on peut ainsi formuler ce principe : dans les suffixes latins atones, tous les mots français d'origine savante violent la loi de l'accent latin.

CHAPITRE III

SUFFIXES VERBAUX

§ 1. Suffixes accentués en latin

Asco (fr. *ais*); Esco (fr. *ois*); Isco (fr. *is*).
Nais (nasco[1]), pais (pasco), parais (paresco), crois (cresco), etc...

Ascere, fr. *aître*, anciennement *aistre* : naître (náscere), paître (pascere).

Ico, Igo (fr. *ie*).
Lie (ligo), châtie (castigo), nie (nego), etc...

Illo (fr. *èle*).
Chancèle, grommèle, harcèle, etc...

Are (fr. *er*).
Peser (pensare), chanter (cantare).

Tiare (fr. *cer, ser*).
Formes particulières au latin vulgaire : tracer (tractiare), sucer (suctiare), chasser (captiare).

---

1. On a vu, p. 147, que tous les déponents ont pris dans le bas latin la forme active.

§ 2. Suffixes verbaux atones

Ico. — (fr. *che, ge*).
Juge (júdĭco), mâche (mástĭco), venge (véndĭco), ronge (rúmĭgo), charge (cárrĭco), etc...
La forme savante est *ique* : revendique (revéndĭco), mastique (mastĭco).

Ere. — (fr. *re*).
Sourdre (súrgĕre), moudre (mólĕre), tordre (tórquĕre). ardre (árdĕre). Ce verbe qui signifiait *brûler* en vieux français est resté dans *ardent* et *ardeur*).

Io.
Disparaît en français : dépouille (despólio).

Ulo. — (fr. *le*).
Moule (modŭlo), comble (cúmŭlo), tremble (trémŭlo), trouble (túrbŭlo).
Ac-ŭlo devient *aille* (tiraille, criaille, etc...)
Ic-ŭlo devient *ille*, — fouille (fodĭcŭlo), sautille, tortille, etc...
Uc-ŭle devient *ouille*, — chatouille, bredouille, barbouille, etc...

CHAPITRE IV

DIMINUTIFS

Les suffixes diminutifs sont au nombre de seize :

ACEUS. — (fr. ace, asse.)
Vill*ace*, grim*ace* (grimer), popul*ace*, paper*asse*, etc.

ICEUS. (fr. *isse, iche*) : coul*isse* (couler), pel*isse* (peau), can*iche*.

OCEUS. — (*oche* fr.) : épin*oche*, pi*oche*.

UCEUS. — (fr. *uche*) : pel*uche* (pellis), gren*uche*.

ACULUS. — Déjà traité, p. 137.

ALDUS (du germanique *walt*, bas-latin *oaldus*, puis *aldus*) :
Bad*aud*, crap*aud*, roug*eaud*, lourd*aud*, levr*aut*

ALIA. — (fr. *aille*).
Bét*ail* (bestialia), poitr*ail* (pectŏrália), merv*eille* (mirabilia), port*ail* (portalia), can*aille*, mur*aille*, bat*aille*, etc....

ARDUS. — (du germanique *hart*, bas-latin *ardus*).
Bav*ard*, bât*ard*, fuy*ard*, mign*ard*, can*ard*. — Déjà traité, p. 131.

ASTER (fr. *âtre*), déjà traité, p. 132.

AT, ET, OT :
at : aigl*at*, louv*at*, verr*at*.

Et, ette : sachet (sac), cochet (coq), mollet (mol), maisonnette (maison), alouette (sur ce mot, voyez p. 21).

Ot, otte : billot (bille), cachot (cache), brulot (brûle), ilot (île), etc....

Ellus, illus. — (fr. *eau, el elle*).

Agneau, (agnéllus), jumeau (geméllus), anneau (annéllus), écuelle (scu[t]élla), vaisseau (vascéllus), oiseau (aucéllus).

Onem, ionem. — Déjà traité, p. 134.

Ulus. — Déjà traité, p. 137.

FIN

LISTE

DES PRINCIPALES ABRÉVIATIONS.

Fr. français.
Vieux-fr. ou *v. fr.* vieux-français.
v. ou *voy.* voyez
cf. comparez.
l. ou *lat.* latin.
it. italien.
esp. espagnol.
v°. ou s. *v°.* sub verbo

TABLE DES MATIÈRES

Préface de la 2ᵉ édition.. iii
Préface... 1

INTRODUCTION.

Histoire et formation de la langue française.

SECTION I. Histoire de la langue française........... 13
SECTION II. Formation de la langue française........ 70
   § 1. Persistance de l'accent latin.......... 72
   § 2. Suppression de la voyelle brève....... 75
   § 3. Chute de la consonne médiane........ 77
   § 4. Conclusion............................. 79

LIVRE PREMIER.

Phonétique ou étude des lettres.

PARTIE I.

Permutation des Lettres.

SECTION I. Histoire des Lettres françaises............ 90
 CHAP. I. Origine des Voyelles françaises............ 90
 CHAP. II. Origine des Consonnes françaises......... 101
   § 1. Liquides............................. 101
   § 2. Labiales............................. 106
   § 3. Dentales............................. 109
   § 4. Gutturales........................... 112

TABLE DES MATIÈRES.

SECTION II.	Histoire des Lettres latines............	117
CHAP. I.	Histoire des Voyelles latines............	118
	Section 1. Voyelles toniques en latin......	118
	Section 2. Voyelles atones...............	120
	§ 1. Voyelles précédant la tonique.........	120
	§ 2. Voyelles suivant la tonique...........	121
CHAP. II.	Histoire des Consonnes latines...........	122
	§ 1. Liquides...........................	123
	§ 2. Dentales...........................	126
	§ 3. Gutturales.........................	128
	§ 4. Labiales...........................	129

PARTIE II.

Transposition, Addition, Soustraction.

SECTION I.	Transposition des Lettres...............	131
	§ 1. Consonnes.........................	131
	§ 2. Voyelles...........................	132
SECTION II.	Addition des Lettres...................	132
CHAP. I.	Prosthèse.............................	132
CHAP. II.	Épenthèse............................	134
CHAP. III.	Épithèse.............................	135
SECTION III.	Soustraction des Lettres................	135
CHAP. I.	Aphérèse.............................	135
CHAP. II.	Syncope..............................	136
	§ 1. Voyelles...........................	136
	§ 2. Consonnes.........................	136
CHAP. III.	Apocope..............................	138

PARTIE III.

Prosodie.

§ 1. Accent tonique......................	140
§ 2. Accent grammatical..................	141
§ 3. Accent oratoire.....................	141
§ 4. Accent provincial....................	142

LIVRE SECOND.

Flexion ou étude des formes grammaticales.

PARTIE I.

Déclinaison.

SECTION	I. Substantif	143
	§ 1. Cas	146
	§ 2. Genres	156
	§ 3. Nombres	158
SECTION II.	Article	160
SECTION III.	Adjectif	163
CHAP. I.	*Adjectifs qualificatifs*	163
	§ 1. Cas et Nombres	163
	§ 2. Genres	164
	§ 3. Adjectifs pris substantivement	165
	§ 4. Degrés de signification	166
CHAP. II.	*Noms de Nombres*	168
	§ 1. Nombres Cardinaux	168
	§ 2. Nombres Ordinaux	170
SECTION IV.	Pronoms	172
CHAP. I.	Pronoms Personnels	173
CHAP. II.	Pronoms Possessifs	176
CHAP. III.	Pronoms Démonstratifs	178
CHAP. IV.	Pronoms Relatifs	179
CHAP. V.	Pronoms Indéfinis	180

PARTIE II.

Conjugaison.

	Préliminaires	184
SECTION I.	Verbes Auxiliaires	190
CHAP. I.	*Être*	191
CHAP. II.	*Avoir*	195

SECTION II. Classification des Verbes. Conjugaisons.	198
SECTION III. Formation des Temps......................	203
SECTION IV. Verbes Irréguliers.......................	214
SECTION V. Verbes Défectifs. Verbes anomaux.......	215
CHAP. I. Verbes Défectifs.........................	216
CHAP. II. Verbes Anomaux.........................	223

PARTIE III.

Particules.

SECTION I. Adverbes.................................	229
CHAP. I. Adverbes de Lieu........................	231
CHAP. II. Adverbes de Temps......................	232
CHAP. III. Adverbes de Manière...................	236
CHAP. IV. Adverbes d'Intensité...................	237
CHAP. V. Adverbes d'Affirmation et de Négation....	240
SECTION II. Prépositions............................	243
SECTION III. Conjonctions...........................	249
SECTION IV. Interjections...........................	252

LIVRE TROISIÈME.

Formation des mots.

SECTION I. *Composition*............................	257
CHAP. I. De l'Accentuation des Composés.........	258
CHAP. II. Composition des Noms...................	260
CHAP. III. Composition des Adjectifs..............	262
CHAP. IV. Composition des Verbes.................	263
CHAP. V. Composition des Phrases.................	263
CHAP. VI. Composition des Particules.............	264
§ 1. Particules Prépositionnelles.........	264
§ 2. Particules Qualitatives..............	270
§ 3. Particules Quantitatives.............	271
§ 4. Particules Négatives.................	271
SECTION II. *Dérivation*............................	272
CHAP. I. Accentuation de Dérivés................	272

CHAP. II.	Suffixes Nominaux..............................	274
	§ 1. Suffixes accentués en latin...........	274
	§ 2. Suffixes atones en latin.................	281
CHAP. III.	Suffixes Verbaux................................	287
	§ 1. Suffixes accentués........................	287
	§ 2. Suffixes atones.............................	288
CHAP. IV.	Diminutifs...	289

FIN DE LA TABLE DES MATIÈRES.

CATALOGUE DE
J. HETZEL ET Cie

LIBRAIRIE SPÉCIALE
de l'Enfance et de la Jeunesse

Bibliothèque d'Éducation et de Récréation
à l'usage de l'Enfance, de la Jeunesse,
des Lycées, Collèges et Maisons d'Éducation
des Bibliothèques publiques, scolaires
et populaires.

LIVRES DE PRIX — LIVRES D'ÉTRENNES

Bibliothèque des Professions
Industrielles, Commerciales et Agricoles

Magasin illustré d'Éducation et de Récréation

Librairie Générale
Poésies — Romans — Voyages — Histoire — Sciences

Œuvres complètes de : Victor Hugo
Jules Verne, Erckmann-Chatrian, P.-J. Stahl
Jean Macé, André Laurie, etc., etc.

18, RUE JACOB — PARIS — 18, RUE JACOB

Envoi *franco* contre mandat pour toute demande au-dessus de 15 fr.

Catalogue F.P. — CE CATALOGUE ANNULE LES PRÉCÉDENTS

NOTA. — Les ouvrages marqués d'un ❋ ont été honorés de souscriptions du Ministère de l'Instruction publique ou choisis pour faire partie des catalogues des bibliothèques scolaires ou populaires. Le deuxième *, plus petit, désigne les ouvrages choisis par la Ville de Paris pour être distribués en prix. — Les nouveautés sont indiquées par une †.

Seul Recueil collectif à l'usage de la Jeunesse

Couronné par

L'ACADÉMIE FRANÇAISE

52 Volumes   52 Volumes

*※ MAGASIN ILLUSTRÉ

d'Éducation et de Récréation

Fondé par P.-J. STAHL

et SEMAINE DES ENFANTS réunis

Journal de toute la Famille

Encyclopédie morale de l'Enfance et de la Jeunesse

DIRIGÉ PAR

Jules VERNE ◆ J. HETZEL ◆ Jean MACÉ

Avec le concours des

ÉCRIVAINS, SAVANTS ET ARTISTES LES PLUS RÉPUTÉS

Les cinquante-deux volumes parus du *Magasin d'Education et de Récréation* constituent à eux seuls toute une bibliothèque de l'enfance et de la jeunesse. L'examen de la table générale montrera que les œuvres principales, et pour ainsi dire complètes, de JULES VERNE, de P.-J. STAHL, de JULES SANDEAU, de E. LEGOUVÉ, de J. MACÉ, de L. BIART, d'ANDRÉ LAURIE et de bien d'autres ; que les plus heureuses séries de dessins de FRŒLICH, FROMENT, GEOFFROY, et d'un grand nombre d'artistes éminents, écrites ou dessinées avec un soin scrupuleux, à l'usage spécial de la jeunesse et de la famille, sont contenues dans ces volumes.

Cette collection grand in-8° représente par le fait la matière de plus de cent cinquante volumes in-18 ordinaires. Elle est en outre illustrée de plus de six mille dessins, créés expressément pour le *Magasin d'Education*.

ABONNEMENT ANNUEL

Paris : 14 fr. ; Départements : 16 fr. ; Union postale : 17 fr.

Les abonnements partent du 1er janvier ou du 1er juillet

Il paraît une livraison de 32 pages le 1er et le 15 de chaque mois et 2 volumes par an

Chaque volume br., 7 fr. ; cart. toile tr. dor., 10 fr. ; relié, tr. dor., 12 fr.

COLLECTION COMPLÈTE : 52 VOLUMES

Brochés : 364 francs ; cart. toile, tr. dor. : 520 fr. ; reliés, tr. dor. : 624 fr.

ENFANCE, JEUNESSE. — LIBRAIRIE SPÉCIALE 3

SOMMAIRE DES PRINCIPALES ŒUVRES

contenues dans le

Magasin illustré d'Éducation et de Récréation

Les tomes I à XXX renferment :

Les Aventures du Capitaine Hatteras, Les Enfants du Capitaine Grant, Vingt mille lieues sous les mers, Aventures de 3 Russes et de 3 Anglais, Le Pays des Fourrures, L'Ile mystérieuse, Michel Strogoff, Hector Servadac, Les 500 millions de la Begum, de Jules VERNE. — La Morale familière, Les Contes anglais, La Famille Chester, L'Histoire d'un Ane et de deux jeunes Filles, Une Affaire difficile à arranger, Maroussia, de P.-J. STAHL. — La Roche aux Mouettes, de Jules SANDEAU. — Le Nouveau Robinson Suisse, de STAHL et MULLER. — Romain Kalbris, d'Hector MALOT. — Histoire d'une Maison, de VIOLLET-LE-DUC. — Les Serviteurs de l'Estomac, Le Géant d'Alsace, Le Gulf-Stream, La Grammaire de Mlle Lili, etc., de Jean MACÉ. — Le Denier de la France, La Chasse, Le Travail et la Douleur, La Fée Béquillette, Un premier Symptôme, Sur la Politesse, Lettre à Mlle Lili, etc., de E. LEGOUVÉ. — Le Livre d'un Père, de Victor DE LAPRADE. — La Jeunesse des Hommes célèbres, de MULLER. — Aventures d'un jeune Naturaliste, Entre Frères et Sœurs, Voyages de deux enfants dans un parc, Les Voyages involontaires, de Lucien BIART. — Causeries d'Economie pratique, de Maurice BLOCK. — La Justice des choses, de Lucie B***. — Les Aventures d'un Grillon, La Gileppe, par le Dr CANDÈZE. — Vieux Souvenirs, Bébé aime le rouge, etc., de Gustave DROZ. — Le Pachaberger, par E. LABOULAYE. — La Musique au foyer, par LACOME. — Histoire d'un Aquarium, Les Clients d'un vieux Poirier, de E. VAN BRUYSSEL. — Le Chalet des Sapins, de Prosper CHAZEL. — Le petit Roi, de S. BLANDY. — L'Ami Kips, de G. ASTON. — H^e de mon Oncle et de ma Tante, par A. DEQUET. — L'Embranchement de Mugby, H^e de Bebelle, Septante fois sept, de Ch. DICKENS, etc., etc. — Les petites Sœurs et petites Mamans, Les tragédies enfantines, Les scènes familières et autres séries de dessins, par FRŒLICH, FROMENT, DETAILLE, CHAM ; texte de STAHL, etc., etc.

Les tomes XXXI à LII renferment .

La Maison à vapeur, La Jangada, L'École des Robinsons, Kéraban-le-Têtu, L'Étoile du Sud, Un Billet de Loterie, Nord contre Sud, Deux ans de vacances, Famille sans nom, César Cascabel, par Jules VERNE. — L'Épave du Cynthia, par Jules VERNE et ANDRÉ LAURIE. — Leçons de Lecture, Une Élève de seize ans, par E. LEGOUVÉ. — Les Quatre filles du docteur Marsch, La Première Cause de l'avocat Juliette, Jack et Jane, La Petite Rose, par P.-J. STAHL. — La Vie de collège en Angleterre, Mémoires d'un Collégien, Une année de collège à Paris, L'Héritier de Robinson, Le Bachelier de Séville, De New-York à Brest, Mémoires d'un Collégien russe, Le Secret du Mage, par André LAURIE. — Jean Casteyras, par BADIN. — Périnette, par le Dr CANDÈZE. — Les Pupilles de l'Oncle Philibert, par BLANDY. — Le Théâtre de famille, La petite Louisette, Marchand d'Allumettes, par GENNEVRAYE. — Les jeunes Filles de Quinnebasset, L'Aînée, Kitty et Bo, par J. LERMONT. — Blanchette, par B. VADIER. — Les Mines de Salomon, par RIDER-HAGGARD. — Marco et Tonino, Les Pigeons de St-Marc, Un Petit Héros, Les Grottes de Plémont, par M. GENIN. — Boulotte, par S. AUSTIN. — Le livre de Trotty, par CRÉTIN-LEMAIRE. — Les Lunettes de grand'-maman, Pas pressé, par PERRAULT. — Les Jeunes aventuriers de la Floride, par BRUNET. — La Patrie avant tout, par F. DIENY. — Les deux côtés du mur, Les Douze, par BERTIN. — Travailleurs et Malfaiteurs microscopiques par I.-A. REY. — Voyage d'une fillette au pays des étoiles, par GOUZY. — Voyage au pays des défauts, par M. BERTIN. — La Poupée de Mlle Lili, Pierre et Paul, Les petits Bergers, Une grande journée, Plaisirs d'hiver, Mlle Lili à Paris, Albums, texte par STAHL, UN PAPA, etc.

Bibliothèque d'Education et de Récréation

VOLUMES ILLUSTRÉS

JULES VERNE

Œuvres complètes parues (31 volumes) :

Brochés... **273 fr.** — Toile.... **366 fr.** — Reliés.... **426 fr**

Voyages Extraordinaires

— *Couronnés par l'Académie* —

TRÈS BELLE ÉDITION GRAND IN-8 ILLUSTRÉE

	Broché	Cartonné toile	Relié
*✻Cinq Semaines en Ballon, 80 dessins par Riou. 1 volume............	4 50	6 »	» »
*✻Voyage au Centre de la Terre, 56 dessins par Riou. 1 volume........	4 50	6 »	» »
Ces deux ouvrages réunis en un seul volume....	9 »	12 »	14 »
*✻Les Aventures du capitaine Hatteras, 261 dessins par Riou. 1 volume...	9 »	12 »	14 »
*✻Vingt mille lieues sous les Mers, 111 dessins par DE NEUVILLE. 1 volume..	9 »	12 »	14 »
*✻ Les Enfants du capitaine Grant (VOYAGE AUTOUR DU MONDE), 177 dessins par Riou. 1 volume.........	10 »	13 »	15 »
*✻L'Ile mystérieuse, 154 dessins par FÉRAT. 1 volume...............	10 »	13 »	15 »
*✻De la Terre à la Lune, 43 dessins par DE MONTAUT. 1 volume............	4 50	6 »	» »
*Autour de la Lune (suite de DE LA TERRE A LA LUNE), 45 dessins par Emile BAYARD et DE NEUVILLE. 1 volume....	4 50	6 »	» »
Ces deux ouvrages réunis en un seul volume....	9 »	12 »	14 »
*✻Aventures de trois Russes et de trois Anglais, 52 dessins par FÉRAT. 1 volume...............	4 50	6 »	» »

JULES VERNE (*suite*)

	Broché	Cartonné toile	Relié
*✵**Une Ville flottante**, suivie des Forceurs de Blocus. 44 dessins par Férat. 1 volume..................	4 50	6 »	» »
Ces deux ouvrages réunis en un seul volume..	9 »	12 »	14 »
*✵**Le Pays des Fourrures**, 105 dessins par Férat et de Beaurepaire. 1 vol.	9 »	12 »	14 »
*✵**Les Indes-Noires**, 45 dessins par Férat. 1 volume..................	4 50	6 »	» »
*✵**Le Chancellor**, 58 dessins par Riou et Férat. 1 volume.............	4 50	6 »	» »
Ces deux ouvrages réunis en un seul volume..	9 »	12 »	14 »
*✵**Le Tour du Monde en 80 jours**, 80 dessins par de Neuville et L. Benett. 1 volume................	4 50	6 »	» »
✵**Le Docteur Ox**, 58 dessins par Schuler, Bayard, Frœlich, Marie. 1 volume..	4 50	6 »	» »
Ces deux ouvrages réunis en un seul volume.	9 »	12 »	14 »
*✵**Michel Strogoff**, 95 dessins par Férat. 1 volume................	9 »	12 »	14 »
***Hector Servadac** (voyages et aventures à travers le monde solaire). 100 dessins par Philippoteaux. 1 volume.	9 »	12 »	14 »
*✵**Un Capitaine de 15 ans**, 93 dessins par Meyer. 1 volume............	9 »	12 »	14 »
***Les Cinq cents millions de la Bégum**, 48 dessins par Benett. 1 volume.	4 50	6 »	» »
*✵**Les Tribulations d'un Chinois en Chine**, 52 dessins par Benett. 1 vol.	4 50	6 »	» »
Ces deux ouvrages réunis en un seul volume...	9 »	12 »	14 »
*✵**La Maison à vapeur**, 101 dessins par Benett. 1 volume.............	9 »	12 »	14 »
***La Jangada** (Huit cents lieues sur l'Amazone), 95 dessins par Benett. 1 volume..................	9 »	12 »	14 »
L'École des Robinsons, 51 dessins par Benett. 1 volume.............	4 50	6 »	» »
Le Rayon vert, 44 dessins par Benett. 1 volume..................	4 50	6 »	» »
Ces deux ouvrages réunis en un seul volume..	9 »	12 »	14 »
***Kéraban-le-Têtu**, 101 dessins par Benett. 1 volume.............	9 »	12 »	14 »
***L'Étoile du Sud** (Voyage au pays des Diamants), 63 dessins par Benett. 1 volume..................	4 50	6 »	» »
***L'Archipel en feu**, 51 dessins par Benett. 1 volume.............	4 50	6 »	» »
Ces deux ouvrages réunis en un seul volume..	9 »	12 »	14 »

JULES VERNE (*suite*)	Broché	Cartonné toile	Relié
***Mathias Sandorf**, 113 dessins par Benett. 1 volume............	10 »	13 »	15 »
***Le Billet de Loterie**, 42 dessins par Roux. 1 volume..............	4 50	6 »	» »
Robur-le-Conquérant, 45 dessins par Benett. 1 volume.............	4 50	6 »	» »
Ces deux ouvrages réunis en un seul volume.	9 »	12 »	14 »
*※**Nord contre Sud**, 86 dessins par Benett. 1 volume.............	9 »	12 »	14 »
Deux ans de Vacances, 90 dessins de Benett. 1 volume............	9 »	12 »	14 »
***Le Chemin de France**, 42 dessins par Roux. 1 volume.............	4 50	6 »	» »
Sans dessus dessous, 36 dessins par Roux. 1 volume.............	4 50	6 »	» »
Ces deux ouvrages réunis en un seul volume..	9 »	12 »	14 »
Famille sans Nom, 82 dessins par Tiret-Bognet. 1 volume...........	9 »	12 »	14 »
※†**César Cascabel**, 85 dessins par G. Roux (dont 12 planches en chromotypographie). 1 volume..............	9 »	12 »	14 »
LA DÉCOUVERTE DE LA TERRE :			
*※**Les premiers Explorateurs**, 117 dessins et cartes par Philippoteaux, Benett. 1 volume...............			
*※**Les grands Navigateurs du XVIIIᵉ siècle**, 116 dessins et cartes par P. Philippoteaux et Matthis. 1 volume..			
*※**Les Voyageurs du XIXᵉ siècle**, 108 dessins et cartes par Benett. 1 vol..			
Chaque volume formant un tout complet se vend séparément.............	7 »	10 »	12 »
JULES VERNE & D'ENNERY. **Les Voyages au Théâtre**, 65 dessins par Benett et Meyer. 1 volume.......	7 »	10 »	11 »
JULES VERNE & ANDRÉ LAURIE. ***L'Épave du Cynthia**, 26 dessins par Roux. 1 volume............	7 »	10 »	11 »
J. VERNE & TH. LAVALLÉE. *※**Géographie illustrée de la France et de ses Colonies**. Édition revue et complétée par Dubail. 108 gravures par Clerget et Riou, et 100 cartes. 1 vol. grand in-8..................	10 »	13 »	15 »

ENFANCE, JEUNESSE. — LIBRAIRIE SPÉCIALE

VOLUMES ILLUSTRÉS IN-8° CAVALIER
Chaque volume cartonné toile, tranches dorées, **6 fr.**
Broché, **4 fr. 50**

ALDRICH (T⁰⁰ BENTZON)	✴Un Écolier américain........	1 vol.
AUDEVAL.........	La Famille Kagenet..........	1 »
BENTZON.........	✴Pierre Casse-Cou..........	1 »
BIART (LUCIEN)....*	✴Voyages et Aventures de deux enfants dans un parc......	1 »
—	... Deux Amis............	1 »
—	....*✴Entre Frères et Sœurs.......	1 »
BUSNACH (W.).....	†Le Petit Gosse (*couronné par l'Académie française*)......	1 »
CHAZEL (PROSPER)..	*Le Chalet des Sapins........	1 »
CRETIN-LEMAIRE...	Les Expériences de la petite Madeleine.............	1 »
DEQUET (A.).......	*Histoire de mon Oncle et de ma Tante.............	1 »
DUMAS (ALEXANDRE)	Histoire d'un Casse-noisette..	1 »
ERCKMANN-CHATRIAN	*Les Vieux de la Vieille.....	1 »
—	Pour les Enfants..........	1 »
FATH............	Un drôle de Voyage.......	1 »
GOUZY..........*	✴Voyage d'une Fillette au pays des étoiles............	1 »
—	.........*✴Promenades d'une Fillette autour d'un Laboratoire.....	1 »
GRAMONT (Cᵗᵉ F. DE).	Les Bébés.............	1 »
LERMONT.........	L'Aînée (*d'après S. Coolidge*)...	1 »
—	.........†Histoire de deux bébés (Kitty et Bo)	1 »
MAYNE-REID..... *Aventures de Terre et de Mer. Éditions adaptées pour la jeunesse.*	✴✴Les Robinsons de terre ferme.	1 »
	*✴Le Désert d'eau........	1 »
	*Les Naufragés de Bornéo....	1 »
	*✴Les deux Filles du Squatter.	1 »
	*Les jeunes Voyageurs......	1 »
	✴Le petit Loup de Mer......	1 »
	Le Chef au bracelet d'or......	1 »
	*Les Exploits des jeunes Boërs.	1 »
MULLER.........*	✴La Morale en action par l'Histoire.............	1 »
NERAUD.........	La Botanique de ma fille....	1 »
PERRAULT (P.).....	Pas-Pressé............	1 »
RECLUS (ELISÉE)...*	✴Histoire d'une Montagne....	1 »
—	.........*✴Histoire d'un Ruisseau.....	1 »
STAHL (P. J.).....	La Famille Chester (adaptation)...	1 »
—	.........✴✴Mon Premier Voyage en Mer...	1 »
—	.........*La Petite Rose, ses six tantes et ses sept cousins........	1 »

VADIER (B.)	Blanchette	1 vol.
VALLERY-RADOT (R.)*※	Journal d'un Volontaire d'un an *(ouvrage couronné)*	1 »
VAN BRUYSSEL	Scènes de la Vie des Champs et des Forêts aux États-Unis	1 »

VOLUMES ILLUSTRÉS, GRAND IN-8° RAISIN

Chaque volume relié, tranches dorées, 11 fr. Toile, tranches dorées, 10 fr. Broché, 7 fr.

BADIN (AD.)	*Jean Casteyras, illustré par BENETT	1 vol.
BÉNÉDICT	*La Madone de Guido Reni, illustré par ADRIEN MARIE	1 »
BENTZON (TH.)	※Contes de tous les Pays, illustré par GEOFFROY, DELORT, etc.	1 »
BIART (LUCIEN)	*※Monsieur Pinson, illustré par H. MEYER	1 »
Les Voyages involontaires :	*La Frontière indienne, illustré par H. MEYER	1 »
	*※Le Secret de José, illustré par H. MEYER	1 »
	*Lucia, illustré par H. MEYER	1 »
BLANDY (S.)	※L'Oncle Philibert, illustré par ADRIEN MARIE	1 »
—	Fils de Veuve, ill. par GEOFFROY	1 »
BOISSONNAS (Mme B.)*※	Une Famille pendant la guerre 1870-71 *(couronné par l'Académie française)*, illustré par P. PHILIPPOTEAUX	1 »
BRÉHAT (A. DE)	※Les Aventures d'un petit Parisien, illustré par MORIN	1 »
BRUNET	†Les jeunes Aventuriers de la Floride, illustré par RIOU	1 »
CANDÈZE (Dr)	*Aventures d'un Grillon, illustré par C. RENARD	1 »
—	*Périnette. *Aventures surprenantes de cinq moineaux*, illustré par L. BECKER	1 »
CAUVAIN (HENRI)	Le Grand Vaincu, illustré par MAILLART	1 »
DAUDET (ALPHONSE)	※Histoire d'un Enfant, *le Petit Chose (édition spéciale à l'usage de la jeunesse)*, illustré par P. PHILIPPOTEAUX	1 »

ENFANCE, JEUNESSE. — LIBRAIRIE SPÉCIALE

DAUDET (ALPHONSE)	**Contes choisis** *(Édition spéciale à l'usage de la jeunesse)*, illustré par Bayard et A. Marie.	1 vol.
DESNOYERS (LOUIS).	*****Aventures de Jean-Paul Chopart**, illustré par Giacomelli et Cham	1 »
DUPIN DE ST-ANDRÉ.	**Ce qu'on dit à la Maison**, illustré par Geoffroy	1 »
GENNEVRAYE......	**Théâtre de famille**, illustré par Geoffroy	1 »
—	...... ✻**La petite Louisette**, illustré par Ad. Marie	1 »
—	...... ✻**Marchand d'Allumettes** *(couronné par l'Académie française)*, illustré par Geoffroy	1 »
HUGO (VICTOR).....	*✻**Le Livre des Mères** *(les Enfants)*, la fleur des poésies de Victor Hugo ayant trait à l'enfance, illustré par Froment	1 »
LAPRADE (V. DE)...	✻**Le Livre d'un Père**, illustré par Froment	1 »
LAURIE (ANDRÉ)..	*✻**Mémoires d'un Collégien**, illustré par Geoffroy	1 »

La Vie de Collège dans tous les Pays: {
- *✻**La Vie de collège en Angleterre**, illustré par Philippoteaux ... 1 »
- *✻**Une Année de collège à Paris**, illustré par Geoffroy ... 1 »
- *✻**Histoire d'un Écolier hanovrien**, illustré par Maillard ... 1 »
- *****Tito le Florentin**, illustré par Roux ... 1 »
- *✻**Autour d'un Lycée japonais**, illustré par Félix Regamey ... 1 »
- ✻**Le Bachelier de Séville**, illustré par Atalaya ... 1 »
- ✻**Mémoires d'un Collégien russe**, illustré par Roux ... 1 »
}

LAURIE (ANDRÉ).. *Les Romans d'Aventures :* {
- *✻**Le Capitaine Trafalgar**, illustré par Roux ... 1 »
- **De New-York à Brest en 7 heures**, illustré par Riou ... 1 »
- †**Le Secret du Mage**, illustré par Benett ... 1 »
}

LEGOUVÉ (ERNEST)..	La Lecture en famille, illustré par BENETT, GEOFFROY, etc. . . .	1 vol.
—	......*※Nos Filles et nos Fils, illustré par PHILIPPOTEAUX......	1 »
—	...... †Une Élève de seize ans, illustré par A. Marie, Roux, Jankowski, etc.	1 »
LERMONT (J.)	.....*※Les jeunes Filles de Quinnebasset, d'après Sophie May, illustré par DESTEZ............	1 »
MACÉ (JEAN)......	*※Histoire d'une Bouchée de pain, illustrée par FRŒLICH...	1 »
—	.....*※Les Serviteurs de l'Estomac, illustré par FRŒLICH........	1 »
—	.....*※Les Contes du Petit-Château, illustré par BERTALL........	1 »
—	..... ※Le Théâtre du Petit-Château, illustré par FROMENT........	1 »
—	...... *Histoire de deux petits Marchands de pommes (Arithmétique du Grand-Papa), illustré par YAN'DARGENT..........	1 »
MALOT (HECTOR)...	*Romain Kalbris, dessins de E. BAYARD.............	1 »
MAYNE-REID......	*※William le Mousse, illustré par RIOU................	1 »
Aventures de Terre et de Mer :	*La Sœur perdue, illustré par RIOU............. : . .	1 »
	*Les Chasseurs de Chevelures, illustré par PHILIPPOTEAUX...	1 »
MULLER (EUGÈNE)..	*※La Jeunesse des Hommes célèbres, illustrations par BAYARD.	1 »
RATISBONNE (L.)...	※La Comédie enfantine (couronné par l'Académie française), illustré par FROMENT et DE GOBERT.	1 »
RIDER-HAGGARD....	※Découverte des Mines du Roi Salomon (adaptation par C. LEMAIRE), illustré par RIOU......	1 »
SAINTINE (X.-B.)...	※Picciola, 49e édition, illustré par FLAMENG.............	1 »
SANDEAU (J.)......	*※La Roche aux Mouettes, illustré par BAYARD et FÉRAT........	1 »
—	...... ※Madeleine, illustré par BAYARD..	1 »
—	...... ※Mademoiselle de la Seiglière, illustré par BAYARD.........	1 »
SAUVAGE (ÉLIE)....	La petite Bohémienne, illustré par FRŒLICH............	1 »

ENFANCE, JEUNESSE. — LIBRAIRIE SPÉCIALE

SÉGUR (DE).......	Fables, illustré par Frœlich...	1 vol.
STAHL (P.-J.).....	*✵Contes et Récits de Morale familière *(couronné par l'Académie française)*, illustré par divers.	1 »
—	......✵Histoire d'un Ane et de deux jeunes Filles *(couronné par l'Académie française)*, illustré par Th. Schuler..........	1 »
—	.....*✵Les Patins d'argent (Histoire d'une famille hollandaise) *(couronné par l'Académie française)*, d'après Mapes Dodge, illustré par Th. Schuler..........	1 »
—	.....*✵Maroussia *(couronné par l'Académie française)*, d'après Markovouzog, illustré par Th. Schuler.	1 »
—	....*✵Les Histoires de mon Parrain, illustré par Frœlich........	1 »
—	.....✵Les quatre Filles du docteur Marsch, illustré par A. Marie..	1 »
—	..... *Les quatre Peurs de notre général *(couronné par l'Académie française)*, illustré par Bayard et A. Marie...........	1 »
STAHL(P.-J.) & J. LERMONT	*Jack et Jane, illustré par Geoffroy.	1 »
TEVENSON........	*✵L'Ile au Trésor, adaptation par A. Laurie, illustré par Roux...	1 »
TEMPLE (L. DU), capitaine de frégate.	Les Sciences usuelles et leurs applications mises à la portée de tous. 1 vol. in-8 jésus orné de 300 fig.	1 »
TOLSTOÏ (COMTE L.)	*✵Enfance et Adolescence, adaptation par Michel Delines, illustré par Benett...........	1 »
ULBACH (LOUIS)....	Le Parrain de Cendrillon, illustré par Émile Bayard..........	1 »
VADIER (B.).......	†Théâtre à la Maison et à la Pension, illustré par Geoffroy.	1 »
VERNE (J.) & D'ENNERY	Les Voyages au Théâtre, 65 dessins par Benett et Meyer.....	1 »
VERNE (J.) & A. LAURIE	*L'Épave du Cynthia, 26 dessins par Roux...............	1 »
VIOLLET-LE-DUC...	*✵Histoire d'un Dessinateur, texte et dess. par Viollet-le-Duc.	1 »
—	....*✵Histoire d'une Maison. Texte et dessins par Viollet-le-Duc.	1 »

VOLUMES ILLUSTRÉS GRAND IN-8° RAISIN et JÉSUS

Chaque volume relié, tranches dorées, 14 fr. Toile, tranches dorées, 12 fr. Broché, 9 fr.

BIART (LUCIEN)....	※**Aventures d'un jeune Naturaliste.** 156 dessins par BENETT..	1 vol.
BLANDY (S.).......	**Les Épreuves de Norbert**, illustré par A. BORGET et BENETT.	1 »
FLAMMARION (C.)..	*※**Histoire du Ciel**, illustré par BENETT.............	1 »
GRIMARD (ED.)....	***Le Jardin d'Acclimatation** (*Le Tour du Monde d'un naturaliste*), ill. par BENETT, LALLEMAND, etc.	1 »
STAHL ET MULLER.	*※**Le nouveau Robinson Suisse**, revu par STAHL et MULLER, mis au courant de la science par J. MACÉ, 150 dessins de YAN'DARGENT...	1 »
VIOLLET-LE-DUC....	*※**Histoire d'une Forteresse**, dessins par VIOLLET-LE-DUC.....	1 »
—	....*※**Histoire de l'Habitation humaine.** Texte et dessins par VIOLLET-LE-DUC...........	1 »
—	....*※**Histoire d'un Hôtel de ville et d'une Cathédrale.** Texte et dessins par VIOLLET-LE-DUC....	1 »

VOLUMES ILLUSTRÉS GRAND IN-8° JÉSUS

Chaque volume relié, tranches dorées, 15 fr. Toile, tranches dorées, 13 fr. Broché, 10 fr.

BIART (LUCIEN)....	**Don Quichotte**, édition spéciale à la jeunesse, illustré de 316 dessins par TONY JOHANNOT.....	1 vol.
CLÉMENT (CH.)....	*※**Michel-Ange, Raphaël, Léonard de Vinci**, illustré de 167 dessins d'après les grands maîtres.....	1 »
LA FONTAINE......	**Fables**, illustré de 115 grandes compositions d'EUG. LAMBERT.....	1 »
LAURIE (ANDRÉ)...	***Les Exilés de la Terre** (*Selene Company Limited*), illustré par ROUX................	1 »
MALOT (HECTOR)...	***Sans Famille** (*couronné par l'Académie Française*), illustré de 109 dessins par E. BAYARD..	1 »
MOLIÈRE..........	***Œuvres complètes**, préface de SAINTE-BEUVE, illustré de 630 dessins par TONY JOHANNOT....	1 »

PETITE BIBLIOTHÈQUE BLANCHE
VOLUMES ILLUSTRÉS GRAND IN-16
1 FR. 50 BROCHÉS. — 2 FR. CARTONNÉS TOILE, TRANCHES DORÉES

AUSTIN (S.)	Boulotte	1 vol.
BENTZON	*†Yette (Hist^{re} d'une jeune Créole)	1 »
BERTIN (M.)	Les deux côtés du mur	1 »
—	*Voyage au pays des défauts	1 »
—	Les Douze	1 »
BIGNON	Un singulier petit homme	1 »
DE LA BÉDOLLIÈRE	*Histoire de la Mère Michel et de son Chat	1 »
CHAZEL (PROSPER)	Riquette	1 »
CHERVILLE	✳Histoire d'un trop bon Chien	1 »
CRETIN-LEMAIRE	Le Livre de Trotty	1 »
DEVILLERS	Les Souliers de mon Voisin	1 »
DICKENS (CH.)	L'Embranchement de Mugby	1 »
DIENY	*La Patrie avant tout	1 »
DUMAS (A.)	La Bouillie de la Comtesse Berthe	1 »
DURAND (H.)	Histoire d'une bonne aiguille	1 »
FEUILLET (OCTAVE)	La Vie de Polichinelle	1 »
GÉNIN (M.)	*Les Pigeons de Saint-Marc	1 »
—	*Un petit Héros	1 »
—	Les Grottes de Plémont. Pain d'Epice	1 »
GENNEVRAYE	Petit Théâtre de famille	1 »
LEMOINE	La Guerre pendant les vacances	1 »
LEMONNIER (C.)	Bébés et Joujoux	1 »
—	*Histoire de huit Bêtes et d'une Poupée	1 »
LOCKROY (S.)	Les Fées de la Famille	1 »
MULLER	Récits enfantins	1 »
MUSSET (P. DE)	M. le Vent et Mme la Pluie	1 »
NODIER (CH.)	Trésor des fèves et fleur des pois	1 »
OURLIAC (E.)	Le Prince Coqueluche	1 »
PERRAULT	*Les Lunettes de grand'maman	1 »
SAND (G.)	Histoire du véritable Gribouille	1 »
SPARK	*Fabliaux, Paraboles	1 »
STAHL (P.-J.)	Les Aventures de Tom Pouce	1 »
—	†Les Contes de Tante Judith, (d'après Mrs Gaty)	1 »
VERNE (JULES)	*✳Un Hivernage dans les glaces	1 »

BIBLIOTHÈQUE DES JEUNES FRANÇAIS
VOLUMES GRAND IN-16
1 FR. 50 BROCHÉS. — 2 FR. CARTONNÉS TOILE, TRANCHES JASPÉES

Block (Maurice) . . . ❋ Petit Manuel d'Économie pratique (ouvrage couronné).
❋ *Entretiens familiers sur l'administration de notre pays :*
— . . . . La France. . . . . 1 v.
— . . . . Le Département. . . . . 1 v.
— . . . . La Commune. . . . . 1 v.
(Ouvrages adoptés par les conférences cantonales d'instituteurs et les commissions départementales, et compris dans la circulaire ministérielle du 17 novembre 1883.)
— . . . . Paris, Organisation municipale 1 vol. — Paris, Institution administrative, 1 vol. — Le Budget, 1 vol. — L'Impôt, 1 vol. — L'Industrie, 1 vol. — L'Agriculture, 1 vol. — Le Commerce, 1 vol.

Erckmann-Chatrian. ❋ Avant 89 (illustré).
Lecomte (Maxime). . La Vocation d'Albert.
Macé (Jean). . . . . . ❋ La France avant les Francs (illustré).
Pontis. . . . . ❋ Petite Grammaire de la prononciation.
Trigant-Geneste . . ❋ Le Budget communal.

CAHIERS D'UNE ÉLÈVE DE SAINT-DENIS
Cours d'études complet et gradué d'éducation pour jeunes filles et jeunes garçons, à suivre en six années soit dans la pension, soit dans la famille

Par deux anciennes Élèves de la Légion d'Honneur
Et **LOUIS BAUDE**, *ancien professeur au Collège Stanislas*

La Collection complète : Brochée, **64 fr.** — Cartonnée, **68 fr. 50**

CHAQUE VOLUME SE VEND SÉPARÉMENT AUX PRIX INDIQUÉS CI-DESSOUS

Tomes		Broché	Cart.	Tomes			Broché	Cart.
CAHIERS préliminaires	1er Cours de lecture.	2 »	2 25	4.	2e année	2e sem.	2 50	2 75
	2e Instruction élémentaire.	3 »	3 25	5.	3e —	1er —	3 »	3 25
	3e Instruction élémentaire.	3 »	3 25	6.	—	2e —	3 50	3 75
	4e Cours d'écriture.	4 »	4 50	7.	4e —	1er —	3 50	3 75
				8.	—	2e —	3 50	3 75
				9.	5e —	1er —	3 50	3 75
				10.	—	2e —	4 »	4 25
1.	1re année 1er sem.	1 50	1 75	11.	6e —	1er —	4 50	4 75
2.	— 2e —	2 50	2 75	12.	—	2e —	4 50	4 75
3.	2e — 1er —	2 50	2 75	Cahier complémentaire.			5 »	5 25

Atlas classique de Géographie universelle,
Par M. DUBAIL, ex-professeur à l'école de Saint-Cyr. . . . . **8 fr**

Études d'après les Grands Maîtres
Dessins et Lithographies

Par A. COLIN, professeur de dessin à l'École polytechnique
Ouvrage adopté par le Ministère de l'Instruction publique à l'usage des Lycées et des Écoles
Album in-folio : 20 planches. Prix : cart. bradel, **20 fr.** — Cart. toile, **22 fr.**

ENFANCE, JEUNESSE. — LIBRAIRIE SPÉCIALE

PRIX — ÉTRENNES — BIBLIOTHÈQUES

4 Fr.
Cartonné

3 Fr.
Broché

BIBLIOTHÈQUE d'ÉDUCATION et de RÉCRÉATION

VOLUMES IN-18 ILLUSTRÉS

Brochés, 3 fr. — Cartonnés toile, tranches dorées, 4 fr.

Aldrich	※Un Écolier américain	1 v.
Alone	Autour d'un Lapin blanc	1 v.
Anquez	*※Histoire de France	1 v.
Aston (G.)	*L'Ami Kips	1 v.
Audeval	Michel Kagenet	1 v.
Badin	*Jean Casteyras	1 v.
Benedict	*La Madone de Guido-Reni	1 v.
Bentzon	※Pierre Casse-Cou	1 v.
—	*Yette	1 v.
—	※Contes de tous les Pays	1 v.
Bertrand (Alex.)	*※Lettres sur les révolutions du globe	1 v.
Biart (Lucien)	※Aventures d'un jeune Naturaliste	1 v.
—	*※Entre Frères et Sœurs	1 v.
	Les Voyages involontaires :	
—	*※Monsieur Pinson	1 v.
—	*La Frontière indienne	1 v.
—	*※Le Secret de José	1 v.
—	*Lucia Avila	1 v.
—	*※Voyage et Aventures de deux enfants dans un parc	1 v.
Blandy (S.)	*※Le petit Roi	1 v.
—	Les Épreuves de Norbert	1 v.
—	※L'Oncle Philibert	1 v.
—	†Fils de Veuve	1 v.
Boissonnas (Mme B.)	*※Une Famille pendant la guerre 1870-71 (*couronné par l'Académie française*)	1 v.
—	*※Un Vaincu	1 v.
Bréhat (de)	※Aventures d'un petit Parisien	1 v.
—	※Aventures de Charlot	1 v.
	Contes et Récits de l'Histoire naturelle :	
Candèze (Dr)	*Aventures d'un Grillon	1 v.
—	*La Gileppe	1 v.
—	*Perinette	1 v.
Cauvain	Le grand Vaincu	1 v.
Chazel (Prosper)	*Le Chalet des Sapins	1 v.
Clément (Ch.)	*※Michel-Ange, Raphaël, Léonard de Vinci	1 v.
Dequet	*Histoire de mon Oncle et de ma Tante	1 v.
Desnoyers (Louis)	*Mésaventures de Jean-Paul Choppart	1 v.

ERCKMANN-CHATRIAN	.*✻Le fou Yégof ou l'Invasion...........	1 v.
—	*✻Madame Thérèse.................	1 v.
	Histoire d'un Paysan :	
—	*✻Les États généraux (1789)...........	1 v.
—	*✻La Patrie en danger (1792)...........	1 v.
—	*✻L'An I de la République (1793)........	1 v.
—	*✻Le Citoyen Bonaparte (1794-1815)......	1 v.
FARADAY (M.)......	*✻Histoire d'une Chandelle...........	1 v.
FATH (G.)........	Un drôle de Voyage.............	1 v.
FONT-RÉAULX (de)...	✻Les Canaux.................	1 v.
FOUCOU..........	*Histoire du Travail.............	1 v.
GÉNIN...........	La Famille Martin..............	1 v.
GENNEVRAYE......	Théâtre de Famille.............	1 v.
—	✻La Petite Louisette.............	1 v.
—	✻Marchand d'Allumettes (*couronné par l'Académie française*)...............	1 v.
GOUZY..........	*✻Voyage d'une Fillette au pays des Étoiles..	1 v.
—	✻Promenade d'une Fillette autour d'un Laboratoire.....	1 v.
GRATIOLET (P.).....	✻De la Physionomie.............	1 v.
GRIMARD.........	*Histoire d'une Goutte de sève.......	1 v.
—	*Le Jardin d'Acclimatation...........	1 v.
HIRTZ (Mlle).......	*✻Méthode de Coupe et de Confection, 154 gr.	1 v.
IMMERMANN.......	La Blonde Lisbeth..............	1 v.
LAPRADE (V. de)....	✻Le Livre d'un Père............	1 v.
	La Vie de Collège dans tous les Pays :	
LAURIE (André)....	*✻La Vie de collège en Angleterre.......	1 v.
—	✻Mémoires d'un Collégien...........	1 v.
—	*✻Une année de collège à Paris........	1 v.
—	*✻Un Écolier hanovrien	1 v.
—	*Tito le Florentin..............	1 v.
—	✻Autour d'un Lycée japonais.........	1 v.
—	✻Le Bachelier de Séville...........	1 v.
—	✻Mémoires d'un Collégien russe	1 v.
	Les Romans d'Aventures :	
—	*✻L'Héritier de Robinson...........	1 v.
—	*✻Le Capitaine Trafalgar...........	1 v.
—	†De New-York à Brest en 7 heures.....	1 v.
	Selene Company limited :	
—	*Le Nain de Rhadamèh.............	1 v.
—	*Les Naufragés de l'espace..........	1 v.
LAVALLÉE (Th.)...	*Les Frontières de la France (*couronné par l'Académie française*)..........	1 v
LEGOUVÉ (E.)...	*✻Les Pères et les Enfants au XIXe siècle : *Enfance et Adolescence*........	1 v.
	La Jeunesse................	1 v.
—	*✻Nos Filles et nos Fils..	1 v.
—	*✻L'Art de la lecture...........	1 v.
—	✻†Une Élève de seize ans..........	1 v.
LERMONT........	*✻Les jeunes Filles de Quinnebasset......	1 v.
LOCKROY (Mme)....	Contes à mes Nièces............	1 v.
MACÉ (Jean).......	*✻Arithmétique du Grand-Papa.........	1 v.
—	*✻Contes du Petit-Château...........	1 v.
—	*✻Histoire d'une Bouchée de Pain......	1 v.
—	✻Les Serviteurs de l'estomac.........	1 v.
MAURY (commandant)	*✻Géographie physique...........	1 v.
—	✻Le Monde où nous vivons.........	1 v.

ENFANCE, JEUNESSE. — LIBRAIRIE SPÉCIALE 17

Aventures de Terre et de Mer :

Mayne-Reid....	*✹William le Mousse.	1 v.
—	*Les jeunes Esclaves	1 v.
—	*✹Le Désert d'eau	1 v.
—	*Les Exploits des jeunes Boërs	1 v.
—	*✹Les Chasseurs de Girafes	1 v.
—	*Les Naufragés de l'île de Bornéo	1 v.
—	*✹La Sœur perdue	1 v.
—	*✹Les Planteurs de la Jamaïque	1 v.
—	*✹Les deux Filles du Squatter	1 v.
—	*Les jeunes Voyageurs	1 v.
—	*✹Les Robinsons de Terre ferme	1 v.
—	*Les Chasseurs de Chevelures	1 v.
—	Le Chef au bracelet d'or	1 v.
—	✹Le petit Loup de mer	1 v.
—	*La Montagne perdue	1 v.
—	*La Terre de Feu	1 v.
—	Les Emigrants du Transwaal	1 v.
Muller (Eugène).	*✹Jeunesse des Hommes célèbres	1 v.
—	*✹Morale en action par l'histoire	1 v.
—	✹Les Animaux célèbres	1 v.
Nodier (Ch.)	Contes choisis	2 v.
Noel (Eugène)	✹La Vie des Fleurs	1 v.
Parville (de)	Un Habitant de la planète Mars	1 v.
Ratisbonne (Louis)	*✹La Comédie enfantine (*ouvrage couronné par l'Académie française*)	1 v.
Reclus (Élisée)	*✹Histoire d'un Ruisseau	1 v.
—	*✹Histoire d'une Montagne	1 v.
Renard	*✹Le Fond de la Mer	1 v.
Rider-Haggard	✹Découverte des Mines du Roi Salomon	1 v.
Sandeau (Jules)	*✹La Roche aux Mouettes	1 v.
Siebecker (Édouard)	*✹Histoire de l'Alsace	1 v.
Silva (de)	Le Livre de Maurice	1 v.
Simonin	*✹Histoire de la Terre	1 v.
Stahl (P.-J.)	*✹Contes et Récits de Morale familière	1 v.

(*Ouvrage couronné par l'Académie française*, adopté par les conférences cantonales d'instituteurs et les commissions départementales, et compris dans la circulaire ministérielle du 17 novembre 1883.)

—	*✹Les Patins d'argent (*ouvrage couronné*)	1 v.
—	La Famille Chester, *adaptation*	1 v.
—	*✹Histoire d'un Ane et de deux jeunes Filles (*ouvrage couronné*)	1 v.
—	*✹Les Histoires de mon Parrain	1 v.
—	*✹Maroussia (*ouvrage couronné*)	1 v.
—	*Les quatre Peurs de notre général	1 v.
—	✹Les quatre Filles du Dr Marsch	1 v.
—	*✹Mon premier Voyage en Mer, *adaptation*	1 v.
Stahl et Lermont	*La petite Rose, ses six Tantes et ses sept Cousins	1 v.
—	*✹Jack et Jane	1 v.
Stahl et Muller	*✹Le nouveau Robinson suisse	1 v
Tolstoï (le comte L.)	*✹Enfance et Adolescence	1 v.
Tyndall	*✹Dans les Montagnes	1 v.
Vadier	Blanchette	1 v.
Vallery-Radot (R.)	*✹Journal d'un Volontaire d'un an (*ouvrage couronné par l'Académie française*)	1 v.
Van Bruyssel	†Scènes de la Vie des Champs et des Forêts aux États-Unis	1 v.
J. Verne et A. Laurie	*L'Épave du Cynthia	1 v.

VERNE (Jules)	*✵Les premiers Explorateurs.	2 v.
—	*✵Les Navigateurs du xviiie siècle	2 v.
—	*✵Les Voyageurs du xixe siècle.	2 v.
ZURCHER et MARGOLLÉ .	✵Histoire de la Navigation.	1 v.
—	✵Le Monde sous-marin	1 v.

Découverte de la Terre : (above Verne entries)

VOLUMES IN-18

Brochés, 3 fr. — Cartonnés toile, tranches dorées, 4 fr.

ANDERSEN.	Nouveaux Contes suédois	1 v.
BERTRAND (J.).	*✵Les Fondateurs de l'Astronomie.	1 v.
BOUCHET (Eug.). . . .	✵Précis des Littératures étrangères.	1 v.
BRACHET (A.).	*✵Grammaire historique (préface de LITTRÉ) *(couronné par l'Académie française)* . . .	1 v.
DUBAIL.	Cours classique de Géographie.	1 v.
DURAND (Hip.)	*Les grands Prosateurs.	1 v.
—	*Les grands Poètes	1 v.
EGGER.	*✵Histoire du Livre	1 v.
FRANKLIN (J.).	✵Vie des Animaux	6 v.
GRAMONT (comte de). .	Les Vers français *(ouvrage couronné)*. . .	1 v.
HIPPEAU (Mme)	*✵Cours d'économie domestique.	1 v.
HUGO (Victor)	*✵Les Enfants (Le Livre des Mères). . . . . *(cartonnage classique 3 fr. 25)*	1 v.
LAVALLÉE (Th.). . . .	Histoire de la Turquie.	2 v.
LEGOUVÉ (E.).	✵Conférences parisiennes.	1 v.
—	*✵La Lecture en action.	1 v.
MACAULAY.	✵Histoire et Critique.	1 v.
MICKIEWICZS (Adam). .	Histoire de la Pologne.	1 v.
ORDINAIRE.	*Rhétorique nouvelle	1 v.
PETIT (A.).	†La Grammaire de la Lecture à haute voix.	1 v.
ROULIN (F.).	*✵Histoire naturelle	1 v.
SAYOUS.	*✵Conseils à une Mère.	1 v.
STEVENSON	*✵L'Ile au Trésor.	1 v.
SUSANE (général). . .	Histoire de la Cavalerie	3 v.
—	Histoire de l'Artillerie.	1 v.
THIERS.	*✵Histoire de Law.	1 v.
VERNE (Jules).	**Voyages extraordinaires** *(couronnés par l'Académie française)* :	
—	*✵Aventures de trois Russes et de trois Anglais. .	1 v.
	Aventures du capitaine Hatteras :	
—	*✵Les Anglais au pôle Nord.	1 v.
—	*✵Le Désert de Glace.	1 v.
—	*✵Le Chancellor (illustré).	1 v.
—	*✵Cinq semaines en ballon *(couronné)*	1 v.
—	*✵De la Terre à la Lune *(couronné)*.	1 v.
—	*Autour de la Lune *(couronné)*	1 v.
—	✵Le docteur Ox (illustré).	1 v.
	Les Enfants du capitaine Grant :	
—	*✵L'Amérique du Sud.	1 v.
—	*✵L'Australie	1 v.
—	*✵L'Océan Pacifique.	1 v.

ENFANCE, JEUNESSE. — LIBRAIRIE SPÉCIALE 19

	L'Ile Mystérieuse :	
Verne (Jules)	*✻Les Naufragés de l'air (illustré)	1 v.
—	*✻L'Abandonné (illustré)	1 v.
—	*✻Le Secret de l'île (illustré)	1 v.
—	*✻Le Pays des Fourrures	2 v.
—	*✻Vingt mille lieues sous les Mers (*cour.*)	2 v.
—	*✻Le Tour du Monde en 80 jours	1 v.
—	*✻Une Ville flottante	1 v.
—	*✻Voyage au centre de la Terre (*ouvr. cour.*)	1 v.
—	*✻Michel Strogoff	2 v.
—	*✻Les Indes-Noires (illustré)	1 v.
—	*Hector Servadac	2 v.
—	*✻Un Capitaine de quinze ans (illustré)	2 v.
—	*Les cinq cents Millions de la Bégum	1 v.
—	*✻Les Tribulations d'un Chinois en Chine	1 v.
—	*✻La Maison à vapeur (illustré)	2 v.
—	*La Jangada	2 v.
—	L'École des Robinsons	1 v.
—	Le Rayon-Vert	1 v.
—	*Kéraban-le-Têtu	2 v.
—	*L'Archipel en feu	1 v.
—	*L'Étoile du Sud	1 v.
—	*Mathias Sandorf	3 v.
—	Robur-le-Conquérant	1 v.
—	*Un Billet de Loterie	1 v.
—	*✻Nord contre Sud (illustré)	1 v.
—	*Le Chemin de France	1 v.
—	Deux Ans de Vacances (illustré)	2 v.
—	Famille sans Nom	2 v.
—	Sans dessus dessous (illustré)	1 v.
—	✻†César Cascabel	2 v.
Wentworth-Higginson	*✻Histoire des États-Unis	1 v.

VOLUMES IN-18. — PRIX DIVERS
(Bibliothèque d'Éducation et de Récréation.)

A. Brachet	*✻Dictionnaire étymologique de la langue française (*couronné par l'Académie française*)	8 fr. »
Chennevières (de)	Aventures du petit roi saint Louis devant Bellesme	5 fr. »
Dubail	✻Géographie de l'Alsace-Lorraine	1 fr. »
Grimard (Ed.)	✻La Botanique à la campagne	4 fr. »
Legouvé (E.)	*✻Petit Traité de la lecture à haute voix	1 fr. »
Macé (J.)	*✻Théâtre du Petit-Château	2 fr. »
—	✻Arithmétique du Grand-Papa	1 fr. »
Petit (A.)	Extrait de la Grammaire de la Ponctuation	0 fr. 50
Rey (I. A.)	Les Travailleurs et Malfaiteurs microscopiques	4 fr. »

NOTA. — Les ouvrages marqués d'un ✻ ont été honorés de souscriptions du Ministère de l'Instruction publique ou choisis pour faire partie des catalogues des bibliothèques scolaires ou populaires. Le deuxième *, plus petit, désigne les ouvrages choisis par la Ville de Paris pour être distribués en prix. — Les nouveautés sont indiquées par une †.

PREMIER AGE. — Bibliothèque de Mlle Lili et de son cousin Lucien

ALBUMS-STAHL IN-8°

Prix : relié toile, à biseaux, 4 fr.; cart. bradel, 2 fr.

BECKER (L.)
Alphabet des Oiseaux.
Alphabet des Insectes.

COINCHON (A.)
Histoire d'une Mère.

DETAILLE
Les bonnes Idées de Mlle Rose.

FATH
La Famille Gringalet.
Pierrot à l'école. — Gribouille.
Les Méfaits de Polichinelle.
Une folle Soirée chez Paillasse
Le docteur Bilboquet.
Jocrisse et sa Sœur

FRŒLICH
Alphabet de Mademoiselle Lili.
Arithmétique de Mademoiselle Lili
Grammaire de Mademoiselle Lili.
L'A perdu de Mademoiselle Babet
Les Caprices de Manette.
Commandements du Grand-Papa.
La Crème au Chocolat.
Un drôle de Chien. — La Fête de Papa.
Journée de Mademoiselle Lili.
Jujules à l'Ecole. — Le petit Diable
Le Jardin de M. Jujules.
Mademoiselle Lili à la campagne.
† Mademoiselle Lili à Paris.
La Fête de Mademoiselle Lili.
L'Ours de Sibérie. — Cerf agile.
La Salade de la grande Jeanne.
Premier Chien et premier Pantalon:
Les deux Jumeaux. — Pierre et Paul.
La Journée de Monsieur Jujules.
Mademoiselle Lili en Suisse.
La Poupée de Mademoiselle Lili
Les petits Bergers.
La première Chasse de Jujules.

FROMENT
La Boîte au lait.
La petite Devineresse.
Le petit Escamoteur.
Le petit Acrobate
Petites Tragédies enfantines.
Scènes familières.

GEOFFROY
Le Paradis de M. Toto.
La 1re Cause de l'avocat Juliette.
L'Age de l'École.
† Proverbes en action.

GRISET
La Découverte de Londres.

JUNDT
L'École buissonnière.

LALAUZE
Le Rosier du petit frère.

LAMBERT
Chiens et Chats

MARIE
Le petit Tyran

MATTHIS
Les deux Sœurs

MÉAULLE
Petits Robinsons de Fontainebleau.

PIRODON
H^re de Bob aîné. — H^re d'un Perroquet.
La Pie de Marguerite

SCHULER (TH.)
Les Travaux d'Alsa.

VALTON
Mon petit Frère.

ALBUMS-STAHL IN-8°
Prix : relié toile, 6 fr. ; cartonné bradel, 4 fr. 50

CHAM
Odyssée de Pataud et de son chien Fricot.

FRŒLICH
La Révolte punie.
Petites Sœurs et petites Mamans.
Monsieur Jujules.
Voyage de Mlle Lili autour du monde.

Voyage de découvertes de Mlle Lili.
Chasse au volant.

GRISET
Aventures de trois vieux Marins
Pierre le Cruel.

SCHULER (TH.)
Le premier Livre des petits enfants

ENFANCE, JEUNESSE. — LIBRAIRIE SPÉCIALE 21

ALBUMS-LIVRES IN-4° EN COULEURS
EN CHROMOTYPOGRAPHIE ET CHROMOLITHOGRAPHIE
Prix: cartonné bradel, 1 fr.

BECKER
Une drôle d'École.

BOS
Leçon d'Équitation.

CASELLA
Les Chagrins de Dick.

COURBE
L'Anniversaire de Lucy.

FRŒLICH
Chansons et Rondes de l'Enfance
Au Clair de la Lune.
La Boulangère a des écus.
Le bon Roi Dagobert.
Cadet-Roussel.
Il était une Bergère.
Giroflé-Girofla. — La Mère Michel.
Malbrough s'en va-t-en guerre.
La Marmotte en vie.
Monsieur de La Palisse.
Nous n'irons plus au bois.
La Tour, prends garde.
Compère Guilleri.
Le Pont d'Avignon.

La Revanche de François.
La Bride sur le cou.
Le Cirque à la maison.
Hector le Fanfaron.
Monsieur César. — Mlle Furet.
Le Pommier de Robert.
†Tambour et Trompette.

GEOFFROY
Monsieur de Crac.
Don Quichotte. — Le pauvre Ane.
Gulliver. — L'Ane gris.

JAZET
L'Apprentissage du petit soldat.

KURNER
Une Maison inhabitable.

LUCHT (DE)
La Pêche au Tigre.
Les trois Montures de John Cabriole.
L'Homme à la Flûte.
Les Animaux domestiques.

MARIE
Mademoiselle Suzon.

MATTHIS
Métamorphoses d'un Papillon.

TINANT
Les Pêcheurs ennemis.
Une Chasse extraordinaire.
La Guerre sur les toits.
La Revanche de Cassandre.
Un Voyage dans la neige.
De haut en bas.
† Machin et Chose.

TROJELLI
Alphabet musical de Mlle Lili.

LES CONTES DE PERRAULT
PRÉFACE DE P.-J. STAHL. — 40 GRANDES COMPOSITIONS HORS TEXTE
de Gustave DORÉ
1 volume in-4°, cartonnage riche, **25 fr.** Reliure d'amateur, **30 fr.**
Grande édition in-folio, cartonnage riche, **70 fr.**

LIVRES ET ALBUMS D'AMATEURS

Daphnis et Chloé, traduction d'Amyot, complétée par P.-L. Courrier. Préface par Amaury Duval. 42 compositions au trait par Burthe, imprimées en couleur, in-folio, cartonnage riche. **50 fr.**

Gavarni, 6 AQUARELLES fac-similés, exécutées en chromo-lithographie par A. Lemercier et Bocquin, in-folio . . . . **30 fr.**

Granville et Kaulbach. ŒUVRES CHOISIES, album in-folio, cartonné Bradel, 20 francs; relié toile . . . . **22 fr.**

Frœlich, L'ORAISON DOMINICALE, album in-4, contenant 10 planches à l'eau-forte, relié toile . . . . **18 fr.**

— SEPT FABLES DE LAFONTAINE, album in-4, contenant 10 planches, broché. . . . . **5 fr.**

J. HETZEL ET Cie, 18, RUE JACOB

LIBRAIRIE GÉNÉRALE

VICTOR HUGO

ŒUVRES COMPLÈTES in-8
✻Édition définitive
SUR LES MANUSCRITS ORIGINAUX

48 VOLUMES IN-8° IMPRIMÉS AVEC LE PLUS GRAND LUXE SUR PAPIER SPÉCIAL

Prix de chaque volume : 7 fr. 50 broché ; 10 fr. relié amateur.

POÉSIE

I.	Odes et Ballades (Préface inédite). 1 vol.
II.	Les Orientales. — Les Feuilles d'automne. 1 vol.
III.	Chants du Crépuscule. — Voix intérieures. — Rayons et Ombres. 1 vol.
IV.	Les Châtiments. 1 vol.
V.-VI.	Les Contemplations. 2 vol.
VII.-X.	La Légende des Siècles. 4 v.
XI.	Chansons des Rues et des Bois. 1 vol.
XII.	L'Année Terrible. 1 vol.
XIII.	L'Art d'être grand-père. 1 vol.
XIV.	Le Pape. — La Pitié suprême. — Religions et Religion. — L'Ane. 1 vol.
XV.-XVI.	Les Quatre vents de l'Esprit. 2 vol.

PHILOSOPHIE

I	Littérature et Philosophie mêlées. 1 vol.
II.	William Shakespeare. 1 v.

VOYAGES

Le Rhin. 2 vol.

DRAME

I.	Cromwell. 1 vol.
II.	Hernani. — Marion de Lorme. — Le Roi s'amuse. 1 vol.
III.	Lucrèce Borgia. — Marie Tudor. — Angelo. (1 acte inédit.) 1 vol.
IV.	Ruy-Blas. — La Esmeralda. — Les Burgraves. 1 vol.
V.	Torquemada. Les Jumeaux. Amy Robsart. 1 vol.

ROMAN

I.	Han d'Islande. 1 vol.
II.	Bug-Jargal. — Dernier jour d'un condamné. — Claude Gueux. 1 vol.
III.-IV.	Notre-Dame de Paris. 2 vol.
V.-IX.	Les Misérables. 5 vol.
X.-XI.	Les Travailleurs de la Mer (précédé de l'Archipel de la Manche). 2 vol.
XII.-XIII.	L'Homme qui rit. 2 vol.
XIV.	Quatre-vingt-treize. 1 vol.

HISTOIRE

I.	Napoléon le Petit. 1 vol.
II.-III.	Histoire d'un crime. 2 vol.

ACTES ET PAROLES

I.	Avant l'exil. 1 vol.
II	Pendant l'exil. 1 vol.
III.-IV.	Depuis l'exil. 2 vol.
I.-II.	VICTOR HUGO raconté. 2 vol.

✻ŒUVRES INÉDITES POSTHUMES

Le Théâtre en liberté. 1 vol. in-8, broché	7 fr. 50
La Fin de Satan. 1 vol. in-8, broché	7 fr. 50
Choses vues. 1 vol. in-8, broché	7 fr. 50
Toute la Lyre. 2 vol. in-8, brochés à	7 fr. 50
En Voyage. 1 vol. in-8, broché	7 fr. 50
Les Jumeaux. — Amy Robsart. 1 vol. in-8, broché	6 fr. »

L'ŒUVRE DE VICTOR HUGO
EXTRAITS

*✻Édition du monument. Un volume in-18 de 252 pages	1 franc.
*✻Édition des écoles. Un volume in-18 de 320 pages	2 francs.
— Cartonné toile	3 francs.

VICTOR HUGO
ŒUVRES COMPLÈTES NE VARIETUR in-18
ÉDITION DÉFINITIVE SUR LES MANUSCRITS ORIGINAUX
Prix de chaque volume, 2 fr. broché
Les volumes parus au 1ᵉʳ Mai 1891 sont précédés d'un *

POÉSIE

	Volumes
*Odes et Ballades	1
*Les Orientales	1
*Les Feuilles d'automne	1
*Les Chants du crépuscule	1
*Les Voix intérieures	1
*Les Rayons et les Ombres	1
*Les Châtiments	1
*Les Contemplations	2
*La Légende des siècles	4
*Les Chansons des Rues et des Bois	1
*L'Année terrible	1
*L'Art d'être grand-père	1
Le Pape. — La Pitié suprême	1
Religions et Religion. — L'Ane	1
Les quatre Vents de l'Esprit	2

DRAME

*Cromwell	1
*Hernani	1
*Marion de Lorme	1
*Le Roi s'amuse	1
*Lucrèce Borgia	1
Marie Tudor. Esmeralda	1
Angelo	1
*Ruy Blas	1

	Volumes
Les Burgraves	1
Torquemada	1

ROMAN

*Han d'Islande	1
*Bug-Jargal	1
*Le dernier Jour d'un Condamné. — Claude Gueux	1
*Notre-Dame de Paris	2
*Les Misérables	8
*Les Travailleurs de la Mer	2
L'Homme qui rit	3
*Quatre-vingt-treize	2

PHILOSOPHIE

Littérature et Philosophie	1
*William Shakespeare	1

HISTOIRE

*Napoléon le Petit	1
Histoire d'un crime	2
*Paris	1

VOYAGE

Le Rhin	3

ACTES ET PAROLES

*Avant l'Exil	2
*Pendant l'Exil	2
Depuis l'Exil	4

VICTOR HUGO raconté .... 3 volum.

ŒUVRE POÉTIQUE ELZÉVIRIENNE
Édition in-18 raisin sur papier vergé de Hollande
Dessins et Ornements par E. FROMENT.

Odes et Ballades. 1 vol.	7 50	Contemplations. 2 vol. à 7 fr. 50	15 »
Feuilles d'automne 1 v.	4 »	La Légende des siècles. 1 vol.	7 50
Chants du crépuscule. 1 vol.	4 »	Les Chansons des Rues et des Bois. 1 v.	7 50
Voix intérieures. 1 vol.	4 »		
Rayons et Ombres. 1 v.	4 »		

Les 9 volumes reliés amateur, 89 fr. 50

ÉDITION POPULAIRE ILLUSTRÉE
ROMANS ILLUSTRÉS
158 DESSINS DE BRION, GAVARNI, BEAUCÉ ET RIOU

Un volume grand in-8°, contenant : **Notre-Dame de Paris.—Han d'Islande. —Bug-Jargal.—Dernier Jour d'un Condamné** et **Claude Gueux**. Broché, *9 fr.*; toile, tr. dorées, *12 fr.*; relié, *14 fr.*

ERCKMANN-CHATRIAN

ŒUVRES COMPLÈTES parues : **43 fr. 20** BROCHÉES

ŒUVRES COMPLÈTES
ROMANS NATIONAUX
ILLUSTRÉS PAR
TH. SCHULER, RIOU ET FUCHS.

ŒUVRES COMPLÈTES parues : **43 fr. 20** BROCHÉES

*✳Le Conscrit de 1813........ 1 volume à	......	1 40
*✳Madame Thérèse............. —	......	1 40
*✳L'Invasion................. —	......	1 60
*Waterloo................... —	......	1 80
*L'Homme du peuple.......... —	......	1 70
*La Guerre.................. —	......	1 40
*✳Le Blocus................. —	......	1 60

Réunis en un beau volume grand in-8° illustré de 182 dessins.
Broché, **10** *fr.*; *toile, tr. dor.,* **13** *fr.*; *relié, tr. dor.,* **15** *fr.*

CONTES ET ROMANS POPULAIRES
Illustrés par BAYARD, BENETT, GLUCK et TH. SCHULER.

*Maître Daniel Rock............ 1 volume à	......	1 20
L'illustre docteur Matheus ...... —	......	1 40
Hugues le Loup............... —	......	1 40
Contes des bords du Rhin...... —	......	1 30
Joueur de clarinette........... —	......	1 60
Maison forestière .... —	......	1 20
✳L'Ami Fritz................. —	......	1 50
Le Juif polonais.............. —	......	1 30

Réunis en un beau volume grand in-8° illustré de 171 dessins.
Broché, **10** *fr.*; *toile, tr. dor.,* **13** *fr.*; *relié, tr. dor.,* **15** *fr.*

*✳HISTOIRE D'UN PAYSAN
La Révolution française racontée par un paysan
Illustrations de Théophile SCHULER. L'ouvrage complet, en 1 volume,
broché, **7** fr.; toile, tr. dor., **10** fr.; relié, **12** fr.

CONTES ET ROMANS ALSACIENS
Illustrés par SCHULER.

*✳Histoire du Plébiscite......... 1 volume à	......	2 »
*✳Les deux Frères .... —	......	1 50
*✳Histoire d'un Sous-Maître ..... —	......	1 30
*✳Le Brigadier Frédéric......... —	......	1 20
Une Campagne en Kabylie ..... —	......	1 40
*✳Maître Gaspard Fix .... —	......	2 »
Souvenirs d'un ancien Chef de chantier —	......	1 10

Réunis en un beau volume grand-in-8° illustré de 139 dessins
Broché. **10** *francs*; *toile, tr. dor.,* **13** *francs*; *relié,* **15** *francs.*

Contes Vosgiens, illustrés par PHILIPPOTEAUX.........	**1 fr. 30**
Le Grand-Père Lebigre, illustré par LALLEMAND et BENETT.	**1 fr. 30**
*Les Vieux de la Vieille, illustré par LIX	**1 fr. 40**
*Le Banni, illustré par LIX...................	**1 fr. 20**
Quelques mots sur l'esprit humain (non illustré)	**1 fr.** »

*Les œuvres d'*ERCKMANN-CHATRIAN *sont publiées aussi en 33 volumes in-18 à 3 fr. chacun et 2 volumes in-18 à 1 fr. 50. — (Voir pages 26 et 29).*

OUVRAGES ILLUSTRÉS DIVERS

La Marine à l'Exposition française de 1878. Publication faite par ordre du Ministre de la marine. 2 forts volumes in-8° accompagnés de leur atlas. .... 80 »

GAVARNI-GRANDVILLE. — **Le Diable à Paris,** *Paris à la plume et au crayon,* 1,508 dessins, dont 600 grandes scènes et types avec légendes de Gavarni et 908 dessins par Grandville, Bertall, Cham, Dantan, etc.; texte par Balzac, A. de Musset, Hugo, George Sand, Stahl, Barbier, Sue, de Laprade, Soulié, Nodier, Gozlan, Droz, Rochefort, Villemot, Mme de Girardin, etc. 4 beaux volumes in-8° jésus. Relié, tranches dorées, 44 fr.; toile, tranches dorées, 40 fr.; broché. .... 28 »

GRANDVILLE. — **Les Animaux peints par eux-mêmes,** scènes de la vie privée et publique des animaux, publiés sous la direction de P.-J. Stahl, avec la collaboration de Balzac, G. Droz, Benjamin Franklin, Jules Janin, A. de Musset, E. Sue, Nodier, Sand. 1 vol. in-8° jésus, contenant 320 dessins. Chef-d'œuvre de Grandville. Relié, tranches dorées, 14 fr.; cartonné toile, tranches dorées, 12 fr.; broché. .... 9 »

GŒTHE ET KAULBACH. — **Le Renard,** traduit par E. Grenier, illustré de 60 compositions par Kaulbach. 1 vol. in-8° jésus. Relié, tranches dorées, 11 fr.; toile, tranches dorées, 10 fr.; broché. 7 »

Le même ouvrage, en édition populaire in-8° jésus. Toile, tranches dorées, 5 fr.; broché. 2 50

GEORGE SAND. — **Romans champêtres,** 2 volumes in-8° raisin, illustrés par T. Johannot, brochés .... 20 »

TOUSSENEL. — **L'Esprit des bêtes.** 1 vol. illustré par Bayard, toile, tranches dorées, 6 fr.; broché. 4 50

HISTOIRE, POÉSIE, VOYAGES, ROMANS, LITTÉRATURE FRANÇAISE ET ÉTRANGÈRE

VOLUMES IN-18 A 3 FR.

Audeval.........	Les Demi-Dots.............	1 v.
—	La Dernière...............	1 v.
Badin (Adolphe)....	Marie Chassaing...........	1 v.
Barberet	La Bohème du travail......	1 v.
Bentzon (Th.).....	Un Divorce................	1 v.
Bibliothèque Franco-Étrangère	Le Roman de la femme médecin, suivi de Récits de la Nouvelle-Angleterre, par Sarah Orne Jewett, préface de Th. Bentzon................	1 v.
	Nouvelles mille et une nuits, par R.-L. Stevenson, préface de Th. Bentzon.	1 v.
	La Sœur de miss Ludington, par Edward Bellamy, traduction de R. Issant, précédé d'une étude sur la littérature américaine, par Th. Bentzon.......	1 v.

B... (Lucie)........	*Une Maman qui ne punit pas	1 v.
—	Aventures d'Edouard et justice des choses.	1 v.
Bixio (Beppa)......	*Vie du Général Nino Bixio. Traduction de l'italien	1 v.
Cervantes........	Don Quichotte (traduction nouvelle par Lucien Biart)	1 v.
Chamfort........	(Édition Stahl)...............	1 v.
Crémieux........	Autographes. — Collection Ad. Crémieux.	1 v.
Daryl (Ph.).......	※La Vie publique en Angleterre.......	1 v.
—	Signe Meltroë	1 v.
—	En Yacht.................	1 v.
— La Vie	*※Le Monde chinois.............	1 v.
—	*Lettres de Gordon à sa sœur........	1 v.
— partout.	Wassili Samarin	1 v.
—	La petite Lambton	1 v.
—	※A Londres.................	1 v.
—	※Les Anglais en Irlande...........	1 v.
—	*※Renaissance physique..........	1 v.
Deschanel (Paul)...	†Questions actuelles	1 v.
Durande (Amédée)...	Carl, Joseph et Horace Vernet.......	1 v.
Erckmann-Chatrian..	*※Le Blocus.................	1 v.
—	*※Le Brigadier Frédéric...........	1 v.
—	Une Campagne en Kabylie..........	1 v.
—	Joueur de clarinette.............	1 v.
—	Contes de la montagne...........	1 v.
—	Contes des bords du Rhin..........	1 v.
—	Contes populaires	1 v.
—	Contes vosgiens	1 v.
—	*※Le Fou Yégof................	1 v.
—	*La Guerre.................	1 v.
—	*※Histoire d'un Conscrit de 1813.........	1 v.
—	*Histoire d'un Homme du peuple	1 v.
—	*※Histoire d'un Paysan, complet en......	4 v.
—	*※Histoire d'un Sous-Maitre	1 v.
—	L'illustre docteur Mathéus..........	1 v.
—	*※Madame Thérèse	1 v.
—	*※Maitre Gaspard Fix.............	1 v.
—	Le Grand-Père Lebigre	1 v.
—	La Maison forestière	1 v.
—	*Maitre Daniel Rock.............	1 v.
—	*Waterloo	1 v.
—	*※Histoire du Plébiscite............	1 v.
—	*※Les deux Frères...............	1 v.
—	Souvenirs d'un Chef de chantier.......	1 v.
—	※L'Ami Fritz, pièce.............	1 v.
—	*Alsace.................	1 v.
—	*Les Vieux de la Vieille............	1 v.
—	*Le Banni.................	1 v.
—	L'Art et les Grands Idéalistes........	1 v.
—	Quelques mots sur l'esprit humain (nouvelle édition)	1 v.
Gennevray.......	Une Cause secrète.............	1 v.
Gordon (Lady).....	Lettres d'Égypte...............	1 v.
Gournot.........	Essai sur la Jeunesse contemporaine....	1 v.
Gozlan (Léon)	Émotions de Polydore Marasquin......	1 v.
Grimard.........	※L'Enfant, son passé, son avenir.......	1 v.
Janin (Jules)......	Variétés littéraires	1 v.
Kœchlin-Schwartz ..	Un Touriste au Caucase...........	1 v.
Ladreyt (M.-Casimir).	L'Instruction publique en France et les Écoles Américaines.............	1 v.

LIBRAIRIE GÉNÉRALE

Lavallée (Théophile) .	✹Jean sans Peur	1 v.
Legouvé (E.)	Soixante ans de souvenirs	4 v.
Officier en retraite (Un)...........	L'Armée française en 1879.	1 v.
Pichat (Laurent)....	Gaston	1 v.
—	Les Poètes de combat	1 v.
—	Le Secret de Polichinelle	1 v.
Quatrelles.......	Les 1001 Nuits matrimoniales......	1 v.
—	Voyage autour du grand monde	1 v.
—	La Vie à grand orchestre	1 v.
—	Sans Queue ni Tête............	1 v.
—	L'Arc-en-Ciel	1 v.
—	Petit Manuel du parfait Causeur parisien	1 v.
—	Casse-Cou	1 v.
—	Tout feu tout flamme	1 v.
—	Les Amours extravagantes de la princesse Djalavann	1 v.
—	Mon petit dernier	1 v.
Rive (de la).......	Souvenirs sur M. de Cavour	1 v.
Robert (Adrien)	Le Nouveau Roman comique	1 v.
Rolland (A.)......	Mendelssohn (Lettres)...........	1 v.
Sourdeval (de).....	Le Cheval à côté de l'Homme et dans l'histoire................	1 v.
Stahl (P.-J.)......	Les bonnes fortunes parisiennes :	
—	Les Amours d'un Pierrot........	1 v.
—	Les Amours d'un Notaire	1 v.
—	Histoire d'un homme enrhumé........ Voyage d'un Étudiant...........	} 1 v.
—	Histoire d'un Prince et d'une Princesse Voyage où il vous plaira........	} 1 v.
—	L'Esprit des femmes et les Femmes d'esprit................. Théorie de l'Amour et de la Jalousie....	} 1 v.
—		
Texier et Kæmpfen..	Paris capitale du monde..........	1 v.
Tourgueneff (I.)...	Dimitri Roudine	1 v.
— ...	Fumée (préface de Mérimée).......	1 v.
— ...	Une Nichée de gentilshommes (traduit par le comte Sollohoud et A. de Calonne)..	1 v.
— ...	Nouvelles moscovites (traduit par l'Auteur et P. Mérimée)............	1 v.
— ...	Étranges histoires............	1 v.
— ...	Les Eaux printanières	1 v.
— ...	Les Reliques vivantes	1 v.
— ...	Terres vierges.............	1 v.
— ...	Souvenirs d'Enfance (La Caille.— 30 petits poèmes en prose. — Mémoires d'un Nihiliste)..............	1 v.
— ...	Œuvres dernières précédées d'une étude sur Tourgueneff, sa Vie et son Œuvre, par le vicomte E. M. de Vogüé	1 v.
— ..	Un Bulgare (traduit par Halpérine)	1 v.
Trochu (général)...	Pour la vérité et pour la justice	1 v.
— ..	La Politique et le Siège de Paris	1 v.
Vallery-Radot (René)	L'Étudiant d'aujourd'hui	1 v.
Villars (François)...	Un Homme heureux	1 v.
Wilkie-Collins....	La Femme en blanc............	2 v.
— ...	Sans Nom................	2 v.
H. Wood (Mme).....	Lady Isabel...............	2 v.

LIVRES EN COMMISSION
Volumes in-18 à 3 fr.

Anonyme.........	Mary Briant................	1 v.
Arago (Etienne)....	Les Bleus et les Blancs...........	2 v.
Baignières........	Histoires modernes.............	1 v.
—	Histoires anciennes............	1 v.
Bastide (A.).......	Le Christianisme et l'esprit moderne....	1 v.
Boullon (E.)....	Chez nous................	1 v.
Chauffour.......	Les Réformateurs du xvie siècle.......	2 v.
Dollfus (Charles) .	La Confession de Madeleine.........	1 v.
Duvernet........	La Canne de Me Desrieux..........	1 v.
Favier (F.).......	L'héritage d'un Misanthrope.........	1 v.
Habeneck (Ch.).....	Chefs-d'œuvre du théâtre espagnol.....	1 v.
Huet (F.)........	Histoire de Bordas Dumoulin........	1 v.
Lancret (A.)......	Les Fausses Passions............	1 v
Lavalley (Gaston)...	Aurélien.................	1 v.
Laverdant (Désiré)..	Don Juan converti.............	1 v.
— ..	La Renaissance de Don Juan........	2 v.
Lefèvre (André)...	La Lyre intime..............	1 v.
—	Les Bucoliques de Virgile........	1 v.
Nagrien (X.)......	Prodigieuse Découverte..........	1 v.
Réal (Antony).....	Les Atomes................	1 v.
Steel...........	Haôma.................	1 v.
Worms de Romilly..	Horace (traduction)....	1 v.

Formats et Prix divers

Antully (Albéric d')..	Fantaisie. In-8...............	2 »
Guimet (Emile).......	L'Orient d'Europe au fusain. In-18. ..	2 »
—	Esquisses scandinaves. In-18........	3 »
—	Aquarelles africaines. In-18..........	2 50
Laverdant (Désiré)...	Appel aux artistes. In-8...........	1 »
Paultre (E.)......	Capharnaüm. In-8...............	6 »
Pirmez..........	Jours de solitude. In-8.........	6 »

VOLUMES IN-18 A PRIX DIVERS

Arago (E.)........	L'Hôtel de Ville et le Gouvernement du 4 septembre. 1870-71...........	3 50
Berthet (André)....	Mes Lunes.................	2 »
Charras (colonel)....	Histoire de la Guerre de 1815. 2 volumes avec atlas...............	7 »
Decourcelle (A.) .	Les Formules du docteur Grégoire (*Dictionnaire du Figaro*)......	2 »

LIBRAIRIE GÉNÉRALE

Erckmann-Chatrian..	Le Juif polonais, pièce en 3 actes.....	1 50
—	Les Rantzau, pièce..........	1 50
—	Lettre d'un électeur à son député......	» 50
Favre (Jules)......	*Conférences et Mélanges..........	3 50
Ferry (Jules)......	Les Affaires de Tunisie...........	2 »
Hugo (Victor).....	L'Œuvre complète. Extraits :	
—	Édition du monument.........	1 »
—	Edition des écoles...........	2 »
—	— cartonné toile....	3 »
Ignorant (Un).....	*※Histoire d'un savant par un ignorant....	3 50
Jaubert..........	Souvenirs de Madame Jaubert........	3 50
Legouvé (E.)......	Samson et ses élèves............	2 »
—	Lamartine................	1 50
—	Maria Malibran..............	» 75
—	La Question des femmes..........	1 »
—	Une Education de jeune fille	1 »
Quatrelles.......	Une Date fatale.............	1 »
Sée (C.).........	La Loi Camille Sée...........	3 50
Stahl (P. J.)......	Entre bourgeois.............	» 50
Susane (général)....	L'Artillerie avant et depuis la guerre ...	» 50
Verne (Jules)......	Neveu d'Amérique, comédie en 3 actes ..	1 50

VOLUMES IN-8° A PRIX DIVERS

Anonyme.........	Vingt mois de présidence..........	5 »
Bertrand (J.).....	Arago et sa vie scientifique	1 »
—	Fondateurs de l'astronomie	6 »
—	*※L'Académie et les Académiciens	7 50
Blanc et Artom....	Œuvre parlementaire du comte de Cavour.	7 50
Delahante (A.)....	Une Famille de finance au xviiie siècle. 2 vol.	20 »
Diplomate (Un)...	L'Affaire du Tonkin. 1 vol.........	7 50
Erckmann-Chatrian..	Le Fou Chopin, pièce............	» 50
Lafond (Ernest)....	Les Contemporains de Shakespeare :	
—	Ben Johnson, 2 volumes à	6 »
—	Massinger, 1 volume........	6 »
—	Beaumont et Fletcher, 1 volume....	6 »
—	Webster et Ford, 1 volume.......	6 »
Legouvé (Ernest)...	※Soixante ans de souvenirs:	
	1re partie: Ma jeunesse.........	7 50
	Deuxième et dernière partie......	7 50
Mortimer d'Ocagne.	※Les Grandes Écoles de France (*nouvelle édition*)................	7 50
Richelot........	Gœthe, ses Mémoires, sa Vie. 4 vol. à...	6 »
Trochu.........	L'Empire et la Défense de Paris.......	8 »
Verne (Jules)......	Le Tour du Monde en 80 jours, pièce...	» 50
—	Les Enfants du capitaine Grant, pièce...	» 50
—	Michel Strogoff, pièce...........	» 50

ENSEIGNEMENT PROFESSIONNEL
BIBLIOTHÈQUE DES PROFESSIONS
Industrielles, Commerciales et Agricoles

Le cartonnage de chaque volume se paye 0,50 c. en sus des prix marqués

SÉRIE A. — SCIENCES EXACTES

Lenoir (A.). ❋Calculs et comptes faits. 1 vol.	4 »
Ortolan et Mesta. Dessin linéaire. 1 vol. avec planches.	4 »
Rozan (Ch.). Leçons de géométrie. 1 vol. avec planches.	4 »

SÉRIE B. — SCIENCES D'OBSERVATION
CHIMIE — PHYSIQUE — ÉLECTRICITÉ

Dr Sacc. Chimie pure. 1 vol.	4 »
Hetet. Chimie générale élémentaire. 2 vol. à 4 fr.	8 »
Chevalier. L'étudiant photographe. 1 vol.	2 »
Gaudry. Essai des matières industrielles. 1 vol.	4 »
B. Miége. Télégraphie électrique. 1 vol.	2 »
Du Temple. *Introduction à l'étude de la Physique. 1 vol.	4 »
Fresenius. Potasses, soudes. 1 vol.	2 »
Liebig. Introduction à l'étude de la Chimie. 1 vol.	2 »
J. Brun. Fraudes et maladies du vin. 1 vol.	2 »
Dr Lunel. Les falsifications. 1 vol.	4 »
Noguès. Minéralogie appliquée. 2 vol.	8 »
Du Temple. *❋Transmissions de la pensée et de la voix. 1 vol.	4 »
Laffineur. Hydraulique et hydrologie. 1 vol.	2 »
R. Clausius. Théorie mécanique de la chaleur. 2 vol.	8 »

SÉRIE C. — ART DE L'INGÉNIEUR
PONTS ET CHAUSSÉES — CONSTRUCTIONS CIVILES

Guy. Guide du géomètre-arpenteur. 1 vol.	4 »
Birot. *Guide du Conducteur des Ponts et Chaussées et de l'agent voyer.* 1re partie, ROUTES. 1 vol. avec planches.	4 »
— 2e partie, PONTS. 1 vol. avec planches.	4 »
Viollet-le-Duc. *❋Comment on construit une maison. 1 vol.	4 »
Frochot. Cubage et estimation des bois. 1 vol.	4 »
Pernot. ❋Guide du constructeur. 1 vol.	4 »
Demanet. ❋Maçonnerie. 1 vol.	4 »
Laffineur. Roues hydrauliques. 1 vol.	2 »
Dinée. Engrenages. 1 vol.	2 »
Bouniceau. Constructions à la mer. 1 vol. et 1 atlas	8 »

SÉRIE D. — MINES & MÉTALLURGIE
GÉOLOGIE — HISTOIRE NATURELLE

Dana. Manuel du géologue. 1 vol.	4 »
Fairbairn. Le fer. 1 vol.	4 »
J.-B.-J. Dessoye. Emploi de l'acier. 1 vol.	4 »
Landrin. ❋Traité de l'acier. 1 vol.	4 »
Guettier. Alliages métalliques. 1 vol.	2 »

SÉRIE E. — PROFESSIONS COMMERCIALES

Bourdain (Ed.). Manuel du commerce des tissus. 1 vol. . . . . . 3 »
Emion (V. et G.). Traité du commerce des vins. 1 vol. . . . . 4 »

SÉRIE F. — PROFESSIONS MILITAIRES & MARITIMES

Doneaud. Droit maritime. 1 vol. . . . . 2 »
Bousquet. Architecture navale. 1 vol. . . . . 2 »
Tartara. Code des bris et naufrages. 1 vol. . . . . 4 »
Steerk. Poudres et salpêtres. 1 vol. . . . . 4 »
Juven. Comment on devient Officier. 1 vol. . . . . 4 »

SÉRIE G. — ARTS & MÉTIERS
PROFESSIONS INDUSTRIELLES

Basset. Culture et alcoolisation de la betterave. 1 vol. . . . . . . 2 »
Rouland. Nouveaux barèmes de serrurerie. 1 vol. . . . . 4 »
Dubief. Guide du féculier et de l'amidonnier. 1 vol. . . . . 4 »
Dromart. Carbonisation des bois. 1 vol. . . . . 4 »
Gaisberg. Montage des appareils d'éclairage électrique. 1 vol. . . 2 »
A. Ortolan. ✻ *Guide de l'ouvrier mécanicien :*
    Mécanique élémentaire. 1 vol. . . . . 4 »
    Mécanique de l'atelier. 1 vol. . . . . 4 »
    Principes et pratique de la machine à vapeur. 1 vol. . . 4 »
Jaunez. Manuel du chauffeur. 1 vol. . . . . 2 »
Violette. Fabrication des vernis. 1 vol. . . . . 6 »
Th. Chateau. Corps gras industriels. 1 vol. . . . . 4 »
Mulder. Guide du brasseur. 1 vol. . . . . 4 »
Houzé (J.-P.). ✻ Le livre des Métiers manuels. 1 vol. . . . . . . 4 »
J.-F. Merly. ✻ Livre du charpentier. 1 vol. . . . . 4 »
Fol. Guide du teinturier. 1 vol. . . . . 4 »
Leroux. Filature de la laine. 1 vol. . . . . 15 »
De Courten. Collodion sec au tanin. 1 vol. . . . . 4 »
Prouteaux. *Fabrication du papier et du carton. 1 vol. . . . . . 4 »
Berthoud. ✻ La charcuterie pratique. 1 vol. . . . . 4 »
Graffigny (H. de). *L'ingénieur électricien. 1 vol. . . . . . . 4 »
Moreau (L.). Guide du bijoutier. 1 vol. . . . . 2 »
Dr Lunel. Guide du parfumeur. 1 vol. . . . . 4 »
   — Guide de l'épicerie. 1 vol. . . . . 2 »
Monier. Essai et analyse des sucres. 1 vol. . . . . 3 »
Dubief. Fabrication des liqueurs. 1 vol. . . . . 4 »
   — Vinification 1 vol. . . . . 4 »
   — Fabrication des vins factices et immense trésor des vignerons et des marchands de vins. 1 vol. . . . . . 4 »
Michotte (F.). Fabrication des eaux gazeuses. 1 vol. . . . . . 4 »
Barbot. *Guide du joaillier. 1 vol. . . . . 4 »
Souviron. *Dictionnaire des termes techniques. 1 vol. . . . . . 6 »

SÉRIE H. — AGRICULTURE
JARDINAGE, HORTICULTURE, EAUX ET FORÊTS, CULTURES INDUSTRIELLES, ANIMAUX DOMESTIQUES, APICULTURE, PISCICULTURE, ETC.

Grimard. Manuel de l'herboriseur. 1 vol. . . . . 4 »
Gayot. ✻ *Habitations des animaux :*
    ✻ Bergeries, porcheries. 1 vol. . . . . 2 »

Pouriau. Sciences physiques appliquées à l'agriculture. 2 vol. . . 8 »
Gobin. Entomologie agricole. 1 vol. . . . . 4 »
Fleury-Lacoste. ※Guide du vigneron, suivi des maladies de la vigne, par SERIGNE. 1 vol. 4 »
Bourgoin-d'Orli. Cultures exotiques. 1 vol. . . . . 4 »
Dubos. Choix de la vache laitière. 1 vol . . . . 2 »
Canu et Larbalétrier. *※Manuel de météorologie agricole. 1 vol. . 2 »
Mariot-Didieux. ※L'éducateur des lapins, des oies et des canards. 1 vol . . . . 4 »
— Éducation des poules. 1 vol . . . . 4 »
— Le chasseur médecin. 1 vol. . . . . 2 »
Larbalétrier. ※Manuel de pisciculture. 1 vol. . . . . 4 »
Courtois-Gérard. ※Jardinage. 1 vol. . . . . 4 »
Courtois-Gérard. ※Culture maraîchère. 1 vol. . . . . 4 »
Gobin. Culture des plantes fourragères. 1 vol. . . . . 4 »
Koltz. Culture du saule et du roseau. 1 vol. . . . . 2 »
Pouriau. Chimiste agriculteur. 1 vol. . . . . 4 »
Lerolle. *Botanique appliquée. 1 vol. . . . . 4 »
Sicard. Culture du cotonnier. 1 vol. . . . . 2 »

SÉRIE I. — ÉCONOMIE DOMESTIQUE
COMPTABILITÉ, LÉGISLATION, MÉLANGES

Monin (Dr). *※Hygiène du travail. 1 vol. . . . . 4 »
Lunel. Économie domestique. 1 vol. . . . . 2 »
Rey. Ferments et fermentation. 1 vol. . . . . 4 »
Dubief. Le liquoriste des dames. 1 vol. . . . . 2 »
Hirtz. Coupe et confection des vêtements de femmes et d'enfants. 1 vol. . . . . 3 »
Petit (A.). Les assurances. *L'art de s'assurer contre l'incendie.* 1 vol. . . . . 2 »
Baude. Calligraphie. 1 vol. . . . . 4 »
Saint-Juan (De). †La Cuisine pratique. 1 vol. . . . . 4 »

SÉRIE J. — FONCTIONS
EMPLOIS DE L'ÉTAT, DÉPARTEMENTAUX ET COMMUNAUX, SERVICES PUBLICS

Mortimer d'Ocagne. ※*Les Grandes Écoles de France*.
    Carrières civiles. 1 vol. . . . . 4 »
    Services de l'État. 1 vol. . . . . 4 »
J. Albiot. Manuel des conseillers généraux. 1 vol. . . . . 4 »
Lelay. Lois et règlements sur la douane. 1 vol. . . . . 4 »
Lafolay. Nouveau manuel des octrois. 1 vol. . . . . 4 »

SÉRIE K. — BEAUX-ARTS, DÉCORATION
ARTS GRAPHIQUES, ETC.

Carteron. †Introduction à l'étude des beaux-arts. 1 vol. . . . . . 4 »
Viollet-le-Duc. *※Comment on devient un dessinateur. 1 vol. . . 4 »
Pellegrin. Perspective. 1 vol. 2 »
Regamey. †Le Japon pratique. 1 vol. . . . . 4 »

Le cartonnage de chaque volume se paye 0 fr. 50 en sus des prix marqués.

NOUVELLE COLLECTION SPÉCIALE
POUR
DISTRIBUTIONS DE PRIX

PREMIÈRE SÉRIE
VOLUMES IN-18

En feuilles **1** *fr.* **60** ; *Cartonnés toile, tranches jaspées,* **2** *fr.*

AUDOYNAUD......	*※Entretiens familiers sur la Cosmographie (illustré).......	1 vol.
BLOCK (MAURICE).	※Principes de législation pratique	1 »
CRÉTIN-LEMAIRE..	Les Expériences de la petite Madeleine (illustré)............	1 »
LUNEL (Dr)......	Hygiène et Médecine usuelle....	1 »
SAYOUS.........	※Principes de littérature........	1 »
ZURCHER ET MARGOLLÉ.	Les Tempêtes (illustré).........	1 »

DEUXIÈME SÉRIE
VOLUMES GRAND IN-16 ILLUSTRÉS

En feuilles **2** *f.* **40** ; *Cart. imitation toile, tranches jaspées,* **2** *f.* **80**

BAUDE.........	Mythologie de la Jeunesse.......	Réunis. 269 illustrations par BERTALL et BENETT.......	1 vol.
LACOME........	Musique en Famille		
GOZLAN (LÉON)...	Aventures du prince Chènevis.......	Réunis. 149 illustrations par BERTALL et LORENTZ......	1 »
KARR (ALPHONSE).	Les Fées de la Mer..		
NOEL (EUGÈNE)..	La Vie des Fleurs..	Réunis. 125 illustrations par YAN'DARGENT et BECKER....	1 »
VAN BRUYSSEL...	※Les Clients d'un vieux Poirier....		
GÉNIN..........	Le petit Tailleur Bouton.........	Réunis. 36 illustrations par FESQUET et BELLANGER...	1 »
—	Marco et Tonino..		
VERNE (JULES)...	Christophe Colomb.	Réunis. 38 illustrations par BENETT, MATTHIS, VIOLLET-LE-DUC......	1 »
VIOLLET-LE-DUC..	*※Le Siège de la Rochepont.........		

TROISIÈME SÉRIE
VOLUMES Gᵈ IN-8 COLOMBIER ILLUSTRÉS

En feuilles, **3** *fr.* ; *Cart. imitation toile, tranches jaspées,* **3** *fr.* **60**

ERCKMANN-CHATRIAN.	※L'invasion................ ※Madame Thérèse.............	1 vol.
—	*※Le Conscrit de 1813......... *Waterloo.................	1 »

QUATRIÈME SÉRIE

VOLUMES IN-8 CAVALIER ILLUSTRÉS

En feuilles, **3 fr. 20**; *Cartonnés toile, tranches jaspées*, **4 fr.**

ALONE..........	Autour d'un Lapin blanc. 26 illustrations par KRATKÉ..........	1 vol.
BRÉHAT (DE)....	※Aventures de Charlot. 26 illustrations par PHILIPPOTEAUX......	1 »
CAHOURS ET RICHE	※Chimie des Demoiselles. 78 figures	1 »
GENIN..........	La Famille Martin. 26 illustrations par LANÇON...............	1 »
KAEMPFEN......	La Tasse à Thé. 49 illustrations par WORMS................	1 »
REY (I..A.)......	*Travailleurs et Malfaiteurs microscopiques. 78 illustrations par MATTHIS................	1 »
VAN BRUYSSEL...	Histoire d'un Aquarium et de ses Habitants. (In-8 jésus) avec 6 planches en couleurs. 12 illustrations par BECKER et RIOU..........	1 »

CINQUIÈME SÉRIE

VOLUMES IN-8 RAISIN ILLUSTRES

En feuilles, **4 fr. 50**; *Cartonnés toile, tranches dorées*, **5 fr. 70**

BLANDY.........	*※Le petit Roi, 68 illustrations par BAYARD...............	1 vol.
CANDÈZE (Dr)....	*La Gileppe. *(Les Infortunes d'une Population d'Insectes.)* 68 illustrations par BECKER...........	1 »
GRIMARD........	*※La Plante. 300 illustrations.....	1 »
LAPRADE (V. DE). *de l'Académie française*	※Le Livre d'un Père. 44 illustrations par FROMENT..............	1 »
LAURIE (ANDRÉ)..	*※L'Héritier de Robinson. 26 illustrations par BENETT..........	1 »
MAYNE-REID......	Les Emigrants du Transwaal. 26 illustrations par RIOU.......	1 »
—	*La Montagne perdue. 26 illustrations par RIOU..............	1 »
—	*La Terre de Feu. 26 illustrations par RIOU................	1 »
—	*Les jeunes Esclaves. 26 illustrations par RIOU.............	1 »
—	*※Les Planteurs de la Jamaïque. 26 illustrations par FÉRAT......	1 »
MULLER (EUGÈNE)	*Les Animaux célèbres. 26 illustrations par GEOFFROY..........	1 »
TEMPLE (DU)....	*※Communication et transmission de la pensée et de la voix. 150 illustrations par DU TEMPLE...	1 »
VERNE (JULES)...	*※Cinq semaines en Ballon, 80 illustrations par RIOU............	1 »

TABLE ALPHABÉTIQUE

Par Noms d'Auteurs

A

Albiot	32
Aldrich	7, 15
Alone	15, 34
Amyot	21
Andersen	13
Anonyme	28, 29
Anquez	15
Antully (d')	28
Arago (E.)	28
Artom	29
Aston	15
Audeval	7, 15, 25
Audoynaud	33
Austin	13

B

B.-(Lucie)	26
Badin	8, 15, 25
Baignières	28
Barberet	25
Barbot	31
Basset	31
Bastide	28
Baude	14, 33
Becker	20, 21
Bédollière (de la)	13
Bellamy (Ed.)	35
Bénédict	8, 13
Bentzon (Th.)	7, 8, 13, 15, 25
Berthet	28
Berthoud	31
Bertin	13
Bertrand	15, 18, 29
Biart (L.)	7, 8, 13, 15, 26
Bignon	13
Birot	30
Bixio	26
Blanc	29
Blandy	8, 12, 15, 34
Block (M.)	14, 33
Boissonnas (Mme)	8, 15
Bos	21
Bouchet	18
Boullon	28
Bouniceau	30
Bourdain	31
Bourgoin d'Orli	32
Bousquet	31
Brachet	18, 19
Bréhat (A. de)	8, 15, 34
Brun	30
Brunet	8
Busnach (W.)	7

C

Cahours	34
Candèze (Dr)	8, 15, 34
Canu	32
Carteron	32
Casella	21
Cauvain	3, 15
Cervantès	26
Cham	20
Chamfort	26
Charras	28
Château	31
Chazel	7, 13, 15
Chauffour	28
Chennevières (de)	19
Cherville (de)	13
Chevalier	30
Clausius	30
Clément (Ch.)	12, 15
Coinchon	20
Colin (A.)	14
Courbe	21
Courten (de)	31
Courtois-Gérard	32
Crémieux	26
Crétin-Lemaire	7, 13, 31

D

Dana	30
Darly (Ph.)	26
Daudet (A.)	8, 9
Decourcelle	28
Delahante	29
Demanet	30
D'Ennery	6
Dequet	7, 15
Deschanel (Paul)	26
Desnoyers	9, 15
Dessove	30
Detaille	20
Devillers	13
Dickens	13
Diény	13
Diplomate (Un)	29
Dinée	30
Dollfus	28
Doneaud	31
Doré (Gustave)	21
Dromart	31
Dubail	14, 18, 19
Dubief	31, 32
Dubos	32
Dumas (Alex.)	7, 13
Dupin de St-André	0
Durand	13, 18
Durande	26
Duvernet	28

E

Erckmann-Chatrian	7, 14, 16, 24, 26, 29, 33
Egger	18
Emion	31

F

Fairbairn	30
Favre (J.)	29
Faraday	16
Fath	7, 16, 20
Ferry (J.)	29
Feuillet (O.)	13
Flammarion (C.)	12
Favier	28
Fleury-Lacoste	32
Fol	31
Font-Réaulx (de)	16
Foucou	16
Franklin	18
Frésénius	30
Frochot	30
Frœlich	20, 21
Froment	20

G

Gaisberg	31
Gaudry	30
Gavarni	21, 25
Gayot	31
Gennevray	26
Gennevraye	9, 13, 16
Génin	13, 16, 33, 34
Geoffroy	20, 21
Gobin	32
Gœthe	25
Gordon (Lady)	26
Gournot	26
Gouzy	7, 16
Gozlan (L.)	26, 33
Graffigny (de)	31
Gramont (de)	7, 18
Grandville	21, 25
Gratiolet	16
Grimard	12, 16, 19, 26, 31, 34
Griset	20
Guettier	30
Guimet	28
Guy	30

H

Habeneck	28
Hetel	30
Hetzel	2
Hippeau	18
Hirtz	16, 32
Huet	28
Hugo (V.)	9, 18, 22, 23, 29
Houzé	31

I

Ignorant (Un)	29
Immermann	16

J

Janin (J.)	26
Jaubert (Mme)	29
Jaunez	31
Jazot	21
Jundt	20
Juven	31

K

Kaempfen	34

Karr (A.) 33	Muller (E.) 7, 10, 12, 17, 34	Sauvage 10
Kaulbach 21, 25	Musset (P. de) 13	Sayous 18, 33
Kœchlin-Schwartz.... 26		Schüler 10
Koltz 32	**N**	Sée 29
Kurner 21	Nagrien 28	Ségur (de) 11
	Néraud 7	Sérigno 32
L	Nodier (Ch.) 13, 17	Sicard 32
Lacome 33	Noel 17, 33	Siebecker 17
Ladreyt (M.-C.) 26	Nogues 30	Silva (de) 17
Laflineur 30		Simonin 17
Lafolay 32	**O**	Sourdeval (de) 27
Lafond 29		Souviron 31
La Fontaine 12	Officier en retraite (un) 27	Spark 13
Lalauze 20	Ordinaire 18	Stahl (P.-J.) 2, 7, 11, 12,
Lambert 20	Orne-Jewett (Sarah)... 25	13, 17, 20, 26, 27, 29
Lancret 28	Ortolan 30, 31	Steel 28
Landrin 30	Ourliac 13	Stœrk 31
Laprade (V. de) . 9, 16, 34		Stevenson 11, 18, 25
Laurie (A.) 9, 12, 16, 17, 34	**P**	Susane (Général) .. 18, 19
Larbalétrier 32	Parville (de) 17	
Lavallée (Th.) 6, 16, 18, 27	Paultre 28	**T**
Lavalley 28	Pellegrin 32	Tartara 31
Laverdant 28	Pernot 30	Temple (du)... 11, 30, 34
Lecomte 14	Perrault (P.) 7, 13	Texier 27
Lefevre 28	Perrault 21	Thiers 13
Legouvé (E.). 10, 16, 18,	Petit 18, 19, 32	Tinant 21
19, 27, 29	Pichat 27	Tolstoï 11, 17
Lelay 32	Pirmez 28	Tourgueneff 27
Lemoine 15	Pirodon 20	Toussenel 25
Lemonnier 13	Pontis 14	Trigant-Geneste 14
Lenoir 30	Pouriau 32	Trochu 27, 29
Lermont.. 7, 10, 11, 16, 17	Prouteaux 31	Trojalli 21
Lerolle 32		Tyndall 17
Leroux 31	**Q**	
Liebig 30	Quatrelles 27, 29	**U**
Lockroy (S.) 13, 16		Ulbach 11
Lucht (de) 21	**R**	
Lunel 30, 31, 32, 33	Ratisbonne 10, 17	**V**
	Réal (Antony) 28	Vadier (B.) 8, 11, 17
M	Reclus (Elisée) 7, 17	Vallery-Radot... 8, 17, 27
Macaulay 18	Régamey 32	Valton 20
Macé (J.) . 2, 10, 14, 16, 19	Renard 17	Van Bruyssel. 8, 17, 33, 34
Malot (H.) 10, 12	Rey 19, 32, 34	Verne (J.). 2, 4, 5, 6, 11,
Marie 20, 21	Riche 34	13, 17, 18, 19, 29, 33, 34
Mariot-Didieux 32	Richelot 29	Villars 27
Matthis 20, 21	Rider-Haggard ... 10, 17	Viollet-le-Duc. 11, 12, 30
Margollé 18, 33	Rive (de la) 27	32, 33
Maury 16	Robert (A.) 27	Violette 31
Mayne-Reid .. 7, 10, 17, 34	Rolland 27	Vinot (Voir Lenoir).
Méaulle 20	Rouland 31	
Merly 31	Roulin 18	**W**
Mesta 30	Rozan 30	Wentworth-Higginson . 19
Michotte 31		Wilkie Collins 27
Mickiewiczs 18	**S**	Wood (Mme) 27
Miége 30	Sacc 30	Worms de Romilly ... 28
Molière 12	Saintine 10	
Monier 31	Saint-Juan (de) 32	**Z**
Monin 32	Sand (G.) 13, 25	Zurcher 18, 23
Moreau 31	Sandeau (J.) 10, 17	
Mortimer d'Ocagne. 29, 32		
Mulder 31		

NOTA. — Les ouvrages marqués d'un ❋ ont été honorés de souscriptions du Ministère de l'Instruction publique ou choisis pour faire partie des catalogues des bibliothèques publiques scolaires ou populaires. Le deuxième *, plus petit, désigne les ouvrages choisis par la Ville de Paris pour être distribués en prix. — Les nouveautés sont indiquées par une †.

www.ingramcontent.com/pod-product-compliance
Lightning Source LLC
Chambersburg PA
CBHW060320170426
43202CB00014B/2602